ÉTUDE

SUR LA

SÉPARATION DES PATRIMOINES

PAR

ARMAND MASSON

AVOCAT A LA COUR DE PARIS, DOCTEUR EN DROIT

PARIS

A. MARESCQ AINÉ, LIBRAIRE-ÉDITEUR

RUE SOUFFLOT, 17, PRÈS LE PANTHÉON

—

1867

ÉTUDE

SUR LA

SÉPARATION DES PATRIMOINES

PARIS. — IMP. Y. GOUPY, RUE GARANCIÈRE, 5.

ÉTUDE

SUR LA

SÉPARATION DES PATRIMOINES

PAR

ARMAND MASSON

AVOCAT A LA COUR DE PARIS, DOCTEUR EN DROIT

PARIS

A. MARESCQ AÎNÉ, LIBRAIRE-ÉDITEUR

RUE SOUFFLOT, 17, PRÈS LE PANTHÉON

1867

AVANT-PROPOS

« Le sujet de la séparation des l'atrimoines, qui
paraît simple au premier abord, est, dit l'éminent
M. Valette, un de ceux dont la difficulté est devenue
proverbiale (1). » Le lecteur pensera qu'il y avait là
une raison capitale pour nous détourner d'une étude
qui devait être un si grand écueil pour notre faiblesse.
Il y avait une seconde raison qui aurait dû nous faire
tomber la plume des mains; c'est le mérite des traités
spéciaux qui ont déjà paru sur le sujet de notre choix,
sans compter ce que les interprètes du Code Napoléon,
Delvincourt, feu M. Duranton, et M. Demolombe ont
consacré à la séparation des patrimoines dans le cours
de leurs ouvrages.

Parmi les auteurs de monographies sur la matière,
chacun a présents à l'esprit les noms de M. Blondeau,
dont l'ouvrage que M. Dollinger a cru pouvoir traiter
d'opuscule, a la substance de beaucoup de gros livres;
de M. Dufresne, à qui son livre partit des mains comme
une vive protestation contre la doctrine du *droit de
suite* et du *vrai* privilége, consacrée par un arrêt célèbre de la cour d'Orléans; dans ces dernières années,
M. Hureaux, M. Dollinger, et plus récemment un magistrat lyonnais, M. Barafort, sont venus, par un con-

(1) Rapport sur le concours de doct. de 1861, p. 20.

sciencieux labeur, augmenter la richesse d'un sujet aussi fécond en réalité qu'il est ardu en apparence.

On se demandera pourquoi, après de si redoutables devanciers, nous venons, ouvrier de la onzième heure, apporter notre pierre à un édifice qui paraît tout construit, et qui en tout cas ne peut guère attendre son couronnement que de la main du législateur.

Voici l'explication de notre travail.

Au mois d'août 1861, nous lûmes au sortir de la thèse de licence, affichés sur les murs de la Faculté de Paris, ces mots : Concours entre les docteurs et les aspirants au Doctorat. — De la séparation des patrimoines, dans le droit romain et dans le droit français ancien et moderne. » Le mémoire devait être déposé dans les derniers jours de décembre. Nous avions bien peu de temps devant nous pour remplir un aussi vaste programme que l'était celui de la Faculté ; nous ne reculâmes pas cependant devant l'entreprise. Notre travail devait forcément se ressentir de la brièveté des heures qui nous avaient été mesurées. L'école daigna toutefois, malgré ses imperfections, lui accorder une mention honorable.

Depuis lors, c'est-à-dire depuis bientôt six ans, nous avions toujours songé à remettre notre opuscule sur le métier, à le parfaire dans la mesure de nos forces, espérant qu'ainsi nous convertirions en un livre sérieux, peut-être utile au public, les pages d'un mémoire où s'était révélée une trop juvénile ardeur. Des occupations de diverse nature ne nous avaient point permis de réaliser jusqu'ici notre projet. Nous avions dû sacrifier pour un temps à la pratique des affaires ce goût vif que la Faculté avait bien voulu reconnaître en nous pour l'étude du droit théorique.

De tristes circonstances nous y ont ramené. La maladie nous ayant, depuis mai 1866, éloigné du palais, qui nous était si cher, nous avons eu à cœur de vouer à la refonte de notre travail les cruels loisirs qui nous ont été faits. Puisse notre nouvelle étude ne pas trop porter l'empreinte de notre faiblesse! puisse la critique au tribunal de laquelle nous soumettons notre livre ne pas lui appliquer le mot du poëte : Ægri somnia !

Nous n'avons pas consacré de partie spéciale au droit romain, comme nous l'avions fait dans notre mémoire, selon les exigences du programme de la Faculté ; nous destinons surtout ce livre à la pratique, au monde du palais, et nous savons que, par ces temps de justice un peu pressée, les hommes d'affaires (nous prenons le mot dans son plus élevé) font assez froid visage à de longues dissertations sur le droit romain. Nous n'avons pas davantage consacré une partie distincte de notre travail à l'examen de l'ancien droit français. On trouvera néanmoins ces notions de législation romaine et d'ancien droit mêlées à l'étude de notre droit contemporain ; elles l'expliquent et l'éclairent lorsqu'il en est besoin, car il est impossible de ne pas remonter souvent aux sources vives d'où a jailli l'institution civile dont nous nous occupons.

Nous avons eu le courage de soutenir sur l'art. 2111 une opinion qui, s'il faut en croire les publications récentes faites sur notre sujet, est en voie de perdre quelque crédit dans la doctrine. Nous voulons parler de la théorie qui envisage la séparation des patrimoines comme un privilége restreint au droit de préférence, ce qui implique qu'il n'est pas opposable, en thèse, aux tiers acquéreurs. Nous avons adopté cette opinion comme étant conforme à la tradition et au texte de la loi, lu sans parti pris. Sans doute nous avons été frappé des inconvénients pratiques inhérents à cette doctrine, mais nous avons jugé qu'il ne fallait pas se hâter de dire notre loi parfaite, alors qu'elle est simplement perfectible, et que peut-être on provoquerait plus sûrement, de cette manière, une réforme législative de l'art. 2111 C. N. Qu'on en soit bien persuadé, tant que l'art. 2111 restera ce qu'il est, avec sa rédaction originelle, malgré tous les commentateurs qui affirment le droit de suite et la plénitude du privilége, la cour suprême ne jugera pas autrement que nous décidons : gardienne du dépôt des lois, elle ne peut se prêter à leur violation directe ou indirecte (1). Aussi, ceux qui s'efforcent de lire dans la loi ce qui n'y est pas, reculent, sans le soupçonner l'avénement de la doctrine à laquelle ils se rattachent. — Dire au contraire nûment et franchement ce qu'est la loi, ce qu'il est permis de tirer de son texte, dans quelles limites étroites il enferme la garantie du privilége accordé, voilà, à notre sens, la vraie manière d'attirer sur la révision de l'art. 2111 l'attention de nos législateurs, et d'en obtenir le résultat pratique réalisé par les Belges, nos voisins. L'assemblée de 1850-1851 a d'ailleurs préparé le travail ; de doctes jurisconsultes la composaient ; il n'y a qu'à reprendre leur tâche interrompue.

Armand MASSON.

Amélie-les-Bains, mars 1867.

(1) Voy. arrêt Legabilleux, 9 juin 1857.

PREMIÈRE PARTIE

CHAPITRE PREMIER

De la séparation des patrimoines. — Idée fondamentale sur laquelle elle repose. — Son origine en droit romain. — Quelle forme particulière elle y revêtait. — Droit ancien. — Législation intermédiaire.

1. Lorsqu'une succession est acceptée purement et simplement, il se produit une confusion des biens et des dettes du défunt avec les biens et les dettes de l'héritier. Qu'on suppose l'héritier insolvable, les créanciers du défunt vont éprouver des pertes par suite du concours des créanciers de l'héritier sur les biens héréditaires. Sans cette réunion des deux masses, actives et passives, les créanciers du défunt auraient pu se désintéresser sur les biens de leur débiteur d'une manière complète, ou, du moins obtenir une satisfaction partielle (1). C'est précisément aux inconvénients de la confusion qu'a pour but de parer la *séparation des patrimoines*. Grâce à ce bénéfice, les biens du défunt affectés à l'exécution des engagements qu'il avait contractés continuent à servir de gage spécial et exclusif aux créanciers de la succession.

Quoi de plus équitable que ce droit de préférence?

(1) L. 1, ff. 1, *De separ.*

Les créanciers du défunt ont en général concouru soit à la création, soit à la conservation de l'actif laissé par leur débiteur. Les créanciers de l'héritier n'y ont pas fait entrer la moindre valeur. De quel droit pourraient-ils se plaindre d'être exclus d'un gage auquel ils n'ont rien ajouté, puisque le decujus n'était pas obligé envers eux? Mais il y a une raison fondamentale qui légitime le droit de préférence des créanciers héréditaires sur les biens du défunt. C'est que le patrimoine de celui-ci n'est arrivé entre les mains de son héritier que grevé du gage général que la loi accorde aux créanciers de l'obligé sur tous ses biens (1) mobiliers et immobiliers, présents et à venir. L'héritier n'a recueilli la succession de son auteur, qu'à la charge d'en acquitter les dettes et legs suivant la maxime bien connue : « Bona non intelliguntur, nisi deducto ære alieno, » et, comme l'a fait remarquer Pothier avec une grande netteté, les créanciers de l'héritier ne pouvant avoir sur les biens héréditaires, plus de droits que l'héritier leur débiteur, par là s'explique et se justifie le droit de préférence que vont exercer contre eux les créanciers de la succession.

Il y a enfin une troisième raison sur laquelle le droit de séparation des patrimoines peut encore s'étayer. C'est que s'il n'y a nul changement apporté dans la condition des créanciers de l'héritier, qui conservent leur ancien débiteur, il en est autrement des créanciers du défunt, qui ont le droit de se défier de leur nouveau débiteur, qu'ils ne connaissent pas ou qu'ils n'ont peut-être que trop de raisons de suspecter. (Comp. sur ce point Blondeau, p. 476.)

____

(1) Comp., art. 2092 et 2093.

Résumons-nous : le droit de séparation repose sur ce triple fondement : 1° création ou conservation de l'actif successoral ; 2° obligation pour le représentant du défunt d'acquitter *toutes les charges de la succession* (v. art. 724) ; 3° raison de défiance à l'endroit d'un débiteur qui peut bien continuer la personne civile du défunt, mais ne continue pas nécessairement sa personne morale, de telle sorte qu'on serait mal fondé à appliquer aux créanciers du défunt le mot du jurisconsulte romain « sibi enim imputent, qui cum tali contraxerunt. »

2. La séparation des patrimoines est d'origine romaine. Elle est l'œuvre de la juridiction prétorienne, car elle modifia l'ancien droit civil, qui unissait par d'indivisibles attaches la personne du défunt et celle de son héritier. C'est sous l'empire des maximes d'équité que l'édit a corrigé le droit quiritaire (hic est igitur æquissimum creditores Seii desiderantes separationem audiri, impetrareque à prætore ut separatim quantum cujusque creditoribus præstetur) (1).

3. C'est dans le cas d'insolvabilité de l'héritier que la séparation des patrimoines recevait sa plus fréquente application, application qui s'est transmise en survivant à toutes les autres, jusque dans nos législations modernes.

4. En droit romain, la faculté de demander la séparation des patrimoines ne donnait pas naissance à une action isolée. Cette institution se trouvait étroitement liée à la procédure en expropriation dirigée par des créanciers contre leurs débiteurs. Elle faisait corps avec cette procédure, en constituait un incident. Nous

(1). L. 1, § 1, *De separ.*

en avons la preuve manifeste dans la place qu'occupe notre titre de séparation au digeste. Il sert comme de trait d'union entre le titre *de rebus auctoritate judicis possidendis* et celui de *Curatore bonis dando*, et ce qui est plus frappant encore, au Code de Justinien (VII, 72) une seule et même rubrique embrasse l'envoi en possession des créanciers et la séparation.

Voyons un peu comment les choses se passent à l'époque de la procédure dite formulaire. Les 30 jours donnés au débiteur pour s'exécuter se sont écoulés et le débiteur ne s'est point acquitté. Le préteur rend un premier décret par lequel il envoie les créanciers en possession de l'universalité des biens. Ce gage prétorien constitué au profit des créanciers leur attribue moins encore un droit de possession qu'une sorte de garde et de surveillance.

A partir de ce premier décret d'envoi en possession s'écoule un nouveau délai pendant lequel on annonce par affiches la vente future des biens *possédés*. Par un second décret se fait la vente (*bonorum venditio*) à laquelle procède un syndic (magister) préposé à la gestion du patrimoine dont le débiteur a été dessaisi. A une époque plus reculée de la législation, dès l'origine de l'envoi en possession un curateur sera nommé pour administrer et faire vendre, et, la vente réalisée, le prix sera versé entre ses mains pour être attribué à qui de droit.

Il n'est pas douteux que la séparation des patrimoines s'interposait entre le décret d'envoi en possession et celui qui ordonnait la vente des biens. Cela ressort évidemment des textes. La loi première au digeste *de separ.*, met bien en lumière l'opération à laquelle vont se livrer les demandeurs en séparation. Seius est

mort, laissant Titius pour héritier ; celui-ci est insolvable, on va procéder contre lui à la bonorum venditio,
(peu importe qui ait provoqué cette vente, que ce soit un
créancier héréditaire, ou bien un créancier de l'héritier). C'est à ce moment que les créanciers de Scius se
présentent, et soutiennent que s'en tenant au patrimoine
de leur auteur, ils doivent demander aux créanciers de
Titius de se contenter de ses biens à lui, et *sic quasi
duorum fieri bonorum venditionem*. C'est à la suite de
·cette prétention mise dans là bouche des créanciers de
Scius, que le jurisconsulte Ulpien proclame l'équité de
la séparation que le préteur devra leur accorder sur
leur requête.

Il y aura, en conséquence, vente de deux patrimoines ; la confusion qu'avait produite l'adition d'hérédité
en mettant sous la même maîtrise deux masses de biens,
est rompue. Il semble (*Quasi duorum bonorum...*) que
le débiteur vive encore, et l'on va demander à son hérédité, qui le représente, ce qu'on eût exigé de lui, de
son vivant, c'est-à-dire à une époque où il ne pouvait
être question de l'admission et du concours des créanciers de son héritier.

5. Les lois romaines mettent en regard, en dessi-
nant nettement leurs prétentions et leurs actions res-
pectives, les deux lignes de créanciers. *Creditores* Seii
dicunt *creditores* Titii contentos esse, etc... v. l. 1,
§ 17 et seq. De ce que la séparation des patrimoines
se liait à la procédure en expropriation, nous devons
conclure qu'elle avait en droit romain le caractère collectif. Il y avait en effet une espèce de faillite organisée, soumise à un régime particulier ; d'un côté se ven·
dait au profit de la masse héréditaire le patrimoine de
la succession ; de l'autre s'adjugeait au profit des créan-

ciers de l'héritier l'ensemble des biens propres de celui-ci. C'était une situation qui de loin offrait quelque analogie avec ce qui se passe chez nous sous le régime du bénéfice d'inventaire. — En dehors de ce cas, nous pouvons dire, dès à présent, que la séparation des patrimoines revêt chez nous la forme individuelle, encore bien que le régime de la séparation collective paraisse avoir été dans la pensée des rédacteurs quand ils ont écrit les art. 878 et suiv. au titre des successions.

6. L'ancien droit français accueillit l'institution préto-rienne, en lui faisant subir quelques modifications ; mais le fond de l'institution était toujours le droit Romain. Lebrun le disait positivement : « C'est une matière que nous empruntons toute du droit Romain. » Nous aurons occasion de consulter souvent nos anciens auteurs, en traitant de la séparation sous le Code Napoléon. Nous ne voulons entrer à cette place dans aucun détail ; à mesure que nous aborderons l'examen des controverses que soulève notre sujet, nous rappellerons les analogies ou les dissemblances de la législation passée avec la nôtre.

7. La législation intermédiaire a conservé le droit de séparation suivant les errements des lois qui le régissaient avant 89. (V. loi du 11 brum. an VII, art. 14.) Enfin nous arrivons à notre Code civil.

CHAPITRE II

SECTION PREMIÈRE.

De la place qu'occupe la séparation des patrimoines dans notre Code. — A quelles personnes appartient l'action en séparation.— Intérêt des légataires à la demander.— A quels créanciers ce droit appartient-il? — Des créanciers chirographaires et dépourvus de titre.— Des créanciers hypothécaires et privilégiés.— Du créancier garanti par une caution.

8. La séparation des patrimoines devait naturellement trouver sa place dans l'œuvre des rédacteurs du Code civil. Toutefois ne consacrèrent-ils que cinq articles à une matière qui dans les Pandectes et le Code de Justinien avait eu ses titres à elle et que, dans l'ancien droit, Despeisses, Domat, Montvalon, Lebrun, Pothier avaient jugée digne de sérieux développements. Cette rédaction laconique a suscité bien des discussions qu'il eût été aisé au législateur de prévenir; le sujet par lui-même si ardu n'avait pas besoin de ce surcroît de difficulté. Mais ce n'est pas la seule matière délicate où se fasse regretter l'insuffisance de la loi.

Pouvons-nous beaucoup nous plaindre? 6 articles ont été consacrés au partage d'ascendants, ce tourment des légistes! Aussi c'est la jurisprudence, plus encore que la loi, qui a déterminé les règles du partage d'ascendant, en posant des principes sur lesquels le Code gardait un parfait silence. Il est toujours fâcheux de voir l'œuvre de la jurisprudence se substituer à celle de nos lois : les arrêts ne sont pas faits pour poser des principes,

mais seulement pour déduire et sanctionnner les conséquences de principes préexistants.

Des cinq articles qui ont réglé dans notre Code la séparation des patrimoines, quatre se trouvent au titre
des successions, sous la section III du *Paiement* des
dettes (art. 878-881) ; le 5ᵉ est allé se placer au titre
des priviléges (section IV, art. 2111) ; et cette place
seule a donné naissance aux plus vives controverses ;
vrai sujet de torture pour l'esprit des interprètes passés, présents et futurs. Les uns pensent qu'en rattachant la séparation au régime hypothécaire, le législateur s'est entièrement isolé du passé, de la tradition,
et des règles qu'il avait lui-même posées au titre des
successions sur les errements de l'ancien droit. Ils en
concluent que la séparation de patrimoines emporte en
faveur des créanciers du défunt et des légataires le
droit de suite, la faculté de surenchère qui en est
la sanction, et quelques-uns, poussant la logique jusqu'au bout, vont même proclamant l'indivisibilité, au
profit des créanciers et légataires, c'est-à-dire la faculté de se faire payer sur les immeubles et même sur
les meubles de la succession au mépris du principe de la
division des dettes entre cohéritiers. Seulement la pensée
du législateur ne se révèle pas en ce sens dans les travaux
préparatoires, qui ne fournissent aucun secours à cette
première opinion. Ses partisans en font eux-mêmes
l'aveu, ils confessent même que le texte de l'art. 2111 ne
s'explique que bien imparfaitement, mais cela n'enlève
rien à l'énergie de leur conviction (Demol., *Succ.* V,
p. 118). D'autres jurisconsultes estiment (et nous sommes
de leur avis) que le législateur n'a pas entendu déroger
dans l'art. 2111 aux règles écrites dans les art. 878-881,
que la séparation des patrimoines, malgré l'inscription

que l'art. 2111 requiert en ce qui touche les immeubles et qui a son utilité parfaitement justifiée par l'intérêt des tiers, n'est que ce qu'elle a toujours été, à savoir un droit de préférence s'exerçant de créanciers à créanciers, mais perfectionné dans son organisation actuelle par le système de publicité que le Code a pris en quelque sorte pour type.

9. *Quelles personnes ont droit de demander la séparation des patrimoines ?*

L'art. 878 nous répond : « Ils (les créanciers du défunt nommés à l'article précédent) peuvent demander, dans tous les cas, et contre tout créancier, la séparation du patrimoine du défunt d'avec le patrimoine de l'héritier. »

N'y aura-t-il que les créanciers? A la vérité l'art. 878 les mentionne seuls, mais l'art. 2111 fait apparaître les légataires parmi ceux qui ont le droit de conserver la séparation des patrimoines par l'inscription. On pourrait d'ailleurs soutenir que les légataires sont compris dans l'art. 878, parmi les créanciers, en prenant ce mot lato sensu. Les legs sont après tout une *delibatio hæreditatis*, et ce n'est pas sans raison que la loi 40 de oblig. a dit : *Hæreditariarum* actionum loco habentur et legata, quamvis ab hærede cœperint. C'est vainement qu'on soutiendrait selon nous que les légataires ne sont pas compris dans l'art. 878, parce que cet article se réfère à l'art. 877 où il est question de créanciers munis de titres exécutoires contre le défunt(1). Il faudrait, pour être conséquent, aller jusqu'à dire que le droit de séparation, écrit dans l'art. 878, ne s'adresse qu'aux créanciers munis d'un titre exécu-

(1) Ce qui ne peut s'appliquer au légataire. (V. M. Valette à son cours).

toire. Il n'est personne qui voudrait défendre cette thèse, et si l'art. 878 semble se rattacher à l'art. 877, ce n'est pas par un lien juridique, mais par une sorte de transition grammaticale.

Quoi qu'il en soit, qu'on admette ou non que l'art. 878 embrasse les légataires dans des termes compréhensifs, leur droit est positivement écrit dans l'art. 2111.

Il avait été consacré par la loi romaine (L. IV, *de separ.*), bien avant l'époque où Justinien conféra une hypothèque légale aux légataires, hypothèque qui ne faisait pas double emploi avec la séparation, puisque celle-ci était, aux termes de la loi 2 du titre, impuissante contre les aliénations émanées de l'héritier entre le décès de son auteur et le décret de séparation. L'ancien droit avait conservé au légataire cette double prérogative de la séparation et de l'hypothèque.

Les légataires que l'art. 2111 met sur la même ligne que les créanciers du défunt, sont quelquefois aussi considérés comme créanciers de l'héritier lorsque l'héritier par l'acceptation pure et simple de l'hoirie se trouve personnellement grevé des charges héréditaires, sans distinction. Et les créanciers du défunt, malgré la maxime *nemo liberatis nemo liberatus*, ne peuvent obtenir de préférence sur les légataires qu'en demandant contre eux la séparation des patrimoines (v. Cass., 9 déc. 1823). Ainsi tour à tour le légataire sera demandeur en séparation, ou défendeur à cette action, suivant l'art. 2111 et l'art. 878. Au premier abord ce résultat paraît bizarre, il est cependant conforme à la vérité des principes.

10. Ne faut-il pas s'étonner que les légataires qui ont, aux termes de l'art. 1017, une hypothèque légale

sur les immeubles de la succession (1) aient quelque intérêt à demander la séparation des patrimoines ? Cet étonnement doit cesser lorsqu'on réfléchit qu'en face d'une hérédité purement mobilière l'hypothèque de l'art 1017 serait pour le légataire vraiment illusoire, puisque chez nous, à la différence de certaines coutumes anciennes, les meubles ne sont pas susceptibles d'hypothèque (art. 2119). D'ailleurs cette hypothèque de l'art. 1017 n'est pas de celles qui existent indépendamment de toute inscription (art. 2134 et 2135). Elle ne prend naissance que du jour du décès, et rang que du jour où elle est inscrite. Elle pourrait donc être primée par des hypothèques légales ou judiciaires, obtenues ou inscrites par les créanciers de l'héritier avant le décès du testateur ou l'inscription de l'hypothèque. La séparation des patrimoines, inscrite dans les 6 mois, avec effet rétroactif au jour même du décès, suppléera à l'insuffisance de l'hypothèque légale.

Ces deux prérogatives n'offrent donc pas le même intérêt pour le légataire, et nous aurons plus d'une fois encore occasion de le prouver. On a cependant soutenu que l'hypothèque de l'art. 1017 était venue se fondre dans l'art. 2111, et se perdre, comme un faible ruisseau, dans la théorie absorbante de la séparation des patrimoines. Mais nous verrons que les auteurs qui ont imaginé cette fusion se condamnent eux-mêmes par la divergence des conclusions qu'ils déduisent de leurs prémisses. (Comp. sur ce point Demolombe, succ. V, n° 217.)

11. *A quels créanciers appartient le droit de séparation des patrimoines ?*

(1) Bien que cette hypothèque ne figure pas dans l'art. 2121, on ne peut la qualifier que de légale.

On doit répondre : à tout créancier ; l'art. 878 n'établit à cet égard aucune distinction. Ce droit appartient aux chirographaires comme aux hypothécaires et aux privilégiés. L'essentielle, l'unique condition d'admission à la faculté de l'art. 878, c'est d'avoir une *créance contre le défunt*. C'est là l'unique cause du droit de préférence (art. 2095). Dès que la qualité de créancier est établie, le bénéfice de la séparation des patrimoines régulièrement demandé doit profiter au créancier. (Comp. Domat, sect. i, ff. 2, titre II. Ch. req. 22, février 1864.)

12. Que faut-il décider des créanciers qui n'ont pas de titre ? Par exemple, il s'agira d'un pharmacien, d'un médecin, d'un fournisseur. Ces personnes n'ont entre les mains aucun acte instrumentaire, authentique ou privé, et cela ressort de la nature même de la profession qu'elles exercent ; c'est, ce nous semble, le cas de dire avec l'art. 1348 qu'il n'a pas été possible au créancier de se procurer une *preuve littérale* de l'obligation contractée envers lui. Cette situation est digne d'intérêt ; que le créancier établisse l'existence de sa créance, précisément en vertu de l'art. 1348 par la preuve testimoniale et au moyen de présomptions graves et précises (art. 1348 et 1353), dès lors nulle raison d'exclure ce créancier de la faculté de demander la séparation ; c'est au cours de cette procédure que pourront être évidemment contestées les prétentions du demandeur. (V. Chauveau et Glandaz, p. 549.)

On est assez généralement d'accord que ces mêmes créanciers dépourvus de titres réguliers doivent pouvoir aussi s'inscrire sur les immeubles de la succession, en présentant requête, pour en obtenir l'autorisation, conformément à ce qui se passe en matière de saisie-arrêt (art. 558 C. proc.), lorsque le créancier est sans titre. Il va de soi que l'ordonnance rendue sur requête ne préjuge en rien la validité de la créance et que l'efficacité de l'inscription est soumise à l'existence de cette créance. L'ordonnance du juge évaluera provisoirement le montant de la créance (arg. de l'art. 559, § 1).

Ce mode de procéder par analogie (en général admis dans la doctrine et dans la pratique) se justifie en ce sens qu'à l'exemple de la saisie-arrêt, l'inscription a pour objet d'empêcher des libérations préjudiciables au créancier. (Comp. Demol. V. *Succ.*, n° 106. — Chauveau et Glandaz, p. 546. — Barafort, n° 19, *Traité théorique et pratique de la séparation...*)

13. Si c'est particulièrement aux créanciers chirographaires que le bénéfice de séparation des patrimoines est profitable, il faudrait se garder de le croire dénué d'intérêt en ce qui touche les hypothécaires. Un passage de Pothier serait de nature à tromper sur ce point. « Ce droit de séparation, dit l'illustre auteur, est *inutile* aux créanciers hypothécaires dans les coutumes où les meubles sont susceptibles d'hypothèque, et *dans nos coutumes* (1) lorsque la succession n'est composée que d'immeubles; la raison est que l'action hypothécaire qu'ils ont leur suffit pour être payés sur ces biens, à l'exclusion des créanciers de l'héritier, qui ne peuvent être mis en ordre d'hypothèque sur ces biens qu'après tous les créanciers hypothécaires du défunt. »

Il résulte de ce texte que l'utilité du bénéfice de séparation se réduit, pour le créancier hypothécaire, au

_____
(1) Comp. art. 2118 et 2119 C. Nap.

cas où la succession comprendrait des meubles, ou, pour parler d'une manière plus générale, des biens qui échapperaient à l'hypothèque. Dès qu'on se trouve en face d'une hérédité purement immobilière, il n'y a plus lieu à demander la séparation, car il n'y a plus d'intérêt à le faire. Gardons-nous d'exagérer la portée d'une telle proposition.

Si nous supposons un créancier du défunt régulièrement inscrit avant le décès de son débiteur sur les immeubles de celui-ci, nous dirons de ce créancier, avec un arrêt de Grenoble du 11 mars 1854, « qu'il a sur ces immeubles un droit réel qui en affecte le prix et doit sortir son effet. » Et c'est ainsi que ce créancier, inscrit dès avant le décès du débiteur, primera, *sans avoir besoin de la séparation des patrimoines*, l'hypothèque légale de la femme de l'héritier : car si les immeubles du *de cujus* ont été frappés de l'hypothèque légale, ce résultat ne s'est produit qu'au jour du décès du débiteur, moment où ces immeubles sont entrés dans le patrimoine du mari. Il est bien évident que l'hypothèque du créancier, inscrite avant le décès, n'avait rien à redouter du droit de la femme de l'héritier. Pour ce cas nous ne faisons pas difficulté d'accepter la doctrine de Pothier (1).

La solution donnée par l'arrêt de Grenoble répondait à une espèce très-favorable pour le créancier hypothécaire du *de cujus*, inscrit cinq ans avant la date où l'hypothèque légale de la femme de l'héritier devait sortir effet. Mais cette décision devrait-elle être modifiée au cas où le créancier de l'héritier (porteur d'une hypothèque générale) se serait inscrit avant le créancier

---

(1) Art. 2121 et 2122. V. Gren., 11 mars 1854; Sirey, 53, 2, 737.

hypothécaire du défunt ? Ainsi nous supposerons Paul, créancier du défunt inscrit le 1er janvier 1866, *vivo debitore*. Le décès du débiteur arrive le 1er février 1866 ; Pierre, créancier de l'héritier et porteur d'une hypothèque judiciaire, par conséquent générale, frappant sur les biens actuels du débiteur et ceux à venir (art. 2123 1er al.), s'est inscrit 1er janvier 1865. — Paul ne prend pas l'inscription de l'art. 2111 dans les six mois du décès ; sera-t-il primé pour cela dans l'ordre par Pierre, inscrit un an avant lui ? Dans une note de son *Traité de la séparation*, M. Blondeau s'exprime ainsi : « Le créancier héréditaire qui n'a pas pris inscription dans les six mois est exposé, même lorsqu'il s'agira de distribuer le prix d'un bien héréditaire, à se voir préférer, parce qu'ils auront *acquis* hypothèque *avant qu'il se soit inscrit*, des créanciers de l'héritier... » (V. p. 490 et la note.) Ces termes « acquis hypothèque » peuvent faire illusion au lecteur. Nous voulons bien que le créancier de l'héritier, qui a obtenu hypothèque judiciaire contre lui, ait acquis, avec l'exercice d'un droit actuel sur les biens présents, un droit *à exercer* sur les biens à venir ; cela n'est pas douteux, mais la question capitale est celle-ci : A quelle époque cette hypothèque générale, acquise et fixée par l'inscription, frappe-t-elle utilement les biens de l'héritier ? Il faut répondre certainement que c'est au moment du décès de son auteur, et à ce moment-là seul, car ce n'est qu'alors que les immeubles héréditaires entrent dans son patrimoine (art. 718, 724) (ce qui est presque naïf a dire) ; or Paul, créancier du défunt, était inscrit un mois avant le décès de son débiteur ; il prime donc l'hypothèque générale qui, pour être inscrite avant lui, ne prend réellement effet que par la mort du *de cujus*. Nous savous bien que nos art. 2122, 2123, disposent que le créancier armé d'une hypothèque générale peut exercer son droit sur les immeubles actuels du débiteur et sur ceux qu'il *pourra acquérir dans la suite*. Mais il faut au moins laisser à l'auteur de l'héritier le temps de mourir. Il est de tout point impossible que l'hypothèque d'un créancier atteigne des biens quelconques avant qu'ils soient devenus la propriété du débiteur. — Pothier nous semble encore ici avoir raison.

On insiste toutefois et l'on parle de rétroactivité de l'hypothèque au jour du mariage, s'il s'agit du droit de la femme : on dit qu'il faut au moins, quand la mutation s'opère, que l'hypothèque légale frappe rétroactivement les biens de la succession à compter du jour du mariage. On doit répondre à cette prétention que : 1° cette rétroactivité à la date du mariage ne s'applique qu'à certaines créances de la femme; cette date ne peut pas être étendue indistinctement à toutes les créances garanties par l'hypothèque; 2° l'art. 2135, 2° est muet sur la nature des biens auxquels l'effet rétroactif s'applique.

Mais, pour l'hypothèque judiciaire, qui s'exerce, comme celle de la femme, sur les biens présents et à venir, osera-t-on invoquer une rétroactivité quelconque? A quelle date remonterait l'hypothèque à l'époque où la créance est née? Mais cette analogie avec le 1° de l'art. 2135 n'est autorisée par aucun texte, et d'ailleurs l'hypothèque judiciaire résulte non de la créance, mais des jugements obtenus. Remonterait-elle enfin aux jugements qui l'ont engendrée (art. 2123)? Mais où le Code l'a-t-il dit?

M. Barafort a résumé cette discussion à merveille par ces termes précis : « Le droit de propriété du mari, voilà le fondement, la base du droit hypothécaire de la femme ; l'un est la conséquence de l'autre. Mais comment la conséquence d'un fait pourrait-elle précéder le fait même qui l'a produit ? »

Nous recommandons beaucoup au lecteur un arrêt de Paris (22 août 1818) qui nous paraît avoir en termes généraux et clairs établi la doctrine à laquelle, pour les deux hypothèses que nous avons examinées, il convient de se rattacher. C'est le reflet de la théorie de Pothier, mais appliquée bien à sa place. (Comp. Paris, 22 août 1818. Sirey, 1818. Vol. 5, 2, 416. — Grenoble, 11 mars 1854, arrêt précité. — Trib. Seine, 30 novembre 1861.)

Dans tout ce qui précède nous avons supposé un créancier du défunt inscrit avant le décès, et nous avons réglé son sort par l'application pure et simple des principes hypothécaires.

Mais il va de soi que, si nous supposons un créancier ayant acquis hypothèque du *de cujus, sans l'avoir inscrite avant le décès* de son débiteur, l'intérêt de la séparation des patrimoines se présente. Il est bien évident qu'il sera primé par les créanciers personnels de l'héritier, ayant hypothèque générale antérieure à la sienne. Il n'évitera la priorité de ces créanciers qu'en demandant contre eux la séparation des patrimoines. (Art. 878, 2111. — V., *a contrario*, Paris, 22 août 1818. — Blondeau, p. 490, note 1.)

L'avantage que peut offrir la séparation à un créancier hypothécaire (même inscrit avant le décès du débiteur) se comprend encore si l'on suppose que l'hypothèque conférée à ce créancier est spéciale et par là même peut être insuffisante. Le bénéfice de séparation des patrimoines agrandira le gage primitivement restreint de ce créancier, en lui permettant de s'inscrire sur chacun des biens héréditaires (art. 2111), par conséquent sur ceux des biens qui ne seraient pas grevés de son privilége ou de son hypothèque inscrite.

M. Demolombe le fait justement remarquer aussi : le créancier hypothécaire peut avoir intérêt à demander la séparation des patrimoines pour obtenir ce droit de préférence relativement à des créances accessoires, telles qu'intérêts et arrérages, qui ne seraient pas garanties par son inscription hypothécaire. (V. art. 2151 C. N.—*Contrà*, Ch. req., 30 novembre 1847.) Nous aurons à développer plus loin cette proposition sur laquelle la doctrine et la Cour de cassation ne s'accordent pas.

Le créancier du défunt, même muni d'un privilége, peut être intéressé à demander la séparation ; car, si la confusion des patrimoines persistait, il pourrait être primé par tel créancier de l'héritier dont le privilége serait plus favorable que le sien (Comp. art. 2101, 2105); c'est en effet un principe de notre droit que « privilegia non ex tempore, sed ex causa æstimantur. » (V. article 2095.)

14. Le créancier garanti par une caution n'est pas exclu du droit de demander la séparation. Il a pris une sûreté, ce n'est pas une raison pour renoncer à celle que la loi met encore à son service :

Deux sûretés valent mieux qu'une,
Et le trop en cela ne fut jamais perdu (1).

La caution peut en effet devenir insolvable ou tomber en déconfiture. C'est le cas d'appliquer à ce créancier vigilant les expressions d'un texte du Digeste que nous retrouverons à l'occasion d'une autre hypothèse : « Neque enim ratio juris... damno debet afficere creditorem qui sibi diligenter prospexerat. »

(1) La Font., liv. IV, xv.

SECTION II.

Des créanciers à terme ou conditionnels. — Droit romain, ancien droit. — Code Napoléon. — Leur situation et celle des légataires diversement réglée par la doctrine et la jurisprudence. — Arrêt de Paris, 1852. — Du cas où le débiteur succède à sa caution, et réciproquement. — Des créanciers de l'absent. — De la séparation des patrimoines exercée par un héritier, créancier de son auteur, contre ses cohéritiers. — La demande peut être formée collectivement ou individuellement.

15. Nous nous sommes occupé jusqu'ici exclusivement des créanciers ou légataires dont le droit était exigible et libre de toute modalité. Nous arrivons à présent aux créanciers et légataires à terme ou conditionnels. La séparation constituant une mesure essentiellement conservatoire, il est juste et naturel d'y admettre cette sorte d'intéressés.

La loi romaine leur accordait expressément ce secours : « Creditoribus quibus *ex die* vel *sub conditione* debetur, et propter hoc nondum pecuniam petere possunt, æque separatio dabitur, quoniam et ipsis cautione communi consuletur (1). »

Si éventuel que fût le droit du créancier conditionnel, on ne pouvait nier que ce droit ne fût transmissible aux héritiers du stipulant si ce dernier venait à mourir avant l'accomplissement de la condition. (*Inst.*, lit. III, tit. XV, § 4.) Le stipulant était bien un créancier (*placet etiam pendente conditione creditorem esse*); en cette qualité il avait droit à la séparation des

____

(1) L. IV, *de separ*.

patrimoines. Mais, comme la poursuite en expropriation était la vraie base du système romain (*supra*, n° 4), il y avait donc un envoi en possession possible pour les créanciers conditionnels. Paul (l. 6, *quibus ex causis in posses.*) leur reconnaît formellement ce droit en ces termes très-explicites : « In possessionem mitti solet creditor etsi sub conditione ei pecunia promissa sit. » Par là s'expliquerait cette *cautio communis* dont parle la loi 4 de notre titre, et Pothier n'en semble pas douter. Toutefois le même Paul retire aux créanciers conditionnels le droit d'envoi en possession (l. 14, § 2 du même titre *quibus ex causis*), parce que, dit-il, celui-là est envoyé en possession qui peut vendre les biens en vertu de l'édit. D'après l'explication fournie par Cujas de ces deux lois contradictoires, les créanciers conditionnels (en général) étaient envoyés en possession sans effet (*non cum effectu*), parce qu'ils ne pouvaient procéder à la vente des biens avant l'arrivée de la condition, et l'illustre interprète estime qu'ils n'avaient à leur service pour vaincre la résistance du débiteur à l'envoi en possession, ni interdit, ni surtout la *manus militaris*. Passe encore, dit Cujas, au cas d'une action de *bonne foi* où le juge peut enjoindre au débiteur de fournir caution dans le but de soustraire le créancier au hasard de son insolvabilité, et il remarque que sur le refus de donner caution il pourrait y avoir lieu à l'envoi en possession : situation dont le lien avec celle qui nous occupe est saisissant. Aussi Cujas de dire : Il y a un cas où le créancier conditionnel n'est plus envoyé inefficacement en possession, et ce cas est précisément celui du titre de la séparation où l'insolvabilité de l'héritier le rend suspect aux créanciers conditionnels aussi bien qu'aux créanciers purs et simples. Ils peuvent alors

exiger sur décret du préteur une caution de l'héritier (1),
et si celle-ci est refusée ils ont droit à l'envoi en possession, préliminaire obligé de la séparation des biens.

Quant aux légataires dont le droit était retardé par
un terme ou suspendu par une condition, assurément ils
ne pouvaient réclamer une délivrance immédiate, mais
tout au moins l'édit du préteur leur permettait de se
faire donner caution à raison des legs. Au cas de refus
du bail de caution par l'héritier, s'ouvrait pour eux le
droit à l'envoi en possession. (*Si non satisdetur, in
possessionem bonorum venire prætor voluit.*) L. 4, *de
Sep.* L. 1, § 2, *ut leg. seu fideic.* L. 5, *ut in poss.*

16. Notre ancien droit suivit sur la situation des
créanciers à terme ou conditionnels les errements du
droit romain. Et voici comment : les jurisconsultes pen-
saient que les créanciers ou légataires devaient retirer
au moins du bénéfice de la séparation cet effet que
les créanciers de l'héritier ne seraient payés sur les
biens de la succession qu'en donnant aux créanciers
caution de rapporter à leur profit *die vel conditione
eveniente.* (V. D'Espeisses, sect. v, § 3, tit. 2.)

17. Sous l'empire du Code, M. Demolombe écrit :
« La séparation des patrimoines peut être demandée par
les créanciers à terme avant l'échéance du terme, aussi
bien que par ceux dont la créance est exigible ; et par

---

(1) M. Demolombe traduit par MESURE COLLECTIVE les mots *cautio
communis* de la loi 4 précitée. Ne faudrait-il pas plutôt y voir cette
caution prétorienne indiquée par Cujas, dont le refus amenait la
missio in possessionem? Qu'on se réfère aux Institut., *de divisione
stipulationum*, on y verra appelées communes les stipulations dans
lesquelles intervenait soit le préteur, soit le juge (V. l. XXXI, *de
reb. auct. judicis*). Ici la caution est exigée comme dans les actions de bonne foi où le juge a une grande latitude (L. XLI, *de judiciis.*)

les créanciers conditionnels avant l'événement de la condition. »

Il faut convenir que nous avons, au titre des contrats, un texte qui ne permettait guère une solution différente; c'est l'art. 1180 C. N., aux termes duquel le créancier peut, « avant que la condition soit accomplie, exercer tous les *actes conservatoires* de son droit. »

Un arrêt de la Cour de Lyon (24 juillet 1835) a bien dégagé cette situation, simple en elle-même, d'une confusion malheureuse qu'avait introduite le tribunal de Lyon dans une affaire où il s'agissait d'un porteur de billets non échus, demandeur en séparation de patrimoines contre l'héritier du souscripteur. Le jugement de première instance avait décidé que, le créancier ne pouvant être admis à la distinction des patrimoines qu'au moyen d'une inscription prise sur les biens du défunt dans les six mois du décès, l'engagement contracté par le souscripteur de rembourser les billets à leur échéance, bien postérieure au délai des six mois, tenait en échec le droit d'inscription. En d'autres termes, le tribunal faisait intervenir dans l'espèce l'interdiction de la loi du 3 septembre 1807 qui défend de prendre inscription hypothécaire en vertu d'un titre non échu (art. 1).

Sur l'appel, l'arrêt de la Cour trancha comme suit la question que s'était posée le tribunal et qu'il avait résolue par une confusion de l'inscription de la loi de 1807 avec celle de l'art. 2111 :

« Attendu que le porteur d'un titre de créance non échu a le droit, lorsque ce titre est sous signature privée, de se pourvoir en reconnaissance de signature, à la charge par lui de supporter les frais auxquels donne lieu cette mesure; — qu'il a également le droit de faire tous actes conservatoires, et qu'une *demande en séparation de patrimoines*, qui n'a pas pour objet de forcer le débiteur à un payement actuel, mais seulement d'assurer ce payement dans l'avenir n'est qu'une *mesure conservatoire* permise à ce titre, à tout créancier ; — qu'on ne peut dire comme les premiers juges, que la demande en séparation des patrimoines ne devant avoir effet sur les immeubles qu'autant qu'une inscription aura été prise dans les six mois, et que la loi du 3 septembre 1807 défendant au porteur d'un titre de créance sous signature privée, non échue, de prendre inscription avant l'échéance ou l'exigibilité de la créance, il suivrait de là qu'une demande en séparation des patrimoines ne peut être formée par un créancier de cette classe ; — qu'il y a dans cette argumentation confusion de deux choses bien distinctes ; que la loi de 1807 interdit au porteur d'un titre de créance sous signature privée non échue l'inscription qui aurait pour but de *donner un rang hypothécaire* à sa créance, tandis que l'art. 2111 ne parle que de l'inscription du *droit* ou *privilége* qu'à tout créancier ou légataire du défunt de demander la séparation des patrimoines du débiteur défunt d'avec le patrimoine de l'héritier, et qu'on ne peut argumenter d'un cas à un autre. »

Cette décision est en général approuvée sans restriction par les auteurs, même par ceux qui font dériver de l'inscription de l'art. 2111 le caractère PLEINEMENT hypothécaire de la séparation des patrimoines ; mais ces auteurs acceptent cette fin de l'arrêt, parce qu'à leurs yeux l'inscription, comme la demande en séparation, n'est avant tout dans l'espèce qu'une mesure conservatoire, qui ne saurait être déniée au créancier à terme ou sous condition. (Art. 1180.) (Comp. Barafort, n° 150. Demol, n°ˢ 108 et 153.)

18. Mais ce n'est pas tout, et il ne saurait suffire au créancier à terme ou conditionnel, non plus qu'au légataire affecté dans son legs des mêmes modalités, d'avoir le droit de former une demande en séparation de patrimoines, parce que cette demande dénoncée à l'héritier ne crée pas entre ses mains une incapacité de disposer des valeurs mobilières de l'hérédité. L'art. 1180, nous le savons, permet au créancier qui nous occupe d'exercer toutes les mesures conservatoires de son droit ; nous avons vu comment l'ancienne jurisprudence avait assujetti les créanciers de l'héritier à fournir caution. Fidèles à ces traditions, autorisés par le texte si général en ses termes de l'art. 1180, la plupart des auteurs estiment que suivant les circonstances dont le juge aura la souveraine appréciation, il y aura lieu d'ordonner soit que les créanciers de l'héritier, ou, faute de créanciers connus, l'héritier touchent le montant de la créance ou du legs en donnant caution de le rapporter, à l'arrivée de la condition, soit que le créancier conditionnel touche le montant de sa créance, à charge, au cas de défaillance de la condition, de restituer ce qu'il aurait reçu ; soit enfin que les valeurs, affectées au payement de la dette héréditaire, soient déposées à la caisse publique, jusqu'à l'accomplissement ou la défaillance de la condition ; nous pensons aussi que s'il s'agissait d'un corps certain et déterminé, la justice pourrait ordonner le séquestre dans les termes des art. 1961, 1963 C. Nap. (*Sic* M. Dufresne, n° 23.)

Ces idées paraissaient bien assises dans la doctrine lorsqu'en 1852 la Cour de Paris vint leur porter une atteinte bien imprévue, et à tous les points de vue, regrettable. L'arrêt de la Cour, qui a eu la bonne fortune peu méritée de rallier les suffrages de nos arrêtistes et de deux ou trois jurisconsultes, a décidé qu'en présence d'une succession exclusivement mobilière, le légataire d'une rente viagère était sans droit pour conclure à ce que le débiteur du legs fût condamné, pour sûreté dudit legs, soit à lui fournir bonne et valable caution, soit à placer sur hypothèque une somme équivalente au capital de la rente léguée, à prendre dans les valeurs de la succession.

Voici les motifs principaux qui se détachent de l'arrêt :

1° La loi n'a rien organisé pour les meubles, en fait de mesure conservatoire, si ce n'est les scellés, les inventaires. On ne peut suppléer au silence de la loi par des moyens qui affecteraient la saisine de l'héritier ou du légataire universel.

2° Exiger une caution de l'héritier, ce serait lui imposer une obligation qu'en matière immobilière il ne subit pas sur ses biens, puisque le privilége de l'art. 2111 affecte le patrimoine du défunt.

3° Exiger un placement hypothécaire ou une consignation de valeurs pour assurer à l'échéance le payement de la créance ou du legs, ferait dépasser encore les exigences d'une caution à fournir.

4° Le testateur aurait pu ne rien léguer; il a livré le légataire aux chances d'insolvabilité de son héritier.

Ces considérations ne sauraient nous toucher, et voici ce que nous répondons à l'arrêt :

Notre sujet de la séparation des patrimoines, traité par le législateur avec un désolant laconisme, doit se compléter par des dispositions empruntées soit au Code civil, soit au Code de procédure. L'arrêt veut bien reconnaître (il ne faut pas l'oublier) qu'il y a au profit des créanciers demandeurs en séparation ou des légataires des mesures conservatoires telles que scellés, inventaire. C'est une concession que nous fait la sentence, car (aux titres des scellés et de l'inventaire) la loi de procédure ne nomme pas une seule fois la séparation de patrimoines.

Ces mesures, que le Code reconnaît devoir être empruntées au Code de procédure et qui sont placées sous la rubrique : « Procédures relatives à l'ouverture d'une succession, » ont un objet, mais un objet unique et restreint, celui de permettre aux créanciers de se rendre compte de l'actif de la succession, de le bien connaître.

Mais que leur servira d'avoir fait apposer des scellés, fait faire inventaire, de s'être rendu compte du gage de leurs créances, s'ils n'ont la faculté de garantir, de *conserver* (eux qui peuvent faire des *actes conservatoires*, art. 1180) les valeurs mobilières, si fugitives, que l'héritier peut faire disparaître ?

Un emprunt au Code de procédure a facilité pour ces créanciers la connaissance de l'actif; un second emprunt au Code civil en favorisera la conservation. Les art. 807 et suivants, relatifs à l'héritier bénéficiaire forment ce second et naturel renfort. L'esprit actuel de la jurisprudence est de considérer l'acceptation bénéficiaire comme entraînant la séparation des patrimoines tout aussi bien dans l'intérêt des créanciers de l'hoirie que dans celui de l'héritier. (V. Montpellier, 8 décembre 1859. Ch. civ. 8 janvier 1863. Sirey, 1863, I, 379.) Il est donc rationnel et légitime de puiser dans la section III de l'acceptation bénéficiaire des principes et des mesures qui permettent aux créanciers héréditaires de ne pas être privés, par le caprice ou la mauvaise foi de l'héritier, de la valeur des biens qui sont le gage exclusif de leur legs ou de leur créance. L'art. 807 dit en termes exprès que l'héritier bénéficiaire est tenu, si les créanciers ou autres personnes intéressées l'exigent, de donner caution bonne et solvable de la valeur du mobilier compris dans l'inventaire, et le texte ajoute que, faute par lui de fournir cette caution, les meubles sont vendus et leur prix est déposé pour être employé à l'acquit des charges de la succession. Si la loi accorde ce droit aux créanciers dans un cas où l'héritier, plus favorable, déclare l'hérédité suspecte, comment pourrait-elle le leur refuser lorsque ces créanciers entendent tenir l'héritier en suspicion et vouloir se protéger contre son insolvabilité? (Comp. en ce sens, Blondeau, n. 1, p. 478. L. 31, *de rebus auct. judicis.*)

Mais on objecte que dans le cas prévu par l'art. 2111, jamais l'héritier n'est affecté dans son patrimoine par le privilége : la réponse est simple, c'est que l'inscription protége les créanciers ou légataires contre le détournement du prix de l'immeuble à leur préjudice, en leur permettant d'exercer leur droit de préférence sur ce prix encore dû.

Le placement hypothécaire est, dit-on, une exigence qui dépasse toutes les autres. Nous reconnaissons que l'art. 807 ne la mentionne pas, mais ce n'est pas du tout une raison pour qu'il soit interdit au juge de l'ordonner suivant les circonstances. Comme le disait la loi romaine, *prætoris erit vel præsidis notio, nullius alterius; hoc est, ejus qui separationem indulturus est* (1). Mais il n'y a pas là (c'est à quoi nous voulons en venir) le raffinement d'exigence, reproché par l'arrêt, l'aggravation du sort de l'héritier; il y a tout simplement pour le débiteur de la créance ou du legs

_____

(1) L. 1, § 14, *de Separ.*

une option à faire. On lui tient ce langage : Voulez-vous donner caution du mobilier? Si oui, tout est parfait, on n'a pas le droit de vous demander davantage ; si non, on va vendre les meubles de la succession jusq'à concurrence de la créance ou du legs, et le prix en sera placé sur hypothèque : (Anal., art. 1067 C. N.).

Car on vous considère comme grevé de la restitution des valeurs mobilières au profit d'une certaine classe d'appelés dont le droit est encore suspendu ou retardé. — Ou bien encore le prix des meubles sera consigné pour servir à payer qui de droit quand le moment en sera venu (art. 807, *in fine*) (1). Voyons, de bonne foi, y a-t-il là une aggravation de la position de l'héritier? Débiteur d'une obligation alternative, on lui demande de se libérer par l'une ou l'autre des choses comprises dans l'obligation (art. 1189). Rien de plus, rien de moins,

Maintenant que répondre à cet argument que le testateur, ayant pu ne rien léguer, a pu exposer *a fortiori* le crédi-rentier aux chances de l'insolvabilité de son héritier? — Si ce n'est que, de par la loi, il existe un droit de séparation de patrimoines au profit du légataire, comme au profit du créancier, qu'à côté de ce privilège il existe encore en faveur du légataire, par la suprême vigilance de la loi, une hypothèque générale sur les biens héréditaires, qui témoigne de la sollicitude de nos textes pour celui qui tient ses droits de la volonté du défunt : ce qu'il faut répondre enfin, c'est que, ce que les testateurs oublient de prévoir ou sont dans l'im-

____

(1) Dans l'espèce tranchée par la Cour, le légataire de la rente viagère n'avait pas conclu à la consignation, mais l'arrêt prend soin de proscrire la consignation des valeurs comme le placement sur hypothèque qu'il met sur la même ligne.

puissance légale d'organiser, est institué par le Code, de telle façon que la Cour ne devait pas craindre, en disant droit aux conclusions du légataire, « de faire un testament par arrêt ou d'imposer des lois *héréditaires* imprévues pour tous. » La meilleure critique de cet arrêt du 31 juillet 1852 consiste à dire qu'il a maintenu, *en tant que de besoin*, la séparation des patrimoines prononcée par les premiers juges. C'était en vérité consoler la partie perdante par une spécieuse inutilité.

La Cour de Paris semble bien persévérer dans cette jurisprudence qui refuse d'accorder au légataire d'une rente viagère tout emploi du capital légué, à défaut de caution. — C'est à tort, selon nous, que le dernier arrêt rendu sur cette question a refusé de fixer l'emploi du capital, en se fondant sur ce que les arrérages ayant été jusque-là régulièrement servis, on ne se trouvait pas dans les termes de l'art. 1978 qui autorise le crédirentier non payé de ses arrérages à faire saisir et vendre les biens du débiteur et à demander l'emploi d'une somme suffisante pour le solde desdits arrérages. Ce texte nous paraît spécialement écrit pour celui à qui la rente viagère a été consentie moyennant un prix (art. 1977), et dès lors il doit être étranger à celui qui tient sa libéralité du défunt. C'était par d'autres règles que devait se trancher favorablement la situation du légataire de la rente viagère (art. 807). (1).

19. Le droit romain, et après lui l'ancienne jurisprudence française, s'étaient posé la question de savoir si au cas où le débiteur était héritier de sa caution, le créancier qui s'était fait donner caution, pouvait, en qualité de créancier du défunt, demander la séparation des pa-

<hr>

(1) Paris, 28 avril 1865. *le Droit*, 19 mai 1865.

trimoines. Voici la solution de la loi 3 de ce paragraphe. « Quamvis obligatio fidejussionis extincta sit, nihilominus separatio impetrabitur, petente eo cui fidejussor fuerat obligatus; sive solus sit hereditarius creditor, sive plures. Neque enim ratio juris quæ causam fidejussionis, propter principalem obligationem quæ major fuit, exclusit, damno debet afficere creditorem, qui sibi diligenter prospexerat. » Ainsi ce qui ressort de ce texte se résume ainsi : Ce que la mort du fidéjusseur a détruit, ça été le lien résultant du cautionnement (art. 2034, 1300); la confusion ne s'est opérée que dans les rapports du débiteur (héritier) avec la caution dont il hérite, mais, au regard du créancier, cette confusion constitue un fait qui ne peut l'atteindre, c'est pour lui *res inter alios acta*. L'action réelle sur les biens du fidéjusseur survit à l'obligation personnelle que la confusion a éteinte (art. 1300), et c'est avec juste raison que Domat disait : « Encore que l'obligation du fidéjusseur décédé soit confondue en la *personne* de ce débiteur qui est son héritier, le créancier ne perd pas la *sûreté* qu'il avait sur les biens du fidéjusseur, non plus que celle qu'il conserve toujours sur les biens de son débiteur, et voilà pourquoi « le créancier pourra demander contre les créanciers de son débiteur la séparation des biens du défunt, sans que les autres créanciers du fidéjusseur puissent l'empêcher, non plus que ceux du débiteur. »

Nous avons, il y a quelques années, pensé que la solution donnée en vue de cette situation spéciale pouvait s'étayer des termes de l'art. 2035 C. N. qui s'exprime ainsi : « La confusion qui s'opère dans la personne du débiteur principal et de sa caution, lorsqu'ils deviennent héritiers l'un de l'autre, n'éteint point l'action du créancier contre celui qui s'est rendu caution de sa caution. » Il faut, disions-nous, voir dans le débiteur héritier de son fidéjusseur une sorte de caution de sa caution; car si la confusion s'opérait contre le créancier, ce dernier se trouverait n'avoir eu dans le fidéjusseur décédé qu'une garantie imaginaire (art. 2034); or le débiteur principal, en fournissant caution à son créancier, avait, il faut le présumer, entendu le protéger efficacement, loin de faire dépendre le sort de la créance des éventualités, telles que la confusion, qui pouvaient atteindre le cautionnement; donc on peut dire que jusqu'à un certain point le débiteur étant censé avoir voulu se rendre caution de la caution, l'action en séparation du créancier contre lui est fondée et justifiée par le principe écrit dans l'art 2035.

C'est là un point de vue qu'aujourd'hui encore nous croyons exact, mais sans vouloir prétendre que l'article précité ait été écrit pour notre hypothèse (1).

La solution précédente s'applique *a fortiori* au cas où c'est la caution qui a succédé au débiteur principal; car si la confusion des deux qualités en la même personne éteint l'un des deux engagements, ce ne peut être que celui de la caution; l'obligation principale, inhérente à la personne de l'héritier, n'en saurait être altérée. (Domat, sect. 1, § 8. Lebrun, *des Dettes*, nº 24.)

19 *bis.* Les principes qui ont régi la solution des deux précédentes hypothèses vont nous guider encore pour résoudre la difficulté suivante. Il s'agit de la dévolution à une même personne de deux successions dont l'une est débitrice de l'autre.

Paul a d'abord recueilli la succession de son père,

(1) Comp. en ce sens Aymé, thèse de doctorat, 1860.

puis il vient à hériter de sa mère, qui avait à exercer contre le premier ou contre sa succession ses reprises dotales. Les créanciers maternels pourront-ils faire revivre les droits de la femme à l'encontre des créanciers du père? ou faudra-t-il dire qu'il s'est opéré en la personne du fils confusion des actions qu'il avait du chef de sa mère contre la succession paternelle? C'est ici que reparaît l'opinion de Papinien (L. 3, *de sep.*) à propos du créancier du fidéjusseur. Il faut se laisser diriger par elle.

La confusion qui s'est accomplie dans la personne du fils, à la fois créancier et débiteur, est un fait qui ne saurait nuire aux créanciers maternels, pas plus que la confusion née de la mort du fidéjusseur n'a préjudicié au créancier.

Disons donc avec Lebrun (n° 24) que les créanciers de la mère, créanciers de la défunte, auront la séparation des biens contre les créanciers du père, qui à leur égard, sont créanciers de l'héritier (art. 878).

Nos anciens auteurs, et Lebrun notamment, avaient soin de faire remarquer que la séparation des patrimoines trouvait son application la plus utile, en matière de droits incorporels, tels que les créances! Les immeubles sont tout séparés par leur nature et la force des choses, mais les actions, les *jura*, se transmettent du *de cujus* à son successeur d'une façon si intime, si mystérieuse, qu'il est réellement besoin de recourir à la procédure spéciale de la séparation, pour prévenir une confusion qui va s'opérer ou faire cesser celle qui s'est accomplie. (Comp. Lebrun, *des Dettes*, n° 24, Paris, 14 flor. an XI. Sirey, vol. I, p. 2, 136.)

20. Les créanciers de l'absent ont-ils le droit de demander la séparation des patrimoines? Il faut, pour

résoudre cette question, distinguer entre les diverses périodes de l'absence. Lorsqu'il n'y a qu'envoi en possession provisoire, les créanciers de l'absent n'ont pas besoin de réclamer la séparation des patrimoines, protégés qu'ils sont par la caution que l'art. 123 C. Nap. exige des héritiers présomptifs envoyés en possesion. On sait d'ailleurs que les actes permis aux envoyés en possession provisoire n'ont trait qu'à l'administration des biens, et que les immeubles de l'absent ne peuvent être, durant cette période, ni aliénés, ni grevés d'hypothèque. (Art. 125 et 128 C. Nap.) Le gage des créanciers de l'absent reçoit une protection, par suite de ces mesures restrictives, sinon supérieure, du moins égale à celle que leur donnerait la séparation.

Mais si nous abordons la période dite d'envoi définitif, telle qu'elle est tracée par l'art. 129 C. N. (c'est-à-dire 30 ans depuis l'envoi provisoire ou 100 ans révolus depuis la naissance de l'absent), l'intérêt de la séparation surgit pour les créanciers : en effet les cautions sont déchargées : voilà une garantie précieuse qui s'efface. La succession s'ouvre du jour du décès prouvé, tous les ayants droit peuvent demander le partage des biens de l'absent. Grande urgence à provoquer la séparation !

21. Domat fait remarquer, d'après la loi 7 C. *de bonis auct. jud.*, que parmi des cohéritiers il peut s'en trouver un qui soit créancier du défunt et le jurisconsulte pense avec la loi romaine que ce cohéritier peut demander la séparation des patrimoines contre les créanciers de ses cohéritiers, à la réserve de sa part dans la dette qu'il doit supporter lui-même. S'il s'agissait d'un héritier bénéficiaire, il exercerait sa créance contre la succession d'une manière intégrale; la confusion même

partielle ne saurait l'atteindre, puisque le bénéfice d'inventaire, c'est l'obstacle même apporté à la confusion des patrimoines; l'art. 1300 ne peut s'harmoniser avec la disposition de l'art. 802 1° (comp. Demol., T. III, *Succ.*, n° 157 et 158; 2° t. V, *Succ.*, n° 168; *adde* Cass., 10 juill. 1844, S. 1, 392).

22. Terminons ce que nous avons dit sur ceux qui ont qualité pour demander la séparation des patrimoines par cette observation : Des termes de l'art. 878, « *ils peuvent* demander dans tous les cas, » il ne faudrait pas inférer que pour être valablement exercé, le droit de séparation dût l'être par les créanciers réunis. Il est bien manifeste que tous les créanciers et légataires, ou plusieurs d'entre eux peuvent s'entendre pour demander de concert la séparation des patrimoines. Et nous devons en passant faire remarquer qu'au point de vue fiscal cette demande collective offre un intérêt d'économie très-sérieux. La demande est assujettie à un seul droit d'enregistrement, et non à autant de droits qu'il y a de créanciers demandeurs ou défendeurs(1). Comme le dit la Cour de cassation, ces créanciers réunis sont *cointéressés* au moins pour l'objet spécial de la demande, et dès lors ils rentrent dans l'exception du n° 30, § 1er de l'art. 68, loi du 22 frimaire an VII.

Mais aussi à côté de la forme collective existe la forme individuelle. Chacun des créanciers peut exercer la demande isolément et en son propre et privé nom, et alors le bienfait de la séparation ne profite qu'à ceux qui l'ont invoquée, sans avoir toutefois d'effets préjudiciables pour ceux qui n'ont point agi. Nous approfondirons ce point délicat en son lieu, sur l'art. 2111.

(1) Req., 2 juin 1832, Sirey, 32, 1, 435.

CHAPITRE III

Des personnes auxquelles le droit de séparation est absolument interdit. — Droit romain. — Les créanciers de l'héritier sous son empire n'ont pas la séparation de patrimoines. — Ancien droit. — Vive controverse entre les auteurs. — La pratique judiciaire est opposée à la tradition romaine. — Art. 881, retour au droit romain. — Ressource de l'action paulienne au cas d'acceptation frauduleuse de la succession par l'héritier. — Dissentiment avec M. Chabot. — Opinion de M. Darafort sur la preuve à exiger de la participation des créanciers successoraux à la fraude de l'héritier. — Désaccord avec ce jurisconsulte.

23. Nous avons vu jusqu'à présent quelles sont les personnes que la loi investit du droit de séparation ; il s'agit à présent de connaître celles auxquelles en principe et *a priori* elle le refuse. Nous trouvons à cet égard dans un de nos trop rares articles sur la matière une solution formelle.

Le Code a tranché par un texte précis (art. 881) la question, très-controversée dans l'ancien droit, de savoir si les créanciers de l'héritier pouvaient invoquer le droit de séparation.

Dans la loi romaine la solution était négative et pour cette raison unique donnée par Ulpien, à savoir que « licet alicui adjiciendo sibi creditorem, creditoris sui facere deteriorem conditionem. » Les créanciers de l'héritier ne peuvent empêcher que leur debiteur ne contracte de nouvelles dettes, qui pourrait le contester? En s'obligeant par l'acceptation de la succession envers les créanciers du défunt, il ne fait rien autre chose qu'user

d'un droit incontestable, celui de s'endetter. La doctrine
d'Ulpien fut très-controversée dans l'ancienne jurisprudence ; l'exposé de cette controverse tient une place importante dans la partie du *Traité des successions* que
Lebrun a consacrée à notre sujet. Personne ne lutta plus
vivement que ce jurisconsulte pour le triomphe de l'idée
romaine, et c'est un grand charme de lire le récit si
intéressant de ses disputes avec le président Espiard.

La doctrine adverse a eu dans Domat un champion
ardent et convaincu. A ses yeux la raison d'Ulpien n'était
qu'une « subtilité » et Domat écrivait nettement que
« la condition des créanciers de l'héritier et celle des
créanciers du défunt devaient être égales », qu'il était
« de la même équité » que les premiers pussent séparer
les biens de l'héritier de ceux du défunt. » Mais cette
égalité affirmée par Domat, de quels principes la fait-il
découler ? On regrette à cet égard de ne trouver sous la
plume du jurisconsulte aucune raison qui étaye et justifie son affirmation. Non, ce n'est pas une subtilité que
l'idée qui sert de base à la distinction des situations res-
pectives des deux classes de créanciers. Nous l'avons
déjà dit : Pour les créanciers du défunt, l'héritier est le
plus souvent un nouveau venu qu'ils ne connaissent pas
ou plutôt quils ne connaissent que trop, duquel enfin
ils ont le droit de se défier, car ils peuvent craindre qu'il
n'ait au moment de l'ouverture de la succession déjà
plus de dettes que d'avoir, etc... Rien au contraire
n'est modifié dans la position des créanciers de l'héritier ! n'ont-ils pas toujours le même débiteur? En ont-
ils connu un autre qui leur ait inspiré plus de confiance ?
Non, assurément; il n'y a donc nulle bonne raison pour
leur subvenir en ce cas plutôt qu'en tel autre. Cette
dernière considération sur l'identité de débiteur ne sau-

rait certes être traitée de subtilité; elle a à nos yeux plus de valeur morale, si nous osons ainsi parler, que la raison fournie par Ulpien, qui, sans le vouloir, prête un indirect appui au droit périlleux de s'endetter indéfiniment.

Mais au palais on vivait autrement, pour prendre le langage de Lebrun, et un arrêt du parlement de Paris, en date du 14 août 1625, avait été prononcé en robes rouges par le président de Verdun, comme jugeant en thèse que le bénéfice de séparation pouvait être obtenu par les créanciers de l'héritier, aussi bien que par ceux du défunt. Lebrun protestait avec plus de courage que de succès contre cette jurisprudence. « Beaucoup de monde est, disait-il, prévenu au palais de cette opinion, mais je peine à me rendre au plus grand nombre. »

C'est la voix dissidente de l'éminent jurisconsulte qui a eu son écho dans l'œuvre des rédacteurs du Code civil, art. 881 : « Les créanciers de l'héritier ne sont point admis à demander la séparation des patrimoines contre les créanciers de sa succession; » texte qui nous servira à résoudre une des plus graves controverses de notre sujet, et qui montre que la loi n'a pas voulu consacrer un privilége à l'imitation de celui qu'elle venait de créer dans l'article 878, qu'elle a rappelé dans l'art. 2111, en créant la nécessité de l'inscription (1).

24. Mais, dira-t-on, les créanciers peuvent avoir à souffrir de l'acceptation frauduleuse que leur débiteur ferait d'une succession notoirement obérée, et nul secours ne leur sera offert?

Le Digeste nous apprend ce qui se passait à Rome en pareil cas. Le préteur accordait une action *extra or-*

(1) Voir Nicias Gaillard, *Rev. critique*, 1856.

dinem aux créanciers frustrés pour tous les cas où leur débiteur s'était frauduleusement obligé. On avait admis, après difficultés et controverses (quod non facile admissum est), que cette même action *extra ordinem* protégerait les créanciers de l'héritier contre l'acceptation frauduleuse d'une succession chargée de passif. (L. 1, § 6, *de separ.*) — Si de la loi romaine nous passons au témoignage de Lebrun, nous trouvons la même doctrine. « Aussi, dans notre droit, dit Lebrun, si un héritier était convaincu de *fraude*, et cela par des circonstances évidentes, il y aurait lieu de permettre cette action *extra ordinem* à ses créanciers, ce qui doit aussi être admis fort rarement. (C'est presque le langage de la loi précitée.)... Et ceci même se terminerait à une action révocatoire, et ne serait pas cette action *directe* en séparation de biens de laquelle il s'agit ici ; mais ce cas, qu'il est fort difficile de démontrer (d'autant que le titre quæ in fraudem n'est pas d'un grand usage parmi nous), ne fait point d'obstacle à notre proposition générale que les créanciers de l'héritier et principalement les chirographaires ne peuvent demander la séparation des biens contre laquelle je ne vois aucune raison solide, mais seulement quelque routine et mauvaise tradition, dont les juges sont toujours en droit (1) d'arrêter le cours comme d'une méchante monnaie. »

Quoique Pothier, dans cette hypothèse d'une acceptation frauduleuse, prononce le mot de séparation (*Succ.* ; c. v.), il paraît bien qu'il n'avait en vue autre chose que l'action révocatoire, puisque la séparation ne doit, d'après le texte du chapitre v *Succ.*, arriver qu'après

____

(1) Le Code civil seul eut la force de démonétiser cette tradition jurisprudentielle.

rescision accomplie de l'adition et de l'obligation contractée frauduleusement envers les créanciers héréditaires.

25. Quant à l'action révocatoire dont parlent la loi
romaine et l'ancien droit, elle est chez nous déposée
dans notre art. 1167 qui permet aux créanciers d'attaquer en leur nom personnel les actes faits par leur
débiteur en fraude de leurs droits. Un jurisconsulte
éminent s'est rencontré qui a soutenu que le principe
doctrinal de l'art. 1167 était inapplicable à l'espèce
qui nous occupe, parce qu'au deuxième alinéa de l'article précité se lisent ces mots : « Ils doivent *néanmoins*,
quant à leurs droits énoncés au titre des successions...,
se conformer aux règles qui y sont prescrites. » Or,
soutient M. Chabot, il est bien écrit dans l'art. 788 que
les créanciers de l'héritier qui *renonce* au préjudice de
leurs droits peuvent faire annuler en leur faveur, et
jusqu'à concurrence seulement de leurs créances, la renonciation que le débiteur a faite au préjudice de leurs
droits. Mais il n'est dit, dans aucun article soit du titre
des successions, soit des autres titres du Code, que les
créanciers propres de l'héritier qui a accepté une succession aient le droit de faire révoquer cette acceptation.

Que nul article de notre Code n'autorise *expressis
verbis* l'action rescisoire contre l'acceptation frauduleuse
de l'héritier, nous ne voudrions en disconvenir ; mais ce
qu'il faut produire contre notre action, c'est un
texte qui la prohibe. Il n'en existe point, et dès lors
nous sommes en droit de dire que cette action révocatoire
se trouve comprise dans les termes très-généraux de
l'art. 1167 (1er alinéa). D'ailleurs le silence de notre
art. 788 sur la rescision de l'acceptation s'explique par

un fait juridique qui ne fait que confirmer l'application du principe général. A Rome, l'action paulienne n'était pas admise contre la répudiation d'une succession, car, disait-on, le débiteur n'avait pas diminué son patri-moine; il avait seulement négligé de l'accroître, et l'action paulienne n'était accordée que contre les actes par lesquels le débiteur avait amoindri son patri-moine. La loi 3, *quæ in fraud.*, s'exprimait ainsi : « Sive *se obligavit* fraudandorum creditorum causa, sive *numeravit* pecuniam..., palam est edictum locum ha-bere. » Notre Code a entendu rejeter la doctrine ro-maine, il devait s'en expliquer dans un texte formel et il l'a fait dans l'art. 788; justement, ajoutons-nous, car la répudiation d'une succession, dans une législation où l'héritier est propriétaire saisi, *a die mortis*, des biens héréditaires, est bien un acte d'aliénation et d'amoin-drissement du patrimoine (art. 724, 785). Mais si le Code dans l'art. 788 ne dit mot de l'acceptation, c'est que quant à elle il n'y avait guère place au doute, et par son silence le législateur s'est manifestement rap-porté à la double tradition du droit romain et de l'an-cienne jurisprudence. (V. Dufresne, page 18. — Mour-lon, *Rep. écrites sur l'art.* 1167. — Demol., t. III, *Succ.*, n° 75.)

Comme le disait Lebrun, cette action révocatoire ne s'admettra que rarement, et dans des circonstances fort graves, « n'y ayant rien de plus naturel et de moins suspect que de se porter héritier d'un défunt dont la succession est déférée par la loi. »

26. Il va de soi que ce sera toujours aux créanciers de l'héritier, demandeurs en revocation de l'adition d'hé-rédité, à faire la preuve que l'acceptation n'avait d'autre objet que de les frauder. La fraude en effet ne

se présume pas, surtout en pareille matière ; c'est à celui qui l'allègue à la prouver (art. 1116). De plus, comme il s'agit là d'un acte à titre onéreux (puisque la saisine met le passif à la charge de l'acceptant, art. 777), il faudrait, à notre sens, selon les principes qui régissent l'action paulienne, exiger des demandeurs la preuve de la complicité des créanciers successoraux avec l'héritier. Telle est l'opinion très-fondée selon nous de MM. Dufresne et Aymé (thèse de doct. 1860), seulement nous ne comprenons pas bien comment à l'appui de sa thèse M. Dufresne invoque la loi 2, § 1, *de separ.* « Quæ bona fide medio tempore per heredem gesta sunt, rata conservari solent. » Comme l'indiquent fort clairement ces mots : « medio tempore, » la loi invoquée entend parler d'actes accomplis entre l'adition et le décret de séparation de patrimoines. Or, il est ici question, non pas d'actes qui ont suivi l'acceptation, mais du fait unique de l'acceptation.

Que cette hypothèse d'une succession acceptée frauduleusement soit difficile à rencontrer, nous en sommes parfaitement d'accord ; car, en général, une succession onéreuse ne s'accepte que par imprudence (ce qui exclut la fraude), ou par un sentiment impérieux de convenance, qui nous pousse à regarder la répudiation de l'hoirie paternelle comme une sorte d'apostasie domestique, ou bien enfin la succession obérée sera acceptée par suite d'une ignorance involontaire de la vraie situation des choses (v. à ce dernier point de vue l'art. 783 in fine). Mais en raisonnant dans l'hypothèse proposée, nous devons protester contre une idée, à nos yeux erronée, du savant M. Barafort. Ce magistrat n'admet point que les créanciers de l'héritier soient tenus de prouver la participation des créanciers héréditaires à la fraude. Et pour quel motif? M. Barafort reconnaît cependant qu'en thèse générale cette exigence est rigoureusement imposée au demandeur en rescision d'un acte à titre onéreux. « On la conçoit, dit-il, quand il s'agit d'actes frauduleux passés par le débiteur avec des tiers. Mais une acceptation expresse de la succession, non plus que les faits dont on peut implicitement l'induire, n'interviennent pas *si ce n'est très-exceptionnellement*, avec les créanciers de la succession. » Que ces actes puissent intervenir avec les créanciers du défunt, c'est ce qui ne nous paraît pas discutable, et M. Barafort ne le nie pas ; ainsi, donner des défenses au fond sur des poursuites d'un créancier de la succession, sera faire, à nos yeux, acte d'héritier ; consentir au profit d'un créancier du défunt la dation d'un immeuble en payement de la créance, voilà encore un acte d'adition d'hérédité... on pourrait aisément trouver d'autres exemples (v. art 778 et 780) : maintenant que ces actes soient exceptionnels ou fréquents, peu importe, au point de vue de l'examen des conditions requises pour l'action révocatoire. La loi dans l'art. 783 (1er al.) a bien prévu qu'un majeur se ferait restituer contre son acceptation pour raison de dol pratiqué envers lui, en vue d'extorquer son acceptation. Croit-on que ceci se présente tous les jours? En faudra-t-il moins appliquer l'art. 783 quand le cas écherra ? L'objection de M. Barafort ne nous paraît donc reposer sur aucune raison plausible. Ce n'est pas parce qu'un acte ne se présentera que dans des cas fort rares qu'il faut tout à coup abandonner les règles généralement appliquées dont on reconnaît soi-même la justesse (v. Dufresne, n° 25 in fine; Barafort, n° 31).

CHAPITRE IV

Comment se perd le droit de séparation chez ceux qui l'avaient en principe. — De la novation. — L'art. 879 inexactement interprété par M. Mourlon. — Exemples de novation dans la créance contre le défunt. — Le fait de la concession d'un terme au profit de l'héritier par le créancier du défunt n'emporte pas novation. — Les créanciers qui ont fait avec l'héritier la novation dont parle l'art. 879 perdent le droit de concourir sur les biens du défunt. — Le créancier qui a fait novation conserve le droit de demander la séparation contre un cohéritier resté étranger aux actes d'où s'est induite la novation.

27. L'art. 879 s'exprime en ces termes : « *Ce droit ne peut* cependant plus être exercé lorsqu'il y a novation dans la créance contre le défunt par l'acceptation de l'héritier pour débiteur. »

Cet article n'est pas un des moins embarrassants de notre sujet; il contient d'abord un terme, celui de *novation* dans la créance contre le défunt, qui appelle une explication particulière ; il a contribué en outre à entretenir les doutes sur une question controversée depuis Ulpien jusqu'à nos jours, celle de savoir si le créancier qui a usé du droit de séparation des patrimoines peut encore concourir sur les biens de l'héritier avec les créanciers de ce dernier, en d'autres termes s'il peut cumuler le titre de créancier du défunt et de créancier de l'héritier.

28. Quant à nous, nous ne pouvons aborder le développement de ce texte sans nous être d'abord fixé

sur ce premier point : Par la séparation des patrimoines le créancier du défunt entend-il renoncer à l'héritier? Nous répondons que tout dit qu'il n'en est rien. Dans nos idées modernes la séparation n'est pas une rescision de l'acceptation d'hérédité. Elle est une marque de défiance dirigée contre l'héritier. Mais est-ce à dire que l'on va libérer son débiteur parce qu'on prend des sûretés contre lui? Peut-on raisonnablement supposer que, désireux de garanties spéciales et privilégiées, le créancier héréditaire abdique et rejette loin de lui celles que la saisine lui a acquises (art. 724)? La raison et les textes disent non.

29. « Mais si, malgré la séparation, objecte M. Mourlon, les créanciers qui la demandent conservent l'héritier pour débiteur, comment peut-il se faire que la circonstance qu'ils l'ont accepté pour débiteur soit incompatible avec le droit de séparation? » Nous croyons qu'il y a de la part de l'auteur excès de subtilité. Il existe entre ce qu'il appelle conserver l'héritier pour débiteur et ce que la loi appelle *accepter l'héritier pour débiteur* la différence qui sépare un fait négatif, indépendant de la volonté humaine d'avec un fait positif, direct, actif, émanant du créancier. La saisine qui a du jour de la mort investi l'héritier de tous les droits actifs et passifs de son auteur, et que la séparation n'a pu effacer, voilà le fait indépendant de la volonté du créancier héréditaire, et qui vient à son secours lorsque les biens de l'hoirie ne suffisent plus à le désintéresser. Le créancier a reçu cet héritier comme débiteur, en quelque sorte des mains du mort, sans aller au-devant de lui ; il le retrouvera en cas de besoin. Tandis que l'acceptation *positive* de l'héritier pour débiteur, c'est le signe manifeste et explicite que le créancier entend se contenter

de lui, suivre exclusivement sa foi, rejeter à son égard toute idée de défiance; comment dès lors voir de la bizarrerie à ce que ce créancier renonce par là même à l'exercice du droit de séparation? Et Pothier, il faut en convenir, ne méritait pas d'être traité par M. Mourlon d'halluciné pour avoir admis et concilié : 1° l'idée que la séparation demandée ne détruisait pas les effets de l'adition d'hérédité ; 2° cette autre idée que le créancier qui a accepté l'héritier pour débiteur, avec le sens technique que comportent ces mots, est déchu du droit de séparation (1). Il est vrai que l'auteur ajoute que les hommes les plus éminents sont sujets à ces hallucinations. L'ombre de Pothier sera-t-elle satisfaite?

Quoi de plus clair sur la double question que nous venons d'effleurer que ces deux propositions de l'auteur des *lois civiles?*

Sect. 1, n° 2, « le créancier qui ayant demandé la séparation n'a pu être payé sur les biens du défunt, *conserve* son droit contre l'héritier. »

Sect. II, n° 11, « si un créancier du défunt innove sa dette, et se contente de l'obligation de l'héritier, il ne pourra demander la séparation des biens du défunt, car il n'est plus créancier que de l'héritier. »

Voilà bien comment il faut entendre notre texte. Le créancier du défunt, quand il s'arme de défiance contre l'héritier, c'est-à-dire quand il agit en séparation de patrimoines, ne peut pas aliéner et abdiquer par là son droit acquis contre l'héritier. L'abdication d'un droit acquis, résultant, dans l'espèce, de la saisine, ne se présume pas. Mais si le créancier montre qu'il se contente de l'obligation de l'héritier et s'y limite, s'il

____

(1) Mourlon, *Ex. crit.*, t. II, p. 902.

résulte des actes passés avec lui que le créancier a suivi exclusivement sa foi, ces marques de foi et de confiance ne peuvent plus se concilier avec un privilége, qui représente la défiance au regard de l'héritier. Réellement entré dans la classe des créanciers de l'héritier, au sens de l'art. 881, il tombe sous l'application de ce texte. Notre art. 879 ne nous paraît donc, même avec nos idées et nos textes actuels (le dernier cité en fait foi), ni un contre-sens, ni une véritable impossibilité juridique, ni un principe destitué de toute autorité par la force même des choses, comme le veut bien dire M. Mourlon, p. 900.

30. On convient assez généralement que le mot de *novation* est détourné de son sens propre et légal. Ainsi l'on n'irait pas jusqu'à exiger pour l'application de l'art. 879 que le créancier du défunt eût fait avec l'héritier une novation proprement dite de sa créance (1).

Il est bien évident aussi que l'objet dû reste le même, que le créancier n'a pas changé, et si l'on s'arrête à l'idée que l'héritier continue en principe la personne du défunt, on n'aura nulle peine à convenir que le débiteur n'a pas plus changé que le créancier.

Et cependant si tout cela est vrai à la surface, au fond il est bien difficile, nous semble-t-il, d'abandonner complétement en face de l'art. 879 les idées que nous avons sur la novation de l'art. 1271. La créance qui avait pris naissance contre le défunt se trouve effacée par l'acceptation de l'héritier pour débiteur, sans qu'à dire vrai le créancier ait à décharger l'ancien débiteur (art. 1271 3°); et Marcadé a eu raison de dire « qu'il y avait vraiment novation par changement de

____

(1) V. toutefois Genty, *Rev. crit.*, t. VIII, p. 352.

débiteur, relativement aux principes sur la séparation. En effet, il s'agit d'un créancier qui peut rester créancier de la succession et qui consent à devenir celui de l'héritier. »

Malgré ce rapprochement, à un point de vue spécial, de notre novation avec les caractères de celle indiquée par l'art. 1271, il faut toujours considérer la novation de l'art. 879 comme étant sui generis, et imparfaite (1). Elle serait le plus souvent impuissante à produire les effets de la novation de l'art. 1271, tandis que celle de ce dernier article produira toujours les effets de la novation de l'article 879.

Une conséquence bien frappante de cette idée que la novation de l'art. 879 n'est pas une vraie et rigoureuse substitution de débiteur à débiteur, c'est que l'héritier avec lequel serait faite la novation ne serait tenu vis-à-vis du créancier que pour sa part dans la dette et non pour la totalité. Dans l'hypothèse d'une novation régulière et extinctive, on pourrait dire : il y a un nouveau débiteur substitué à l'ancien débiteur pour la totalité de la créance ; la novation par là même s'est opérée dans la créance entière. (Arg., art. 1271.) — Ici la novation au contraire n'est pas libératoire pour les codébiteurs de celui qui a été accepté pour obligé dans les termes de l'art. 879, et, comme l'a très-bien dit la cour de Besançon, 11 novembre 1854 : « Le principal effet de la novation portée dans l'art. 879 est d'empêcher la séparation des patrimoines du défunt et de l'héritier, en maintenant la confusion de ces patrimoines dans les mains de celui-ci ; elle ne peut avoir pour ré-

(1) Cette novation n'est pas assujettie au droit proportionnel de 4 pour 100 (an VII, 69).

sultat d'aggraver la situation de cet héritier comme débiteur personnel, en l'obligeant en cette qualité nouvelle au delà de sa part contributive dans les dettes de la succession. » En d'autres termes et pour tout dire en un mot, l'acceptation de l'héritier pour débiteur n'est pas une novation *extinctive* dont puissent se prévaloir les consorts du débiteur pour invoquer leur libération. De telle sorte que déchu vis-à-vis de celui qu'il a accepté pour débiteur du droit de demander la séparation, le créancier conservera ce droit vis-à-vis des cohéritiers, bien entendu s'ils ne se sont en rien immiscés dans les actes d'où la novation est sortie. (Sic, Cass., 3 février 1857. Sirey, 57, 1, 329.) Il n'y a rien dans tout cela d'indivisible et de solidaire, comme on a essayé quelquefois de le faire juger dans des espèces où la novation du titre des contrats n'était certainement pas en jeu.

31. De quels faits, de quelles circonstances pourra résulter cette novation de l'art. 879, c'est là un point laissé à la souveraine appréciation des tribunaux, et nous pensons qu'à la différence de la novation ordinaire, l'appréciation par les juges du fond des faits caractérisant l'acceptation de l'héritier pour débiteur serait à l'abri de la censure de la Cour suprême. (V. Cass., 15 janvier 1835, S. 35, 1, 88.)

Le meilleur critérium qu'auront nos tribunaux pour apprécier s'il y a déchéance du droit de séparation dans les termes de l'art. 879, sera celui-ci : Ressort-il de l'acte, ressort-il des faits de la cause que le créancier ait entendu « se contenter de l'obligation personnelle de l'héritier » suivant les termes précités de Domat ?

Si l'on part de cette idée, on ne pourra guère voir de

novation dans les faits suivants : le créancier de la succession a signifié ses titres à l'héritier, afin d'en poursuivre l'exécution (art. 877, C. Nap.) ou même il a fait assigner l'héritier et pris jugement contre lui sur cette assignation. — On comprend très-bien que c'est souvent une nécessité de se mettre en contact avec l'héritier, et de s'adresser à lui comme représentant de l'hoirie. On n'atteindra le patrimoine du défunt que par cet intermédiaire obligé. Aussi, le jurisconsulte Marcien disait déjà de son temps : « Qui judicium dictaverunt heredi, separationem quasi hereditarii possunt impetrare, quia hoc necessitate fecerunt. » Quant aux poursuites judiciaires exercées contre l'héritier, elles sont, répétons-le, nécessaires pour que le créancier puisse se faire payer sur le bien même de la succession, et il n'y a pas la moindre intention de novation qui puisse s'induire de ce fait. (Arg. anal. 1273.)

32. La réception par le créancier successoral d'intérêts ou arrérages que lui payerait l'héritier sur sa créance ne nous paraîtrait pas devoir emporter novation, car il se pourrait que le somme qui servirait à acquitter ces accessoires provînt des revenus mêmes des biens qui sont le gage des créanciers héréditaires.

La solution devrait-elle se modifier au cas où le créancier du défunt aurait *exigé* de l'héritier le payement de ces créances accessoires sans poursuivre l'héritier sur ses biens propres? Si on consulte la loi romaine elle paraît au premier abord en désaccord avec la précédente décision : « Sed si usuras ab eo ea mente quasi eum eligendo exegerunt, idem erit probandum. » Cela veut-il dire qu'exiger les intérêts de l'héritier, c'est suivre sa foi en principe, abstraction faite de toute circonstance à examiner ? Nous ne le croyons pas, malgré le langage en apparence contraire du texte latin; nous pensons que l'héritier sera censé avoir suivi la foi de l'héritier toutes les fois qu'il exigera de lui les intérêts de la dette *avec esprit de novation ; quasi cum eligendo.* (V. l. I, § 9 et 10 *de sep.*) — Comp. en ce sens Demol., n° 162.) Ce qui se présentera, par exemple, lorsque le créancier du défunt poursuivra l'héritier sur ses biens personnels.

33. Un héritier souscrit des effets de commerce au profit du créancier héréditaire pour le montant de sa créance ; le créancier ne les accepte que sous réserve de payement ; les billets ne sont pas payés. Faudra-t-il dire qu'il s'est opéré novation dans le sens de l'article 879, et que le créancier aura perdu le droit de demander la séparation des patrimoines ?

En principe la jurisprudence n'admet pas qu'il y ait novation dans le sens de l'art. 1271 lorsque le créancier accepte des billets en payement de sa créance, surtout lorsqu'il est stipulé que le payement ne sera valable et définitif qu'autant que les billets seront acquittés. (Bordeaux, 4 juil. 1832 ; Orléans, 18 nov. 1836.)

Pourquoi en serait-il autrement dans notre matière ? N'est-il pas évident que l'acceptation de l'héritier pour débiteur n'a été que conditionnelle ? que la condition à laquelle elle était soumise ne s'étant pas réalisée, en conséquence elle doit être tenue pour non avenue; qu'il n'a pu entrer dans la pensée des parties de vouloir substituer une dette nouvelle à l'ancienne, puisqu'il y a eu réserve, en cas de non-payement, de tous les effets primitifs ?

Si toutes ces choses sont exactes, il en faut conclure que le créancier du défunt conserve tous ses droits dérivant du titre primitif de la créance contre la succession, sans exception aucune, et que parmi ces droits il trouve celui de demander la séparation des patrimoines, Nous ne comprenons pas bien comment l'arrêt qui a émis cette solution peut avoir été critiqué par M. Demolombe comme ne portant pas le cachet d'une doctrine très-sûre. La substitution d'un titre à un autre ne peut pas suffire même dans notre matière à emporter novation, quand il s'y joint les réserves dont il a été parlé, aussi exclusives que possible d'une acceptation définitive. (V. Demol., n° 164. Nîmes, 21 juil. 1852. Barafort, n° 81.)

34. Sur le point de savoir si le fait par le créancier d'accorder à l'héritier une prorogation de terme doit entraîner la novation de l'art. 879, il y a controverse entre les auteurs. Sans prendre pour adopter la négative notre raison de décider dans l'art. 2039, spécial à la caution, nous aimons mieux dire que la concession d'un terme a pu être faite à la succession elle-même représentée par l'héritier ès nom, et toutes les fois que l'héritier fait des actes en qualité d'administrateur de l'hérédité, on serait mal fondé à soutenir que le créancier qui s'est mis en rapport avec lui a entendu suivre *nomen heredis*, ce qui constitue la vraie déchéance du bénéfice de la séparation.

C'est par application de cette idée que la jurisprudence a décidé que le renouvellement d'un effet échu n'emportait pas novation, car elle l'a considéré comme une pure prorogation de terme (Comp., Nîmes, arrêt précité.)

35. Il faudra dire au contraire qu'il y a novation dans la créance contre le défunt, si le créancier a fait un acte d'exécution sur les biens propres de l'héritier, s'il a produit dans un ordre ouvert sur l'héritier à la re-

quête de ses créanciers personnels, même en admettant le retrait ultérieur de la demande en collocation. Il en serait de même au cas où le créancier aurait accepté de l'héritier une délégation sur un tiers, et cela même en supposant que le créancier n'eût pas dans les termes de l'art. 1275 expressément déclaré qu'il entendait décharger le déléguant. Il s'agit là en effet d'une novation, *sui generis*, imparfaite. Les règles strictes des art. 1271-1282 ne doivent pas être suivies à la lettre.

Il y a toutefois un principe écrit dans l'art. 1273 dont il est sage de ne point se départir même dans notre matière ; c'est celui que la novation (la nôtre, ajouterons-nous, moins que toute autre) ne se *présume* pas et que la volonté de l'opérer doit résulter clairement ou de l'acte, ou des circonstances; « attendu, dit la Cour de Nîmes (21 juill. 1852), que, s'il est vrai en principe que la novation dont parle l'art. 879 C. Nap. ne soit pas soumise aux prescriptions rigoureuses de l'art. 1271, cependant l'art. 879 entend parler d'une acceptation qui annonce *l'intention* de profiter de la confusion, au lieu de s'y opposer. »

36. Cette intention serait bien manifeste si le créancier héréditaire avait accepté de l'héritier un gage, une hypothèque, une caution. Si ces sûretés sont insuffisantes, l'acceptation de l'héritier pour débiteur sera-t-elle tenue pour non avenue? Il est impossible de le décider. Tant pis pour le créancier s'il a accepté une caution peu solvable. C'est ce que disait Ulpien en ces termes : « Quid ergo si non satis idoneum acceperunt? et *sibi imputent* cur minus idoneos fidejussores accipiebant. » (L. 1, § 11 *de separ.*) V. Barafort, n° 62-65. Trib. de Libourne, 24 juill. 1844. Sirey, 1847, 2, 170. Bordeaux, 10 avril 1845.)

37. Déchu du droit de séparation contre les créanciers de l'héritier, le créancier du défunt qui a fait la novation dont nous avons parlé éprouvera-t-il une nouvelle déchéance en ce sens qu'il ne sera point admis à concourir sur les biens du défunt avec les autres créanciers de ce défunt qui ont exercé le droit de séparation des patrimoines?

Il ne nous paraît pas possible de l'affranchir de cette seconde déchéance : la raison en est simple et saisissante. Qu'est devenu ce créancier primitivement héréditaire quand il a accepté l'héritier pour débiteur?

Domat l'a dit formellement suivant la tradition d'Ulpien (1) (l. 1, § 16 *de separ.*) : « S'il se contente de l'obligation de l'héritier il n'est plus créancier que de l'héritier, » il faut donc de toute nécessité lui appliquer le texte si précis et si général de l'art. 881 aux termes duquel *les créanciers de l'héritier* ne sont point admis à demander la séparation des patrimoines. La solution que nous indiquons ici n'est nullement contraire à la thèse généralement admise que la séparation des patrimoines ne crée pas de priviléges au profit des créanciers de la succession contre leurs cocréanciers. Nous avons en effet dans l'espèce proposée des créanciers héréditaires en lutte avec un créancier de l'héritier (comp. art. 878, 879, 881).

---

(1) Quidam secuti heredem, quidam non secuti ; et hi qui heredem secuti non sunt, impetraverunt separationem : an eos secum admittant, qui secuti sunt : Et putem *nihil eis prodesse;* hos enim cum creditoribus heredis numerandos.

CHAPITRE V

Comment se perd le droit de séparation chez ceux qui l'avaient en principe. — De la confusion. — Ce mode d'extinction reconnu par le droit romain, l'ancien droit, le droit moderne. — Il est applicable aux meubles comme aux immeubles. — Nécessité pour les créanciers du défunt de recourir à des mesures conservatoires pour empêcher la confusion. — L'inventaire ne sera pas toujours un obstacle invincible à ce que la confusion se produise. — En ce qui touche les immeubles la confusion se produira rarement. Ce sera une question d'appréciation pour le juge.

38. A proprement parler, dit Lebrun (et il exprime en cela une idée naïvement exacte), la séparation ne vient qu'après la confusion ; mais le jurisconsulte ajoute cette restriction : « à moins que la confusion ne soit irréparable ; » nous avons donc devant nous un nouveau mode d'extinction du privilége de l'art. 878. Nos textes, à vrai dire, ne le mentionnent pas expressément, mais nous verrons qu'il est implicitement contenu dans l'art. 880, 1er al.

De tout temps cette confusion de fait a été reconnue comme un mode extinctif de l'action en séparation : la loi romaine s'exprimait ainsi à son égard : *Præterea sciendum est posteaquam bona hereditaria bonis heredis mixta sunt, non posse impetrari separationem : confusis enim bonis et unitis, separatio impetrari non poterit.*

Nous empruntons à M. Dollinger sa définition fort exacte de la confusion dans notre matière : c'est le mélange matériel des biens du défunt (meubles ou immeubles) avec ceux de l'héritier, de manière à en rendre à l'avenir la distinction impossible.

39. Pour empêcher cette confusion de se produire, les créanciers du défunt auront à recourir à des mesures conservatoires, indiquées par la situation, par exemple ils feront sagement de requérir aussitôt après le décès l'apposition des scellés (art. 909, 2°, C. de pr.), car il est d'un grand intérêt pour eux d'empêcher l'héritier de toucher le prix de valeurs mobilières facilement aliénables.

40. Il ne faudrait pas croire que l'inventaire ou tout autre acte équipollent dans lequel l'origine des meubles serait constatée fût un obstacle invincible à ce que plus tard la confusion s'opérât d'une manière irréparable. Sans doute les énonciations d'un bon et fidèle inventaire trouveront leur utilité pour certains meubles, tels que les meubles meublants, le linge, les tableaux (art. 534 C. Nap), ces meubles fussent-ils mêlés à ceux de l'héritier, mais qu'on suppose l'argent comptant, le blé du défunt, et ceux de l'héritier confondus, ce mélange matériel fera certainement obstacle à la séparation. (Voyez Lebrun, n °23, *des Dettes.*)

41. En ce qui touche les immeubles, Ulpien dans la loi citée plus haut, estimait leur confusion à peu près impossible. *Nisi ita conjunctæ possessiones et sint permixtæ propriis, ut impossibilem separationem effecerint;* quod *quidem* perraro *contingere potest.*

Cette confusion tout à fait rare et exceptionnelle s'est produite dans notre jurisprudence, par exemple lorsque les biens de l'héritier et ceux du défunt avaient été vendus simultanément pour un seul prix sans que les créanciers du défunt s'y fussent opposés, mais on a reconnu que toutes les fois qu'il existait dans l'espèce prévue les éléments suffisants d'une ventilation, la séparation des patrimoines pouvait encore s'exercer. C'est ainsi que l'a décidé la Cour de Grenoble (30 août 1831) dans un cas où un immeuble de l'héritier avait été vendu avec les immeubles de l'hoirie pour un seul prix : une estimation ayant été préalablement faite par des experts, et annexée à l'acte de vente, la Cour y vit les éléments d'une distinction des patrimoines et de la valeur de chacun des biens. (Voir Sirey, 1832, 2, 648.)

CHAPITRE VI

De l'extinction du droit de séparation par la *prescription*. — Le délai triennal fixé par le Code pour les meubles de la succession est une innovation du législateur. — Le point de départ de cette prescription doit-il être l'acceptation de la succession par l'héritier ou le décès du débiteur ? — Argument en faveur de ce dernier point de départ. — Le délai de trois ans doit s'appliquer au prix des meubles aliénés par l'héritier que devrait encore l'acquéreur. — *Prescription* quant aux immeubles. — Le Code n'a édicté aucune prescription spéciale. — Raisons pour que la durée du privilége se modèle sur la durée de l'action principale. — *Aliénation* de meubles émanée de l'héritier. — Fin de non-recevoir contre l'action en séparation. — Application de l'art. 2279. — Condition de bonne foi exigée pour que l'aliénation soit respectée. — Si le prix est encore dû par l'acquéreur, l'action en séparation s'exerce sur le prix. — Arrêt de Nîmes, 1853. — Comment les créanciers du défunt doivent prendre des mesures conservatoires pour sauvegarder leur gage sur les valeurs mobilières. — Créanciers purs et simples. — Créanciers à terme ou conditionnels. — Ce que la doctrine permet à ces derniers. — Désaccord avec la jurisprudence.

42. L'art. 880 s'exprime ainsi (premier alinéa) : Ce droit se prescrit relativement aux meubles par le laps de trois ans.

C'est là une innovation des rédacteurs du Code. En droit romain la prescription était de cinq ans sans distinction entre les meubles et les immeubles. Une grande partie de la France avait rejeté cette prescription quinquennale parce qu'on y tenait pour maxime que toutes les prescriptions du droit romain y étaient abolies à moins d'adoption formelle par les coutumes.

L'usage général était donc conforme à l'abrogation

de cette déchéance romaine; tout au plus l'avait-on conservée pour la séparation des meubles, attendu la difficulté qu'il y avait de les reconnaître au bout d'un long temps. Mais on l'avait presque unanimement rejetée pour les immeubles ; elle ne subsistait que dans les pays de droit écrit et dans la Belgique religieusement attachée aux traditions romaines. Pothier a résumé dans les termes suivants la pratique générale des pays de coutume : « Par notre droit il n'y a aucun temps limité ; on est toujours à temps, tant que les biens de la succession peuvent encore facilement se démêler d'avec ceux de l'héritier. »

Voilà pour la législation passée ; nos rédacteurs, abrégeant le délai du Digeste, décident dans l'art. 880 que le droit de séparation se prescrira par trois ans, à l'égard des meubles. Il semble que la loi ait voulu établir une certaine harmonie entre ce délai de trois ans et celui assigné par l'art. 2279 au revendicant d'objets mobiliers. Nous pouvons ajouter à ces textes, comme formant un tout synthétique, l'art. 807 où les créanciers d'une succession bénéficiaire figurent, exerçant un recours contre les légataires, nantis de ce qui ne leur appartenait pas. Ce recours se prescrit encore par un délai de trois ans.

42 *bis*. Le motif de la disposition de l'art. 880 est aisé à comprendre. Sujets à de faciles et fréquents déplacements, les meubles, au bout d'un temps trop prolongé, rendaient une origine ou une identité presque impossible à déterminer. Cette prescription repose donc sur une présomption de confusion irréparable, lorsque au bout de trois ans le mobilier héréditaire sera resté entre les mains de l'héritier, mêlé au sien propre (art. 1350 et 1352).

Il va de soi que même avant l'expiration des trois ans la séparation des patrimoines ne serait plus possible en cas d'une irréparable confusion des meubles du défunt avec ceux de l'héritier. Cela résulte d'explications que nous avons données, et il est en effet à peine besoin d'indiquer que la certitude de la réalité doit prévaloir sur ce qui n'est aux yeux de la loi qu'une présomption.

43. On pourrait, aujourd'hui que les valeurs mobilières ont pris tant d'importance et sont soumises à une circulation si rapide, critiquer ce délai de trois ans accordé aux créanciers de la succession pour en atteindre le mobilier. Qu'on songe à la facilité avec laquelle les titres industriels, les valeurs au porteur se transmettent de main en main, et, si l'on suppose une hérédité exclusivement composée d'effets de cette nature, quel sera au bout de trois ans le recours des créanciers héréditaires? Il est bien évident qu'il sera le plus souvent illusoire, et il ne faudra pas songer à leur offrir la revendication de l'art. 2279, parce qu'à aucun point de vue ils ne pourraient invoquer en leur faveur les termes de ce texte. Resserrer l'action en séparation, à l'égard des meubles, dans un plus bref espace serait forcer les créanciers à se hâter d'agir; il y aurait là une mesure toute dans leur intérêt.

44. Quel sera le point de départ de la prescription triennale, organisée par l'art. 880?

Quelques auteurs prétendent que ce sera l'acceptation de la succession par l'héritier. Ils s'attachent à la tradition romaine « ut ultra quinquennium post aditionem numerandum separatio non postuletur. » Puis le motif principal des partisans de cette doctrine est celui-ci: la loi en organisant la déchéance de l'art. 880 n'a

eu en vue qu'une confusion de fait (non de droit);
cette confusion de fait présumée après le délai de trois
ans ne peut résulter que d'une acceptation, et non de la
saisine qui engendre la confusion de droit. Il paraît
donc raisonnable de ne faire courir le délai de la prescription que du jour de l'acceptation.

Ces auteurs, en se rattachant au droit romain, oublient que chez nous l'héritier est saisi *à die mortis*,
qu'à partir de ce moment il est propriétaire, investi
de tous les droits actifs et passifs; que dès lors on
peut agir contre lui, et qu'en conséquence le point de
départ de la prescription doit être celui de l'action.
Lorsque ces auteurs parlent d'acceptation, ils semblent
ne songer qu'à celle qui résulte d'une volonté expresse.
Mais qui ne sait que le plus souvent elle est tacite
(Art. 778, C. N.), que le résultat de la confusion de fait
qu'elle entraîne peut se produire dès la mort du *de cujus*
et qu'il serait d'ailleurs inexplicable d'adopter pour
l'action des créanciers un autre moment, puisqu'aux
termes de l'article 777, l'effet de l'acceptation remonte
au jour de l'ouverture de la succession.

Qu'on essaye de changer ce point de départ fixe,
précis, et l'on verra à quelles impossibilités on aboutira.
L'art. 789 nous dit que la faculté d'accepter ou de répudier une succession ne se prescrit que par trente ans.
Voici donc un successible qui accepte au bout de vingt-
huit ans. Nous allons, fidèles au système adverse, faire
courir le délai de l'action en séparation à dater de ces
vingt-huit ans. Mais notre loi nous dit en toutes lettres
que l'action se prescrit par trois ans, — par trois ans
à compter des vingt-huit ans ! Alors, par trente et un
ans, dirons-nous. C'est-à-dire que l'action en séparation
survivrait à l'action principale, en supposant cette der-

nière prescriptible par trente ans ! Quelle choquante bizarrerie ! (Conf. Barafort, nº 117 ; Demol, nº 173 ; Dufresne, nº 56 et 57.)

La Cour de cassation a jugé la question dans le sens que nous proposons. Quoique les faits sur lesquels son arrêt (1) a statué se rapportassent à l'ancien droit coutumier, sa décision doit être aujourd'hui suivie, puisqu'à l'exemple de notre art. 724 les pays de coutume admettaient la maxime « le mort saisit le vif. » Voici d'ailleurs la partie importante de l'arrêt rendu sur les conclusions conformes de M. Merlin : « Attendu qu'il est de principe que la prescription commence à courir du jour où l'action peut être exercée, et que par la maxime : le mort saisit le vif, la qualité d'héritier est acquise de plein droit au vif, dès l'instant de la mort du défunt; que par suite dans *le cas de cette maxime* (2) l'action en séparation des patrimoines s'ouvre et commence à se prescrire du jour de l'ouverture de la succession ; qu'on ne peut opposer la disposition du § 13 de la loi 1 *de separ.* qui dit « quinquennium post aditionem numerandum », parce que uniquement relative au cas où la succession ne s'acquiert que par l'acceptation, elle est inapplicable à celui où la succession est acquise, de plein droit, dès l'instant du décès, comme dans l'espèce; qu'il n'est pas plus conséquent d'objecter que le vif quoique saisi de droit de la qualité d'héritier, a la faculté d'y renoncer jusqu'à ce qu'il l'ait acceptée, puisque cette faculté n'est qu'une exception qui lui est purement personnelle et n'empêche pas les créanciers du défunt de veiller à leurs droits et d'exercer leurs actions si la confusion de biens leur est préjudiciable... »

(1) 9 avril 1810.
(2) V. Art. 724.

M. Demolombe paraît vouloir restreindre notre thèse au cas où les héritiers sont des héritiers saisis de plein droit (art. 724, 1°) et l'arrêt que nous venons de citer offre bien quelque appui à cette opinion. Cependant nous croyons que la saisine de propriété, appelée à se compléter par la possession, — dont sont investis les successeurs irréguliers et les légataires purs et simples (art. 724 *in fine* et 1014), suffit pour que le décès du débiteur soit maintenu comme point de départ de l'action en séparation (v. art 723, 769). Tout en croyant qu'il serait plus régulier de faire courir cette action du jour de la mise en possession volontaire ou judiciaire, le savant et prudent doyen de la Faculté de Caen conseille, dans tous les cas, aux créanciers du défunt de se mettre en règle et de ne pas laisser passer le délai de trois ans depuis le décès de leur débiteur.

45. Comme il s'agit dans l'art. 880 d'une courte prescription, il nous semble hors de doute qu'elle est opposable aux créanciers mineurs ou interdits, sauf leur recours contre leurs tuteurs qui ont négligé d'agir en séparation avant l'expiration du délai. (V. art. 2278).

Que décider à l'égard du créancier conditionnel ou à terme? L'art. 2257 pose en principe que la prescription ne court pas à l'égard de créances affectées de ces modalités; mais ce principe, fondé sur ce que la prescription ne doit pas atteindre celui qui ne saurait agir, perd sa force lorsque nous sommes en présence de la séparation des patrimoines. C'est un acte conservatoire, permis à tout créancier à terme ou conditionnel (art. 1180); et si la modalité qui affecte son droit ne l'autorise pas à forcer le débiteur à un payement actuel, la demande en séparation, escortée d'autres me-

sures protectrices, aura pour objet de garantir le payement de la créance ou du legs dans l'avenir. Le créancier peut donc agir dans la mesure de son droit éventuel,
la prescription de l'art. 880 doit en conséquence lui être
appliquée. (V. Lyon, 24 juil. 1835 ; *vide supra*, n° 17).

46. Le délai de trois ans nous paraît applicable au
prix des biens mobiliers de la succession aliénés par
l'héritier, qui serait encore dû par l'acquéreur. Il nous
semble certain qu'ici le prix représente la chose telle
qu'elle était lors de l'ouverture de l'hoirie, c'est-à-dire
un objet mobilier, et qu'il faut se guider ici par la
maxime connue : « In judiciis universalibus res succedit in locum pretii et pretium in locum rei. »

47. *Prescription de l'action en séparation quant
aux immeubles.*

Il est remarquable qu'en fixant un délai spécial
(3 ans) dans lequel s'exercera la séparation quant aux
meubles, le législateur n'a édicté aucune prescription
particulière quant aux immeubles.

D'où il suit que certains auteurs ont pu se croire autorisés à dire : En face du silence de l'art. 880 l'action
en séparation ne s'éteindra que par la prescription la
plus longue des droits immobiliers (art. 789, 2262),
c'est-à-dire par le laps de 30 ans (sic M. Dufresne,
n° 56); la doctrine n'a pas été seule à entrer dans cette
voie ; un arrêt de Cassation du 3 mars 1835 s'y associe
en ces termes : « C'est un droit réel accordé aux créanciers du défunt, puisqu'il frappe sur les biens, puisqu'il a
pour objet le payement des dettes auxquelles sont obligés
les biens ; il est conféré par la loi sans que l'exercice en
soit limité autrement que pour les autres droits civils,
c'est-à-dire la prescription de 30 ans, — pendant tout le
temps de l'existence des biens dans la main de l'héritier. »

Cette théorie séduit l'esprit par sa simplicité et son apparente conformité aux règles du droit commun (art. 2262) ; mais elle ne saurait être acceptée. Elle renferme en elle une erreur saillante, c'est la distinction imaginaire du droit de séparation d'avec l'action principale à laquelle il est cependant enchaîné. C'est ainsi que, dans l'arrêt précité, on perd de vue la créance originaire et principale, pour ne se préoccuper que d'un certain droit réel qui frappe sur les biens ; sous l'empire de cette préoccupation, on est bientôt sur la voie de la prescription trentenaire. Elle est en effet la prescription la plus longue « des droits immobiliers » ou réels, et la loi n'a pas dérogé à la règle de l'art. 2262 dans la disposition de l'art. 880. Elle se borne à faire cette réserve « pourvu que les biens soient dans la main de l'héritier. »

Qu'on voie cependant où aboutirait l'admission de la prescription de 30 ans, *quand même*. Voici un domestique loué à l'année par le défunt, un maître employé pour l'apprentissage de ses enfants. Ces personnes ont une action en payement de leur salaire, et cette action se prescrit par un an (art. 2272). De l'année que la loi leur accorde pour agir, il ne leur reste plus, je suppose, que trois mois. Ces créanciers tardent un an, deux ans, à réclamer. Puis ce laps de temps écoulé, ils s'avisent de demander la séparation des patrimoines. Quoi ! leur créance est éteinte, et la séparation des patrimoines, qui n'avait d'autre objet que d'en obtenir le payement, ne serait prescriptible que par trente ans ! Le privilége, c'est-à-dire l'*accessoire* (1), survivrait à l'action qu'il garantissait ! Cela n'est pas admissible. Il est donc

(1) V. art. 1692.

inexact de dire, d'une manière absolue, que l'action en séparation sur les immeubles ait une durée de trente ans. Sans doute ce cas pourra se présenter, mais la formule est beaucoup trop générale, puisque l'action en séparation peut durer beaucoup moins de trois ans, suivant les créances auxquelles elle se rattache.

La Cour de Grenoble (30 août 1831), la Cour de Toulouse (26 mai 1829) ont nettement établi la corrélation de l'action principale et de l'action en séparation : on lira avec intérêt dans Sirey (1829, 2, 272) les raisons fournies à l'appui de ce système par MM. Flottes et Laviguerie, avocats du barreau toulousain, qui en comptait et en compte encore de si éminents. En décidant avec eux que l'action en séparation n'est à proprement parler qu'un accessoire de la créance, un mode de l'exercer, et ne dure ni plus ni moins qu'elle, la Cour est revenue aux principes irrévocablement posés par la jurisprudence de l'ancien Parlement de Toulouse et a consacré la doctrine du bon sens. (Comp. Demol., V. *Succ.*, n° 197; Barafort, n° 115.)

48. *Aliénations mobilières émanées de l'héritier.*

Nous réservons à notre seconde partie, qui contiendra l'explication de l'art. 2111, ce que nous aurions à dire des aliénations d'immeubles consommées par l'héritier (art. 880, 2°), et c'est nous rattacher encore à la prescription (des meubles au moins) que de traiter en cette place des aliénations mobilières qu'aura faites l'héritier.

Le droit de séparation se perd par l'aliénation mobilière émanée du représentant du défunt. On ne peut en douter en face de la maxime consacrée par l'article 2279. « En fait de meubles possession vaut titre. » Mais alors y aura-t-il des conditions de bonne foi, de sincérité, à exiger de la part soit du possesseur, soit de l'héritier?

En ce qui touche le possesseur, certains jurisconsultes, imbus de l'idée, juste d'ailleurs, que « l'esprit de la loi est de n'accorder aucun droit de suite(1), » ont cru pouvoir le dispenser de toute bonne foi. (V. Ducaurroy, Bonnier et Rostaing, t. II, n° 770.) Le tort de ces jurisconsultes est, à notre avis, d'oublier que la maxime de l'art. 2279, derrière laquelle le tiers détenteur des meubles aliénés peut s'abriter, ne saurait se séparer de la bonne foi. Le législateur l'a bien fait entendre aussi dans l'art. 1141 qui supposant un conflit entre deux acquéreurs de choses mobilières accorde la préférence à celui qui peut invoquer la tradition « *pourvu* toutefois que la possession soit *de bonne foi.* »

49. Dans le cas qui nous occupe, comment la bonne foi devra-t-elle être appréciée? Suffira-t-il, pour prouver qu'il y a été manqué, d'établir que l'acquéreur connaissait la source héréditaire des biens vendus? Aucun auteur n'est allé jusque-là, et on le comprend sans peine; l'acquéreur a très-bien pu savoir que les effets vendus provenaient de la succession, il a tres-bien pu connaître l'insolvabilité du *de cujus*, et rester nonobstant cette connaissance un acquéreur de bonne foi. Mais qui pouvait lui apprendre que des créanciers du défunt entendaient former une demande en séparation de biens? Y a-t-il, en ce qui touche les meubles, une publicité de nature à avertir les tiers de l'exercice du privilége? Il n'en existe malheureusement aucune, et ce n'est pas une des moindres lacunes de la loi. Sur

___

(1) Ce n'est pas seulement son esprit, c'est sa lettre aussi. (Art. 2119.)

ce point comme sur plusieurs autres les règles du bénéfice d'inventaire pourraient être fructueusement transportées dans notre sujet (1). (V. art. 793, C. Nap.)

M. Dufresne s'exprime ainsi : « Il ne suffirait pas, pour faire cesser la bonne foi de l'acquéreur, qu'on prouvât qu'il a su qu'il existait des créances de la succession.... et que cette succession fût observée ; si en même temps il ignorait que l'héritier fût insolvable et qu'aucun acte de poursuite ne lui eût fait connaître l'intention où étaient les créanciers de demander la séparation des patrimoines. » Retenons de cette phrase de M. Dufresne la connaissance par l'acquéreur de l'insolvabilité de l'héritier. C'est un élément nouveau à l'appui de la mauvaise foi. C'est contre l'héritier insolvable qu'en effet se dirige presque toujours l'action en séparation de patrimoines. Cependant à lui seul cet élément ne ferait pas cesser la bonne foi. Il faudrait quelque chose de plus ; la *fraudis conscientia* dont parle la loi 10, § 4, quæ in fraud. cred. « Qui scit aliquem creditores habere si cum eo simpliciter contrahat *sine fraudis* conscientia, non videtur hac actione teneri. »

Nous verrions apparaître les caractères de la mauvaise foi dans le cas d'une vente, non sérieuse, à vil prix, clandestine autant que possible, enfin consommée par l'héritier dans des conditions qui démontreraient de sa part sa volonté de frustrer les créanciers du défunt, et de la part de l'acquéreur une collusion manifeste avec l'héritier. On serait alors en droit d'exercer l'action Paulienne de l'art. 1167 en distinguant suivant les cas d'aliénations gratuites ou d'aliénations à titre

(1) Le créancier héréditaire rendrait publique sa demande en séparation par une déclaration sur les registres du greffe.

onéreux. Chacun sait que pour les premières il n'est pas nécessaire que l'*accipiens* ait participé à la fraude pour que l'acte à titre gratuit soit annulé. (V. Cassation, 30 juillet 1839 ; Dal., 1840, 1, 18.) — On consultera avec intérêt sur le point que nous venons d'examiner le livre de M. Barafort (n° 95), V. anal. Ch. req., 7 août 1860.

50. Si le prix des meubles héréditaires a été payé par l'acquéreur à l'héritier, il s'est opéré une confusion extinctive du droit de séparation (Paris, 27 juill. 1813) (1) ; mais si l'acquéreur ne s'est pas encore libéré, que faudra-t-il décider ? Il s'agit là d'une valeur héréditaire rentrant dans le patrimoine que le droit de séparation a affecté. C'est ainsi qu'on voit dans l'art. 747 l'ascendant donateur recueillir, si les objets donnés ont été aliénés, le prix qui peut en être dû. Le prix tient lieu de la chose, comme le dit la maxime latine que nous avons rappelée à propos de la prescription triennale. Contestée par un seul auteur, M. Dubreuil, cette solution a rencontré dans la doctrine l'unanimité des suffrages. La jurisprudence s'est particulièrement expliquée sur le cas où le prix d'*immeubles* vendus par l'héritier était encore dû par l'acquéreur (Nîmes, 21 juill. 1852 ; Cass., 7 août 1860), mais ces arrêts émettent une doctrine aussi bien applicable aux meubles qu'aux immeubles, puisqu'ils reposent sur l'idée simple de la subrogation du prix à la chose vendue, quelle qu'elle soit.

51. Lebrun disait (n° 2 des Dettes) : « Il peut arriver qu'un héritier de *mauvaise foi* vende tous les biens in-

(1) Il en serait de même si le prix provenant d'immeubles en vente avait été délégué par l'héritier à ses créanciers personnels. Paris, 5 avril 1838 ; Cass., 28 avril 1840.

continent après le décès, et frustre par ce moyen tous les créanciers chirographaires... il est fort aisé de commettre cette fraude. » Nous avons plus haut envisagé cette hypothèse, celle que nous appellerons l'hypothèse du fait accompli; nous avons pensé que dans ce cas *de mauvaise foi*, l'action de l'art. 1167 serait ouverte aux créanciers héréditaires, et que, par la révocation opérée, les biens rentrés dans le patrimoine seraient sujets à l'exercice de la séparation.

Mais un procès fondé sur l'art 1167 offre des chances de succès bien restreintes, tant la fraude est ingénieuse à se voiler !

Il importe donc d'agir suivant un système préventif, si l'on peut ainsi parler : le créancier du *de cujus* doit veiller à ce que l'héritier ne se dessaisisse point des valeurs mobilières, et *prévenir* la confusion qui résulterait du versement du prix entre les mains de l'aliénateur.

Ce n'est pas que nous entendions contester à l'héritier les droits que lui a conférés l'investiture de la saisine. Il faut au contraire proclamer bien haut ces droits, parce qu'il s'est fait dans une partie considérable de la doctrine et dans quelques arrêts, d'énergiques efforts afin de les ébranler. Mais nous n'irons pas jusqu'à dire, avec M. Dufresne, dans une phrase qu'on ne lui a pas facilement pardonnée (n° 41, Dufr.) : « L'héritier conserve le droit d'aliéner les biens héréditaires, sans que les créanciers du défunt *puissent* s'opposer à cette aliénation. »

Formule excessive à coup sûr et que son auteur lui-même a corrigée en indiquant avec un soin très-scrupuleux (n° 60) les mesures à prendre pour empêcher le droit de séparation de devenir illusoire en ce qui concerne le mobilier. Sur ces mesures conservatoires nos cinq articles du Code civil sont muets (1) et le Code de procédure n'a pas un texte qui concerne nommément la séparation des patrimoines. Force est donc de recourir à des analogies, et voici quelle est la marche que tracent en général les auteurs aux créanciers du défunt, en vue de la situation que nous avons supposée.

S'agit-il de créanciers purs et simples (sans terme ni condition), on est généralement d'accord qu'ils pourront requérir au moment du décès l'apposition des scellés si elle n'a pas eu lieu, à condition toutefois qu'ils soient fondés en titre exécutoire ou autorisés par une permission du juge ; puis ils feront faire inventaire au fur et à mesure de la levée des scellés, et procéder à la vente du mobilier inventorié. Ils auront aussi la faculté de former des saisies-arrêts entre les mains des débiteurs de la succession, et par l'exploit en validité de la saisie-arrêt ils concluront à la séparation des deniers arrêtés.

S'il s'agit de créanciers ou légataires à terme ou sous condition, il est bien évident qu'il faut éliminer en ce qui les concerne la saisie-arrêt, qui participe de l'acte d'exécution plus encore que de la mesure conservatoire (v. *Gaz. des trib.*, Paris, 28 avril 1865).

Mais nous pensons avec M. Duranton et notre confrère M. Rivière que ces créanciers ou légataires à terme ou conditonnels pourraient au moins dénoncer aux tiers détenteurs des valeurs héréditaires la demande formée contre l'héritier, et leur signifier qu'ils eussent à retenir par devers eux le montant de la créance successorale jusqu'à ce que le tribunal ait statué sur la demande en séparation des patrimoines.

---

(1) V. arrêt de Paris, Sirey, 52, 2, 607.

Nous rappelons ici les difficultés que crée une jurisprudence de la Cour de Paris aux créanciers à terme ou aux légataires de droits éventuels qui se trouvent en face d'une succession purement mobilière (1): cette jurisprudence leur dénie le droit d'exiger de l'héritier une caution analogue à celle que fournit l'héritier bénéficiaire; elle ne veut entendre non plus parler ni de la consignation du mobilier, ni d'un placement sur hypothèque d'une somme équivalente au capital, à prendre dans les valeurs de la succession. Il est infiniment probable que si cette jurisprudence fondée sur un ou deux arrêts, énergiquement combattue par les maîtres de la doctrine, était portée devant la Cour suprême, le sort des créanciers à terme ou conditionnels y retrouverait les garanties que la Cour de Paris leur a refusées.

52. Les mesures conservatoires dont nous avons parlé ne sont point imposées aux créanciers comme une nécessité de l'exercice de leur droit : à la différence de ce qu'elle a fait en matière immobilière, la loi s'est abstenue d'enjoindre des formalités spéciales en ce qui touche les meubles. Le droit de préférence sur ces meubles n'est assujetti qu'à la simple condition d'introduire la demande dans les trois ans à partir du décès; mais nous ne saurions trop le dire et le redire, si les créanciers du défunt se montrent insouciants des mesures que nous avons indiquées, il sera peut-être trop tard pour agir utilement, et si l'on peut ainsi parler il y aura fort à craindre que les meubles qui par leur nature se prêtent à une circulation si facile, par exemple les actions et obligations nominatives ou au porteur, ne répondent plus à l'appel.

(1) Arrêt de Paris, Sirey, 62, 2, 607.; *Gaz. des Trib*, Paris, 28 avril 1865.

Aussi bien, si nous ouvrons les livres sortis de la plume des praticiens (1), nous les voyons avertir en gens avisés les créanciers du défunt : 1° de requérir (art. 909, C. pr.) l'apposition des scellés dès que le décès de leur débiteur leur est connu ; 2° si les scellés ont été déjà apposés, d'y faire opposition ; 3° de veiller à ce qu'un inventaire régulier, ou un acte équivalent soit dressé à la levée des scellés ; 4° de former la demande en séparation de patrimoines.

On voit donc que, d'après ce programme et dans la pensée des praticiens qui le formulent, la demande n'aura d'utilité réelle qu'autant qu'elle aura été précédée des mesures conservatoires dont il a été parlé.

(1) Form. de procédure de Chauveau et Glandaz, t. II, p. 545, en note.

CHAPITRE VII

Sur quels biens s'exerce le droit de séparation des patrimoines. — Le droit de séparation s'applique à tous les biens héréditaires, meubles ou immeubles. — Exception pour les rentes sur l'État insaisissables. — La séparation s'exerce sur les meubles engagés par l'héritier. — Il en est de même pour les immeubles donnés à antichrèse par l'héritier quoique l'antichrésiste ait transcrit. — Les baux même de plus de dix-huit ans ne sont pas respectés par la séparation des patrimoines. — Dans tous ces cas, la propriété n'a pas cessé de résider sur la tête de l'héritier. — Difficulté en ce qui touche l'emphytéose, démembrement de la propriété. — Renvoi à l'examen de la question de savoir si la séparation des patrimoines est opposable aux acquéreurs de droits réels, dans l'esprit de la loi du 23 mars 1855. — La séparation ne s'applique, ni aux biens rapportés, ni aux biens retranchés. — En cas d'échange, elle s'exerce sur le bien reçu par l'héritier en contré-change. — Art. 1705. — Elle atteint les fruits naturels ou civils produits depuis le décès du débiteur. — Arrêt de Caen du 26 février 1849. — Elle fait revivre au profit des créanciers du défunt les créances que le *de cujus* pouvait avoir contre l'héritier.

53. La séparation des patrimoines s'applique à tous les biens qui composent la succession, aux meubles comme aux immeubles (v. art. 879 et 880) (1).

54. La séparation des patrimoines s'exercera-t-elle sur les meubles engagés par l'héritier avant la demande en séparation? Domat répondait affirmativement à cette

(1) Il faut excepter de la généralité de cette formule les rentes sur l'État insaisissables aux termes des lois des 8 niv. an VI (art. 4) et 22 floréal an VII (art. 7).

question, en conformité de la loi romaine, car, disait-il, « la séparation a lieu tandis que la propriété demeure à l'héritier, et cet engagement ne l'en prive pas. » Cette solution nous paraît exacte de nos jours puisqu'aux termes de l'art. 2079 jusqu'à l'expropriation du débiteur, s'il y a lieu, il reste *propriétaire du gage.* (Comp. en ce sens l. 1, § 3, *de separ.*, Barafort, n° 34, contra Demol., n° 184.)

55. Si nous supposons que l'héritier a donné à un tiers un immeuble de la succession à titre d'antichrèse (art. 2072, 2°) et que d'après la loi du 23 mars 1855 l'antichrésiste a fait transcrire son droit, l'opinion des auteurs est que le créancier du défunt qui ne se serait inscrit qu'après la transcription de l'antichrèse et le délai de l'art. 2111, devrait s'effacer devant l'antichrésiste. (Demol., n° 194; Barafort, n° 34.)

A nos yeux cette solution que M. Demolombe donne du reste avec hésitation nous paraît repoussée par des raisons de texte sérieuses. L'art. 6 de la loi du 23 mars 1855 s'exprime en ces termes : « A partir de la transcription les créanciers privilégiés ou ayant hypothèques, aux termes des art. 2123, 2127, 2128 du C. Nap., ne peuvent prendre utilement inscription sur le précédent propriétaire. » Il est donc visible qu'il s'agit dans ce texte et dans l'économie d'autres dispositions de la loi de gouverner les rapports des créanciers avec les tiers acquéreurs, sauf au Code à régler par ses principes généraux et ordinaires les rapports de créancier à créancier. Or, avons-nous dans la personne de l'antichrésiste un de ces tiers acquéreurs qui soit en conflit avec des créanciers, hypothèse prévue par la loi ? Il est impossible de le soutenir, et M. Mourlon nous paraît avoir tort de se flatter que la loi nouvelle en assujettissant l'antichrèse à la formalité de transcription ait tranché affirmativement la *question de réalité* du droit d'antichrèse. Une solution en ce sens ne saurait résulter du tout de la place qu'occupe l'antichrèse à côté de certains démembrements de la propriété, tels que la servitude, l'usage et l'habitation (art. 2, 1°, loi du 23 mars 1855.)

Car voici comment s'exprime M. de Belleyme dans son rapport fait au nom de la commission chargée d'examiner le projet de loi : « En première ligne figurent les actes translatifs de propriété, comme devant être soumis à la transcription, mais il est nécessaire d'y admettre des modifications de la pleine propriété, te'les que l'usufruit, l'usage et l'habitation. *Ces démembrements* ont une telle importance, que la publicité serait incomplète et trompeuse si elle ne s'étendait pas à eux. » L'antichrèse était voisine dans le projet de loi comme elle l'est dans le texte définitif de ces *modifications* et *démembrements* de la pleine propriété. On voit cependant qu'elle a été soigneusement omise par le rapporteur dans sa qualification et son classement des droits réels. D'ailleurs, par une bizarrerie contradictoire, le même auteur qui trouve dans la loi du 23 mars 1855 la proclamation de la réalité de l'antichrèse, reconnaît lui-même (1) que sur la question de savoir si le preneur a un droit réel ou personnel, « la loi nouvelle ne peut nous fournir aucun élément de décision. » Où sont donc les éléments de décision que M. Mourlon découvre dans la loi ou ses travaux préparatoires en faveur de la réalité de l'antichrèse? Cette objection étant écartée, il faut reconnaître que la séparation des patri-

(1) P. 1047 de l'*Ex. crit.*

moines devra atteindre le gage immobilier comme nous avons reconnu qu'elle atteint le nantissement mobilier, pour cette raison capitale que dans l'un ou l'autre cas la propriété n'a cessé de résider sur la tête de l'héritier (art. 2079, 2085), et que c'est dans sa main que l'immeuble existe (art. 880). En conséquence la séparation doit l'atteindre, soit que l'inscription ait lieu dans les six mois, soit qu'elle ait lieu après, l'inscription de l'art. 2111 étant dirigée uniquement contre les créanciers hypothécaires de l'héritier, auxquels il n'est vraiment pas possible d'assimiler l'antichrésiste surtout quand on lui refuse tout droit réel sur l'immeuble (contra, M. Demolombe, page 216, n° 194).

56. Ce que nous venons de dire du gage, nous le dirons sans plus d'hésitation du bail, même de plus de 18 ans, concédé par l'héritier avant la demande et l'inscription en séparation des créanciers du défunt. Nous savons tous les efforts qu'on a tentés sans succès, malgré la plus haute autorité de talent et de doctrine, pour transformer bien avant la loi du 23 mars 1855 le droit du preneur toujours regardé comme personnel en un droit réel semblable à l'usufruit ou à la servitude. Depuis l'apparition de la loi de 1855 qui assujettit à la transcription (art. 2, 4°) les baux de plus de 18 ans, les partisans de la réalité du droit pouvaient se croire encouragés. On rencontrera un arrêt de la Cour de Paris du 24 juin 1858, rendu par M. le président Lamy (1), qui, tout en qualifiant de droit mixte le droit naissant du bail au profit du preneur, lui attribue néanmoins dans toute son étendue le caractère du droit réel ; mais postérieurement à la date de cet arrêt la Cour suprême

____

(1) Plaidants, Mes Lacan, Dupuich et Cliquet.

se séparant ouvertement de l'opinion de son premier président décide qu'il n'est pas légal de dire que le droit de location soit un *jus in re*, puisqu'il n'emporte aucun démembrement des droits de propriété, puisque c'est le bailleur qui reste encore revêtu du droit de possession et même du droit de jouissance proprement dit, le prix retiré étant la représentation de cette jouissance.

Lors donc que nous nous trouvons en présence de preneurs nantis de baux de plus de dix-huit ans, même transcrits, nous ne sommes pas en face de tiers ayant acquis de l'héritier un droit réel sur les immeubles dans le sens de l'art. 3 de la loi nouvelle, et dès lors nous sommes fondés à dire que l'immeuble existant *dans la main de l'héritier* demeuré propriétaire (art. 880), les créanciers héréditaires ne doivent pas plus respecter le droit même transcrit du preneur qu'ils n'avaient à respecter celui de l'antichrésiste.

57. Si, au lieu d'un bail même à long terme, il s'agissait d'une emphytéose, transcrite aux termes de l'art. 1er de la loi du 23 mars 1855, nous ne pourrions pas, pour la question de savoir si nos créanciers héréditaires devraient respecter ou non le contrat, nous guider absolument par les précédentes considérations. Si le louage simple ne comporte pas de démembrement de la propriété, on ne peut en dire autant du contrat d'emphytéose. Comme la Cour de Grenoble l'a très-bien expliqué (4 janv. 1860), par la nature de ce contrat il se forme comme un partage des droits de propriété; le maître conserve le domaine direct pour jouir de la rente comme du produit de son propre fonds, sans pouvoir néanmoins le recouvrer tant qu'on acquitte les charges imposées, et l'*emphytéote* acquiert le domaine utile par le droit de transmettre l'immeuble à ses successeurs, de

le vendre, de le donner, etc... Comme cette séparation du domaine utile d'avec le domaine direct l'indique assez, il est impossible de refuser à l'emphytéote le titre d'acquéreur d'un démembrement de la propriété. Si ce droit est transcrit avant l'inscription des créanciers du défunt, la séparation des patrimoines l'atteindra-t-elle? Cette question se rattache à celle de savoir si la séparation des patrimoines, dans la pensée des auteurs de la loi du 23 mars 1855, est opposable aux tiers acquéreurs des biens de la succession. Nous l'examinerons plus tard.

58. On agitait dans l'ancien droit la question de savoir si les choses données entre vifs par le défunt à l'héritier et sujettes au rapport devaient être comprises dans les biens frappés par la séparation des patrimoines.

Un arrêt rapporté par Goujet dans son *Traité des criées* (9 mai 1615) avait décidé l'affirmative. Lebrun connaissait cet arrêt à la doctrine duquel avait adhéré Bourjon (*Succ.*, chap. XII, n° 27), il avait longuement examiné la question, dans son traité des successions; il a pesé avec soin les raisons pour et contre. En faveur des créanciers du défunt il a remarqué qu'on pourrait dire que les biens rapportés sont censés faire partie de la succession, puisqu'ils sont entrés dans la masse qui a été partagée et que c'est l'effet naturel du rapport. A l'appui de cette opinion, il cite des exemples paraissant la corroborer, par exemple le cas d'une fille qui rapporte un fief, ce qui n'empêche pas le fils aîné d'y prendre son droit d'aînesse, le cas d'un second mari qui peut obliger les enfants héritiers de sa femme au rapport pour fixer sa part de moins prenant, ce qui montre, dit-il, que la diversité des titres n'empêche pas toujours une demande de rapport. Nonobstant ces raisons, Lebrun adopte la négative en s'appuyant sur cette idée que, le rapport étant fait pour rétablir l'égalité entre les cohéritiers du donataire, les créanciers du défunt ne peuvent se prévaloir d'une fiction qui n'a pas été créée pour eux.

Nous avons dans notre Code un texte qui ne permet plus que cette solution, due à la sagesse de Lebrun, fasse aujourd'hui question, c'est l'art. 857 qui s'exprime ainsi : « Le rapport n'est dû que par le cohéritier à son cohéritier, il n'est pas dû aux légataires ni aux créanciers de la succession. » Nous voyons deux cas où les créanciers de la succession pourraient en définitive se faire payer sur les biens rapportés : 1° celui où l'héritier aurait négligé d'accepter bénéficiairement; 2° le cas où les créanciers du défunt auraient accepté l'héritier comme débiteur dans les termes de l'art. 879 ; mais alors les créanciers héréditaires participeraient au rapport, en vertu de la transformation de leur titre originaire en celui de créanciers de l'héritier (art. 857, 1166).

Tout ce que nous venons de dire sur les biens rapportés doit s'étendre aux biens retranchés par voie de réduction. L'art. 921 est formel pour exclure du profit de la réduction les créanciers du défunt et les légataires.

59. Lorsque l'héritier a échangé un bien héréditaire contre tel ou tel autre, le droit de séparation des patrimoines peut s'exercer sur le bien reçu en contre-échange. C'est aujourd'hui un point bien constant dans la doctrine, et il existe un arrêt de la Cour de Nîmes en date du 21 juillet 1852, qui le suppose comme à l'abri de toute controverse. Peu importe comment on arrive à cette solution si unanimement acceptée. Quelques-uns s'appuient uniquement sur le principe *subrogatum sapit naturam subrogati*, et c'est ainsi que Lebrun en parlant des créanciers du défunt disait : « Ils pourront, s'attachant à l'échange, demander la subrogation du second héri-

tage qui doit être en la place du premier, à l'exemple de la veuve dont le mari a échangé l'héritage, sujet à son douaire. » D'autres auteurs se déterminent par cette raison en apparence moins simple, que, si la succession était évincée de la chose reçue en contre-échange, l'héritier aurait le droit de rentrer en possession de sa chose aux termes de l'art. 1705. M. Dufresne (n° 48) critique comme erronée cette considération tirée de l'art. 1705, parce que d'après lui, ce texte reposant sur une condition résolutoire sous-entendue, il en résulte que le bien donné est censé n'être jamais sorti de la succession où il rentre, et cette fiction ne saurait, d'après le même auteur, être admise à l'égard de la chose reçue en échange par l'héritier, laquelle n'a jamais été héréditaire.

Il nous semble qu'on peut répondre à M. Dufresne de la manière suivante : Lorsque vous permettez aux créanciers du défunt de faire porter leur droit sur la chose reçue en contre-échange, c'est assurément en vertu de la fiction que cette chose a toujours appartenu à la succession, puisque dans votre pensée elle se subroge entièrement au bien échangé. Vous voyez donc que, par le fait de ce remplacement si complet d'une chose par l'autre, l'art. 1705 n'aura point perdu de sa vérité, soit que l'héritier réclame des dommages-intérêts, valeur représentative du bien reçu en échange, lequel était subrogé à celui donné, soit qu'il répète le bien donné, s'il y a lieu. M. Dufresne est bien forcé d'en venir lui-même à invoquer le principe de l'art. 1705, lorsque, supposant qu'un immeuble a été reçu en échange *par l'héritier* grevé d'hypothèques *par l'ancien propriétaire*, il dit que les créanciers de l'hérédité seraient fondés sur le refus d'une mainlevée amiable des hypothèques à accompagner leur demande en séparation d'une demande en résolution de l'échange pour ramener à la succession la chose qui en est sortie. Et pourquoi cela? Parce que, aux termes des art. 1705, 1183, 1184, l'héritier peut répéter son bien et que la résolution remet les choses au même état que si le contrat n'avait pas existé. (Barafort, n° 136. Troplong, *de l'Échange*, n° 26) (1).

60. La séparation des patrimoines devrait-elle atteindre les fruits naturels ou civils que les biens héréditaires ont pu produire depuis le décès du *de cujus?* Dans l'ancien droit, la doctrine et la jurisprudence se partageaient sur cette question. Lebrun (n° 24) s'exprimait ainsi : « Si un créancier de l'héritier saisit le premier des loyers dus d'une maison de la succession et qu'un créancier du défunt saisisse le second, la préférence est due à celui-ci, *quoique les loyers soient échus* depuis le décès et qu'il n'y ait point de demande en séparation... De plus, les fruits de la succession ne sont pas *moins affectés aux dettes du défunt que les fonds mêmes.* » Telle était l'expression de la doctrine; mais la jurisprudence était contraire. (V. arrêt du parlement de Paris du 16 février 1694.)

De nos jours, sous l'empire du Code civil, la solution de Lebrun, fondée sur la maxime: *fructus augent hereditatem,* a été contestée au nom des mêmes subtilités que l'on rencontre dans l'arrêt de 1694. On a dit qu'il s'agissait de meubles qui n'avaient jamais appartenu au défunt, puisqu'il était décédé avant l'échéance des

---

(1) Art. 1705. Le copermutant, qui est évincé de la chose qu'il a reçue en échange, a le droit de conclure à des dommages-intérêts, ou de répéter sa chose.

loyers; qu'en conséquence, ces fruits civils n'ayant jamais fait partie de la succession, ayant toujours appartenu à l'héritier, ne pouvaient être atteints par la séparation des patrimoines (art. 878). On a ajouté, en outre, cette observation spécieuse que les fruits civils, une fois perçus par l'héritier, se confondaient avec ses biens et effets personnels, ce qui devenait une cause extinctive du droit de séparation. (Grenier, *Hyp.*, t. II, n° 436. Zachariæ. Rolland de Villargues, n° 55. Dubreuil, ch. VI, n° 3).

La réponse à cette double objection est facile :

1° Les fruits forment l'accessoire de la succession (1), et en soutenant que les fruits postérieurs au décès n'ont jamais constitué le gage des créanciers, on méconnaît l'effet rétroactif de la séparation qui opère à compter de l'ouverture de la succession (arg. art. 2111). Dès ce moment les valeurs héréditaires ou les accessoires de ces valeurs ont été rendus par l'exercice du privilége distincts et séparés du patrimoine de l'héritier. Il faut mettre ici de côté la règle de l'art. 547 d'après laquelle les fruits naturels, industriels ou civils appartiennent au propriétaire par droit d'accession.

2° Quant à l'argument déduit de la confusion, on re-

___

(1) Nous n'entendons pas généraliser d'une manière absolue l'application de la maxime : *fructus augent hereditatem;* c'est ainsi que nous comprenons très-bien qu'on l'écarte pour la fixation de la portion disponible (art. 922), parce qu'il est question dans ce texte, non pas des *immeubles de la succession,* comme dans l'art. 2111, mais *des biens existants au décès du donateur ou testateur.* Expressions éminemment restrictives qui limitent, à ce moment du décès, la quotité de biens dont il doit être formé une masse pour le calcul de la réserve, et ne permettent pas d'y réunir extensivement les fruits perçus *depuis l'ouverture de la succession.* — Cass., 6 fév. 1867. *Gaz. des Trib.,* 7 fév. 1867.

marquera que c'est là une question de fait à apprécier, et qu'il est impossible d'ériger *a priori* cette confusion en principe de droit. Les auteurs dont nous repoussons l'opinion ont dû vraisemblablement, pour dire que *la perception* des fruits emportait confusion, subir l'influence de certaines formules, dans lesquelles les légistes supposent la confusion en principe, parce qu'elle dérive *natura rerum*, par exemple d'un prix payé à l'héritier et versé dans sa caisse. Il est bien évident que, si les fermages ont été payés en argent à l'héritier par le preneur des fonds héréditaires, cette cause extinctive de la séparation fermerait l'action des créanciers. Mais qu'on suppose un titre de rente, non encore payée, une obligation nominative de chemin de fer indiquant par elle-même, par le timbre de la Compagnie, qu'il y a des intérêts à toucher, — encore que tout cela soit mêlé aux effets, à l'argent de l'héritier, y aura-t-il confusion ? On ne pourrait le soutenir. Et en admettant les arrérages de la rente, les intérêts de l'obligation touchés par l'héritier depuis le décès, s'il les a déposés à part de ses propres deniers avec une marque distinctive qui révèle leur source héréditaire, encore en ce cas il n'y aura pas confusion à l'égard de ces fruits perçus par l'héritier. Il est donc, nous le répétons, inadmissible de poser le principe de la confusion *a priori*. Elle existera ou n'existera pas suivant les faits.

La jurisprudence s'est prononcée dans ces dernières années sur la question que nous venons d'examiner, et l'a résolue en faveur des créanciers demandeurs en séparation de patrimoines:

« Considérant que l'acceptation sous bénéfice d'inventaire de la succession de la dame de Méhérenc par la dame Petit, sa fille, a entraîné la séparation des patrimoines et que cette séparation donne un dioit privilégié aux créanciers de la défunte, non-seulement sur les immeubles de la succession, mais encore *sur les fruits* desdits immeubles *s'ils sont encore dus* par les fermiers ou restés *sans emploi* dans les mains de l'héritière ; considérant qu'en fait il est reconnu que, à partir du jour de Saint-Michel 1836 jusqu'à l'époque du jugement du 9 novembre 1839, les fermages de la terre du Marais dépendant de la succession de la dame de Méhérenc se sont élevés jusqu'à 6,982 fr. 50 ; que sur cette somme 1,664 fr. 65 ont été payés par les fermiers entre les mains des syndics du fils de l'héritière et que le surplus a été consigné directement par les fermiers qui ne s'en étaient pas dessaisis ; considérant quant à ces derniers fermages qui ne sont jamais entrés *dans la main des créanciers personnels* de la dame Petit, *ni même dans la main de celle-ci,* qu'il n'y a aucun motif sérieux de les soustraire à l'effet de la séparation des patrimoines. » (Caen, 26 février 1849. Sirey, 49, 2,531.)

61. On s'accorde à reconnaître que la séparation des patrimoines fait revivre au profit des créanciers du défunt et des légataires les créances que le défunt pouvait avoir contre l'héritier. C'est ainsi qu'en sens inverse, mais toujours en vertu du bénéfice de non-confusion, l'héritier bénéficiaire (1) conserve le droit de réclamer le payement de ses créances, contre l'hérédité dont il se sépare (art. 802, 2°).

____

(1) Ou ses créanciers personnels (art. 1166).

CHAPITRE VIII

La séparation des patrimoines s'exerce contre tout créancier de l'héritier, même les plus favorables. — Les créanciers qui ont fait, par ordre de l'héritier, des ouvrages sur le fonds héréditaire, sont de vrais créanciers de la succession. — Les droits de mutation par décès ne peuvent paralyser l'exercice du droit de séparation. — — Arrêts rendus en 1857 par la Cour de cassation. — La séparation peut se demander contre l'héritier. — Doctrine contraire d'un arrêt de Poitiers, du 8 août 1828, qui décide qu'elle doit se demander contre les créanciers de l'héritier. — Critique de cet arrêt. — Les créanciers auront toujours le droit d'intervenir dans l'instance liée avec l'héritier leur débiteur. — Arrêt de Paris, 15 nov. 1856. — Théorie erronée de MM. Aubry et Rau ; abus de la maxime : *contra non valentem agere.* — La demande s'exercera contre tous successeurs, pouvant se dire représentants du défunt (art. 2111). — Elle peut l'être contre le cessionnaire des droits successifs de l'héritier. — Discussion. — Arrêt de Lyon, 17 nov. 1850. — Le droit de séparation s'exercera contre les enfants gratifiés par partage d'ascendants. — Le droit de séparation s'exercera contre les institués contractuels. — La séparation peut être demandée *principaliter* par voie d'assignation. — Portée des expressions de l'ancienne doctrine : « ta séparation a lieu de plein droit parmi nous. » — Opinion de M. Demolombe: selon lui la demande ni le jugement ne sont nécessaires s'il s'agit de l'exercice effectif du droit de séparation. — Il en est autrement pour la réserve de ce droit. — Critique de cette distinction. — La demande de séparation devra être formée, même dans un ordre ou une distribution par contribution, suivant l'art. 661. — Faute de quoi, des conclusions régulières devront être posées devant le juge-commissaire. — La séparation pourra être formée même en appel, si elle n'est qu'une défense à l'appel principal. — Le tribunal devant lequel il devra être procédé varie suivant certaines hypothèses. — Arrêt de Paris du 26 juin 1813. — Le juge de paix peut-il être compétent ?

Nous diviserons ce chapitre VIII en trois sections :

PREMIÈRE SECTION

Contre quelles personnes la séparation des patrimoines s'exerce-t-elle ?

DEUXIÈME SECTION

Quelles personnes met-elle en cause ?

TROISIÈME SECTION

Dans quelle forme s'exerce le droit de séparation?

Première section

62. L'art. 878 s'exprime ainsi : « Ils peuvent demander dans tous les cas et *contre tout créancier*, la séparation du patrimoine du défunt d'avec le patrimoine de
l'héritier. » L'énergie de ces expressions : *contre tout
créancier*, rappelle les termes de la loi romaine : « *Sed
« etiam adversis fiscum et municipes impetraretur sepa-
« ratio.* » Quelque favorables que soient les créanciers
de l'héritier, ils se verront opposer le bénéfice de séparation. Ainsi la femme elle-même de l'héritier, créan-
cière de son mari pour sa dot et ses conventions matri-
moniales (art. 2135), le mineur placé sous la tutelle de
l'héritier, les créanciers désignés à l'art. 2101 et vul-
gairement dénommés les plus intéressants, subiront le
privilége de l'art. 878.

Nous n'hésiterions pas à soustraire aux effets de la
séparation des patrimoines les créanciers qui, *jussu heredis*, auraient fait des travaux utiles sur les immeubles
héréditaires, et les créanciers de frais faits par l'héritier
pour la conservation de la chose (art. 2103, 4°, et
2102, 3°). On peut dire qu'il y a là de vrais créanciers de la succession, car ils ont amélioré, édifié,
conservé la chose héréditaire ; dès lors elle est devenue
leur gage, et l'ordre de l'héritier en vertu duquel ils
ont travaillé ne saurait leur être opposé comme une
fin de non-recevoir dans le sens de l'art. 879, les biens

de la succession ne pouvant pas avoir, aux yeux de ses créanciers, d'autre représentant que l'héritier qui du reste a pu agir vis-à-vis d'eux en simple qualité d'administrateur de la succession. (V. *supra*, n° 31.)

63. Les droits de mutation par décès constituent-ils au profit du trésor public une créance qui soit de nature à paralyser la séparation des patrimoines? Voici la réponse de la Cour de cassation, sur le rapport de l'éminent M. Laborie (1) :

« Attendu qu'il n'est pas permis de chercher ni dans l'origine ni dans la nature du droit qui *se prétend privilégié* une raison de préférence qui ne serait pas écrite dans une loi ;

« Attendu que le droit de mutation constitue par lui-même non un droit réel sur les biens à déclarer, mais une obligation purement personnelle du redevable, que ce caractère lui est expressément attribué par les dispositions de la loi du 22 frimaire an VII ; qu'aux termes des art. 29, 32 et 39 de cette loi, il est à la charge des héritiers donataires et légataires qui, personnellement obligés de faire dans un délai déterminé les déclarations prescrites, sont personnellement tenus de payer les droits de déclaration de mutation par décès ; que c'est une contribution indirecte *constituant* vis-à-vis de l'État *une dette personnelle des* héritiers, puisqu'elle a pour *cause unique* la transmission faite en leur faveur ;

« Attendu que ni les dispositions de la loi du 22 frim. an VII, à *l'exception toutefois de l'art.* 32, ni aucune autre loi n'expriment ou n'impliquent, en faveur de l'impôt de mutation par décès, ni privilége ou droit réel quelconque sur les biens à déclarer, ni l'ordre

(1) Cinq arrêts rendus en 1857, Sirey, 57, 1, 138.

dans lequel un droit de cette nature aurait à s'exercer, que les art. 4, 14, n° 18; 15, n° 7; 27, 28, 39, 59 de la loi du 22 frim. an VII, se bornent à régler les bases, les modes de liquidation, les délais pour l'acquittement des droits à percevoir, en donnant à la régie une action personnelle et solidaire contre les cohéritiers, et *que l'on n'en saurait* induire un privilége sur les biens à déclarer, pour le recouvrement des droits de mutation; que si le législateur, considérant alors qu'un tel impôt ne devait pas excéder une année de revenu, a en conséquence, par l'art. 32 de la même loi, donné au Trésor public action sur les revenus des biens à déclarer, en quelques mains qu'ils se trouvent, cette attribution d'*un droit réel* sur les revenus ne peut s'*étendre au delà* et affecter les biens, à l'exemple des revenus auxquels elle est textuellement restreinte; d'où suit qu'en ordonnant que la régie sera colloquée dans la contribution Clausse, par prélèvement et préférence à tous autres créanciers, pour la somme de 25,000 fr., montant des droits dus par la succession Clausse, et pour les accessoires de la créance, l'arrêt dénoncé a formellement violé les dispositions ci-dessus, casse. »

Il résulte de cet arrêt que les droits de mutation par décès, constituant une dette purement personnelle à la charge de l'héritier, et non privilégiée sur les biens de la succession, ne peuvent en rien entraver le privilége de séparation des patrimoines (1).

---

(1) La législation sarde, en vertu d'une loi du 9 septembre 1854, considère le droit de mutation par décès comme dette essentiellement personnelle à l'héritier, et la Cour de cassation (2 décembre 1862) a décidé que, lorsqu'il y a eu séparation de patrimoines, l'administration des finances, quoiquelle soit privilégiée pour le montant des droits de mutation à l'égard de tous autres créanciers de l'héritier,

Deuxième section.

64. Quelles personnes la séparation met en cause ?

Nous ne recherchons pas encore comment il faut *demander* la séparation des patrimoines, c'est un point que nous traiterons sous la section 3. Mais, en prenant les expressions de la loi telles qu'elles sont, devrons-nous assujettir les créanciers de la succession à demander la séparation des patrimoines contre tous les créanciers de l'héritier, sous prétexte que le texte de l'art. 878 contient ces mots : « contre tout créancier » ? Des auteurs ont soutenu l'affirmative, des arrêts ont jugé la question dans ce sens (v. Poitiers, 8 août 1828 ; Paris, 31 juil. 1852). Mais n'est-ce pas rendre ineffi-cace et illusoire l'action en séparation que d'obliger les créanciers héréditaires à l'intenter, à très-grands frais, contre un collége de créanciers que le plus souvent ils n'auront nul moyen de connaître ? La raison n'indi-que-t-elle pas au contraire que ce collége a un repré-sentant légal dans l'héritier, que c'est lui qui est le défendeur naturel à une demande en séparation de patrimoines, que c'est lui que dès lors il convient d'ac-tionner ?

65. Il nous faut dire un mot de l'arrêt de Poitiers, cité plus haut (Sirey, 31, 2, 82), qui a vraiment émis sur notre question des théories étranges. On notera que, dans l'espèce que la Cour avait à juger, l'héritier avait accepté la succession purement et simplement. La Cour pensa que ce n'était pas contre l'héritier lui-même que

ne peut venir en concours sur les biens de la succession avec ceux des créanciers héréditaires qui ont obtenu le privilége de la sépara-tion des patrimoines. (*Droit*, 9 janvier 1863.)

la séparation devait être demandée, puisqu'elle serait sans objet. — *Sans objet*, et pourquoi ? On ne s'attendrait pas à la réponse : Parce que, si l'héritier n'a accepté que sous bénéfice d'inventaire, la séparation s'opère de plein droit par la force de la loi. Ainsi la Cour se préoccupe d'une situation qu'elle n'a pas à régler, pour dire presque une naïveté. Mais elle va plus loin : Ce n'est pas seulement l'intérêt pratique qui manquerait à la demande, elle serait de plus *dangereuse* pour les créanciers du défunt, puisque, si l'héritier a accepté purement et simplement, ces créanciers s'exposeraient, après la séparation d- patrimoines, à perdre l'avantage résultant en leur faveur de la qualité prise par l'héritier pur et simple... Ce second motif, en apparence plus sérieux, présuppose la solution, dans un sens aujourd'hui peu accepté, de la question de savoir s'il faut appliquer encore aux créanciers du *de cujus* ces mots d'Ulpien : *Separatio enim quam isti petierunt, eos ab (heredis) bonis separavit.* Nous aborderons, dans la seconde partie de notre travail, l'examen de cette grave controverse.

Dans l'espèce jugée par la Cour de Poitiers aucun créancier de l'héritier ne s'était encore présenté, et la Cour en a fait, indépendamment des raisons de doctrine ci-dessus déduites, une fin de non-recevoir contre la demande en séparation :

« Considérant que la femme Dechastre n'a dans l'espèce aucune concurrence à redouter de la part des créanciers de l'héritier, puisqu'il ne s'en est encore présenté aucun. » Voilà un point de vue encore inexact. Ne peut-il se faire que l'héritier, sans avoir au moment du décès de son auteur des créanciers personnels, inspire aux créanciers héréditaires de légitimes défiances sur sa solvabilité? Il n'est pas endetté aujourd'hui ; demain il peut être grevé de dettes, si c'est un dissipateur. D'ailleurs la non-apparition des créanciers en prouve-t-elle la non-existence? Ne peut-il y avoir entente entre l'héritier et ceux auxquels il doit pour qu'ils ne se révèlent pas et que par le silence ils endorment la vigilance des créanciers de la succession?

66. Qu'il ait donc un grand nombre de créanciers ou qu'il n'en ait pas de connus au moment de l'ouverture du droit des demandeurs, l'héritier nous paraît devoir être valablement actionné comme intéressé à la défense, sauf le droit de ses propres créanciers d'intervenir dans l'instance de séparation ou de former tierce opposition au jugement rendu en leur absence et à leur préjudice. (Comp. art. 339, 466, 474, C. proc.)

67. La jurisprudence nous paraît entrée définitivement dans cet ordre d'idées. Dès 1833, par un arrêt rendu sous la présidence de M. Troplong, la Cour de Nancy délaissait les errements de l'arrêt de Poitiers par une sentence pleine de netteté et de précision, et, après avoir subi en 1852 (1) des restrictions que nous ne saurions admettre, la jurisprudence voyait rétablir dans leur intégrité les vrais principes par un arrêt de Paris (15 nov. 1856).

« En ce qui touche la demande en séparation de patrimoines : — relativement à la fin de non-recevoir déduite de ce qu'elle a été intentée contre l'héritier :

« Attendu qu'elle a pu l'être ainsi d'une manière valable, toute action pouvant être utilement formée contre celui qui a intérêt à y défendre, et telle étant en matière de séparation de patrimoines la situation de l'héritier;

(1) Sirey, 52, 2, 604.

— Attendu en effet que cette action a pour but et doit avoir pour résultat de le priver des moyens de libération que le patrimoine de son auteur lui aurait donnés ; qu'il y a là pour lui un intérêt commun avec ses créanciers, de la part desquels le droit d'intervention ou de tierce opposition qui leur appartient sauvegarde, d'ailleurs, d'une manière suffisante l'intérêt particulier de chacun ; qu'on prétend donc à tort que c'est *exclusivement* et par son essence une action de créanciers à créanciers, ce qui, la plupart du temps, à défaut de connaître ceux de l'héritier, la rendrait impossible ou *dans tous les cas* entraînerait des *frais plus* considérables sans nécessité.... »

Comment comprendre la critique que M. Demolombe élève (page 154) contre la doctrine de cet arrêt ? Il lui reproche de concéder que, si les créanciers de l'héritier étaient connus, il serait nécessaire de les mettre en cause ; l'arrêt est loin de s'exprimer ainsi sur cette prétendue nécessité, et l'observation de M. Demolombe, qui tend à faire croire que la jurisprudence se prête à des restrictions ou des réserves propres à entamer la généralité du principe, tombe devant ces mots de la fin de l'arrêt : « ce qui *dans tous les cas* entraînerait des frais plus considérables sans nécessité. » Dans la doctrine, MM. Delvincourt, Rolland de Villargues, avaient adopté la solution émise par l'arrêt du 15 nov. 1856 (1).

68. Parmi les auteurs qui ont soutenu que les créanciers du défunt ne pouvaient obtenir la séparation des patrimoines qu'en actionnant les créanciers de l'héritier, MM. Aubry et Rau ont fait aux objections que cette doctrine soulève de singulières réponses. Si on leur

(1) Voir Paris, 28 avril 1865. *Gaz. des Trib.*, 19 mai 1865.

oppose qu'au cas où les créanciers du défunt n'ont pas connu les créanciers de l'héritier, l'expiration du délai de trois ans les fera déchoir de tout droit, relativement aux meubles héréditaires, ils se tirent de l'objection en disant qu'il est invraisemblable que les créanciers de l'héritier restent ignorés pendant le délai de trois ans, et que, si par impossible ils ne s'étaient pas révélés, les créanciers du défunt éluderaient la prescription édictée par l'art. 880, 1°, en invoquant au bout des trois ans la maxime : « *Contra non valentem agere non currit præscriptio.* »

Il y a une double réponse à faire à MM. Aubry et Rau : la première, c'est qu'il n'y a nulle invraisemblance . ce que des créanciers de l'héritier restent inconnus pendant trois ans; ils peuvent avoir intérêt à ne pas se révéler afin d'endormir la vigilance des créanciers du défunt et de profiter de l'extension de gage, qu'est venue apporter à leur créance la succession dévolue à leur débiteur.

La deuxième réponse, relative à la maxime, *contra non valentem...* est celle-ci : C'est que nulle part dans le Code ne se trouve consacré le brocard invoqué, avec la portée qu'on lui attribue; qu'en supposant même des créanciers du défunt, à terme ou sous condition, ces créanciers ne pourraient s'abriter derrière l'art. 2257, texte qui prononce une suspension de prescription fondée sur l'impossibilité d'agir, et le seul peutêtre qui soit le reflet de la maxime latine (voy. *supra* n° 45); qu'à *fortiori* des créanciers purs et simples n'auraient aucune raison plausible d'échapper à la prescription de l'art. 880, qui ne distingue pas du reste si l'héritier a ou n'a pas de créanciers connus (comp. Demol. n° 137, 1).

69. — Nous avons jusqu'ici parlé d'action qui s'exerce contre l'*héritier;* c'est le mot qui figure seul dans la section troisième (878-881); mais sans hésiter il faut comprendre sous le même terme le légataire universel et même à titre universel, le successeur irrégulier lorsqu'il est appelé à recueillir la totalité des biens; on peut les qualifier avec l'art. 2111 de représentants du défunt.

La question s'est posée de savoir si la séparation des patrimoines pouvait être valablement dirigée contre le cessionnaire des droits successifs de l'héritier. Toute la question pour nous se réduit à savoir si, dans les termes de l'art. 2111, l'acquéreur des droits successifs est un représentant de l'héritier, et, par voie de conséquence, un représentant du défunt.

On a voulu soutenir que cet acquéreur n'était qu'un acquéreur à titre singulier, n'étant au regard des créanciers de la succession ni le représentant de la succession ni le représentant de l'héritier, ni par conséquent leur débiteur (1).

Il faut noter que ce langage est tenu par un auteur qui enseigne que la séparation peut être demandée contre les créanciers d'un successeur irrégulier (sans distinction) c'est-à-dire d'un tiers qui peut ne succéder qu'aux biens dans une fraction limitativement fixée par la loi et n'être tenu des dettes que *ob rem*, comme un acquéreur à titre singulier. N'y a-t-il pas quelque inconséquence à reconnaître la légitimité d'une action en séparation contre de tels successeurs et à la refuser contre un cessionnaire de droits successifs, sous prétexte qu'il n'est qu'un acquéreur à titre singulier?

Un mot sur cette supposition purement gratuite : lors-

(1) Voy. Demol., V, *Succ.*, n° 127.

que nous parlons d'une cession de droits successifs,
nous entendons parler avec l'art. 1696 de la vente
d'une hérédité, sans spécification détaillée des objets
qui la composent, de la vente en un mot d'un *univer-*
sum jus... Ceci posé, ouvrons le chapitre 8 sur la vente
des créances et autres droits incorporels, et nous nous
convaincrons que l'acquéreur d'une hérédité est au lieu
et place de son vendeur. Celui-ci est tenu de garantir
sa qualité d'héritier ; il la transporte donc à son cessionnaire, car on ne garantit que ce qu'on vend (art. 1625,
1696). Le vendeur a-t-il profité des fruits de quelque
fonds, reçu le montant de quelque créance héréditaire,
vendu quelques effets de la succession, il est tenu (sauf
réserve expresse lors de la vente) de les rembourser à
son acquéreur, mais si le vendeur a payé des dettes et
charges de la succession, le cessionnaire lui doit faire
raison de ces avances. C'est donc qu'il est bien, au fond,
tenu des dettes de l'hérédité, comme il est saisi de ses
biens. Comment alors pourraient-ils échapper, lui, et finalement ses créanciers, aux conséquences de la séparation?

C'est ce que la Cour de Lyon a jugé (17 nov. 1850)
en s'inspirant de l'esprit des textes auxquels nous nous
nous sommes référés : « Attendu que cette vente est une
cession de droits successifs qui en substituant un tiers
au lieu et place de l'héritier, n'a fait que changer la
personne de celui-ci, en laissant reposer sur sa tête les
obligations du cédant ; d'où il suit que le cessionnaire
n'est dans la réalité que le représentant de l'héritier
qu'il remplace et que les créanciers de la succession
peuvent exercer contre lui tous les droits qu'ils avaient
contre cet héritier, comme si ce dernier fût resté possesseur de la succession. » (Contra Demol. n° 127, Dufresne, n° 113.)

70. Le droit de séparation des patrimoines s'exercera-t-il contre les enfants et descendants gratifiés, dans les termes des articles 1075 et s., de partages d'ascendants?

Il a été jugé que les créanciers d'un démettant tiraient de la démission des biens faite par un père en faveur de ses enfants le droit de demander contre ceux-ci la séparation des patrimoines, comme ils l'auraient en face de l'ouverture d'une succession. La Cour de Bordeaux par arrêt du 14 juillet 1836 a statué ainsi sur une situation qui s'était créée sous l'empire de l'ancien droit (1). Les père et mère démettants avaient abandonné tous leurs biens à leurs descendants. Ainsi le voulaient les anciens principes sur la démission des biens qui devait comprendre l'universalité du patrimoine du démettant. Les démissionnaires étaient tenus des dettes que le démettant avait lors de la démission, mais seulement *intra vires*, parce qu'on ne pouvait guère les considérer comme représentants du démettant avant son décès. — Arrivant ce décès, l'acceptation pure et simple par le démissionnaire de la succession de son auteur l'obligeait a payer *ultra vires* les dettes postérieures à la démission dont il n'aurait pas été tenu du vivant de son auteur, et aussi à payer également *ultra vires* les dettes antérieures à la démission, dont avant la mort de l'ascendant il n'avait été tenu que *intra vires successionis*. — Les effets de la démission des biens étaient actuels comme ceux d'une donation entre vifs, à l'irrévocabilité près. On avait fini par admettre que les démissions de biens seraient révocables *ad nutum* comme les testaments (2).

(1) Sirey, 37, 2, 222. D. P., 37, 2, 175.
(2) Voir *sur les démissions de biens*, Lyon-Caen (Charles), Thèse de doctorat, août 1866, p. 136-157.

Aujourd'hui, le partage d'ascendants a remplacé dans notre code les démissions de biens de l'ancienne jurisprudence. L'ascendant ne fait qu'effectuer par testament à l'avance entre ses enfants ce qu'ils feraient après sa mort en partageant sa succession. Ce partage n'a d'effets qu'au décès du testateur (art. 895, 1076). Il n'y a pas de raison pour ne pas appliquer aux créanciers des descendants ainsi gratifiés la décision de la cour de Bordeaux, relative aux créanciers des démissionnaires.

S'il s'agit, au contraire, d'un partage d'ascendants par acte entre vifs, aux termes de l'art. 1076, 2°, ces sortes de partages né peuvent avoir pour objet que des biens présents, en vertu de la maxime donner et retenir ne vaut. Dans cette hypothèse, la séparation des patrimoines ne peut être exercée contre les copartagés. Les donataires de biens présents ne sont pas tenus des dettes de la succession du donateur (arg., art. 945, C. N).

71. Les institués contractuels (dans les termes des art. 1082 et 1085) pourront être atteints par la demande en séparation des patrimoines formée par les créanciers de leurs donateurs. Au jour du décès de ces derniers, les institués seront en cas d'acceptation tenus de toutes les dettes et charges de la succession.

Troisième section.

72. Dans quelle forme s'exerce le droit de séparation des patrimoines ?

Les art. 878, et 2111 mettent en scène des créanciers ou légataires qui peuvent *demander* et *demandent* la séparation des patrimoines (aj., art. 880). Dans

notre droit, on forme les demandes judiciaires par voie
d'assignation. Est-ce à cette forme ordinaire de procéder en justice que se réfèrent les articles précités ? Un
savant jurisconsulte, le doyen de la faculté de Caen, a
nié qu'il fallût prendre à la lettre les expressions de nos
textes, surtout en face du silence gardé par le Code sur
les formes judiciaires à suivre en notre matière. Dans
l'ancien droit, Pothier, Lebrun se serviront bien des
expressions *demander la séparation*, « la séparation
doit être *demandée* avant qu'on ait confondu les biens
du défunt avec les biens de l'héritier » — puis, à côté
de phrases comme celle-là, on lira ceci : « la séparation
est de plein droit parmi nous et *non sujette à demande*. »
Qu'en conclure, dira M. Demolombe, si ce n'est que
les rédacteurs du Code dans les art. 878, 880, 2!11
ont emprunté aux anciens auteurs l'expression *demander*, mais avec la même signification que lui attachaient
les auteurs dont i's reproduisaient les termes? c'est-à-dire
qu'on opposera la séparation sans avoir besoin de la
demander.

Il y a longtemps que cette interprétation du langage
de nos anciens auteurs nous paraît inacceptable, et nous
croyons que l'on peut facilement expliquer les apparentes
contradictions qu'il présente. Dans notre très-ancien
droit, au début de l'institution de la séparation des biens,
les créanciers du défunt qui en voulaient profiter devaient prendre des lettres de chancellerie, des lettres-
Royaux, dernier vestige de l'intervention prétorienne.
Bacquet nous l'apprend dans son livre des Droits de
Justice (ch. 21, n° 426). « Si les meubles du défunt sont
seulement saisis à la requête des créanciers de l'héritier, les créanciers du défunt s'opposeront et *obtien-
dront* lettres-Royaux *afin de demander* séparation des

biens du défunt d'avec ceux de l'héritier, pourvu qu'il n'y ait point telle confusion qu'on ne les puisse séparer. » Cet usage de demander des lettres-Royaux fut de brève durée, ainsi que l'atteste Lebrun (n° 25 in fine, *des Dettes*). Arrêtons nous ici pour nous rendre bien compte de la manière dont il faut entendre le langage de l'ancienne doctrine. Primitivement il avait existé deux sortes de demandes : 1° celle des lettres-Royaux ; 2° la demande spéciale à fin de séparation. On nous dit bien que la première avait disparu au bout de peu de temps, Lebrun est formel sur ce point. Mais la seconde demande, celle à fin de séparation des patrimoines, a-t-elle été entraînée dans la chute des lettres de chancellerie ?

Y a-t-il chez les anciens auteurs une affirmation sur ce point ? Loin de là, nous trouvons chez ces auteurs l'expression *demander* la séparation, constamment employée, et survivant à l'abolition de l'usage des lettres-Royaux. Et nous sommes tout disposé à croire que, pour nos légistes du dernier siècle, les mots « la séparation est de plein droit parmi nous » sont tout simplement la traduction de ceci : Il n'y a plus de lettres de chancellerie à prendre pour obtenir la séparation des patrimoines.

Nous sommes heureux de trouver un partisan de notre opinion chez M. Barafort qui, sans entrer dans de grands détails, pense que la désuétude dans laquelle étaient tombées les lettres de chancellerie ne veut point dire qu'il n'y eût plus lieu jadis de former en justice les actions pour l'introduction desquelles les lettres de chancellerie étaient autrefois nécessaires.

C'est cependant en s'appuyant des formules de l'ancien droit que M. Demolombe écrit ceci : « finalement en tant qu'il s'agit de l'exercice effectif du droit lui-même de séparation des patrimoines, il n'est soumis à aucune condition spéciale ni de demande, ni de jugement. » Cette proposition a quelque chose de bien radical ; car enfin dans le cas où l'héritier n'a pas de créanciers connus, sera-t-il possible d'agir par voie d'exception, dans un ordre ou une contribution ? Il est bien évident que non, et cependant il s'agit d'exercer effectivement le droit de séparation. Si l'on n'assigne pas l'héritier par voie principale, comment fera-t-on ? Nous citons ici le texte d'un arrêt de Nancy (14 février 1833) mentionné plus haut, et duquel il ressort bien que l'héritier peut et doit être assigné.

« Considérant que l'aricle 878 Code civil ne saurait être entendu en ce sens que cette demande dût être nécessairement formée par *assignation* contre tous les créanciers de l'héritier, au lieu de l'être contre l'héritier lui-même ; qu'imposer aux créanciers du défunt une pareille obligation serait leur rendre cette demande (1) impossible puisque le plus souvent ils n'ont aucun moyen de connaitre lesdits créanciers ; qu'ainsi il a donc suffi à l'intimé (créancier héréditaire) d'*actionner* l'appelant (l'héritier). »

73. Mais voici que M. Demolombe qui a posé en principe d'une manière absolue l'inutilité de la demande et du jugement (140 in fine) se relâche de la rigueur de sa proposition en faveur des créanciers ou légataires qui ne peuvent qu'exercer les mesures conservatoires d'un droit suspendu soit par une condition soit par un terme. Et dans ce cas il pense que les créanciers peuvent former une demande contre l'héritier et obtenir jugement. Et, se défendant contre le reproche de

____

(1) Par assignation.

contradiction qu'il pressent, M. Demolombe se récrie :

« Il ne s'agit pas de l'exercice même du droit de séparation de patrimoines ! Il ne s'agit que de mesures ayant pour objet de conserver le moyen de l'exercer ! Ce que nous disons à présent, c'est tout simplement que les créanciers du défunt et les légataires peuvent agir contre l'héritier, afin de faire décider contre lui qu'ils entendent se réserver le droit de la séparation des patrimoines. »

Ainsi, d'après notre auteur, pour le droit effectif, point de demande par assignation ; pour le droit à exercer, grande latitude au point de vue de l'assignation. Cela présente quelque chose de choquant ; pourquoi dans un cas où il ne s'agit que de prendre des mesures conservatoires, permettre d'introduire une demande qu'on n'aura plus le droit d'intenter lorsqu'il s'agira de l'exercice actuel et effectif de la séparation ? Faire prononcer par le juge qu'on entend se réserver d'exercer la séparation, nous paraît une procédure peu pratique, peu en harmonie avec une législation qui exclut les actions *in futurum*, et comme en matière immobilière, le créancier conditionnel ou à terme a droit de s'inscrire, nous aimerions mieux lui voir prendre inscription en vertu de son titre, sous seing privé ou notarié, conformément à l'art. 2111, c'est la meilleure manière de montrer à l'héritier et à ses créanciers qu'on entend exercer à leur encontre la séparation des patrimoines. Une fois l'inscription prise dans les 6 mois du décès, le créancier n'a plus qu'à faire prononcer la séparation par assignation donnée à qui de droit.

74. — Ce que nous voulons combattre c'est le système assez peu justifiable de M. Demolombe qui ne veut pas qu'on agisse à l'encontre de l'héritier pour l'exercice du droit lui-même.

Nous trouvons dans la *Gazette des Tribunaux*, du 23 janvier 1867, un article de M. le Procureur Impérial de Lyon qui s'associe à notre critique. M. Barafort qui a inspiré cet article avait relevé déjà ce que la doctrine de M. Demolombe a de singulier et de peu utile pratiquement parlant.

Mais nous sommes bien loin de nier que la séparation des patrimoines s'exercera souvent par voie incidente dans les ordres et les contributions. Dans l'acte contenant demande en collocation et constitution d'avoué les créanciers du défunt pourront conclure à la séparation des patrimoines. (V. art. 660, 661, C. pr.) S'il y a résistance et contestation des créanciers de l'héritier, le juge-commissaire renverra à l'audience (art. 666.)

Au milieu de tout cela nous voyons apparaître toujours des *demandes*, car enfin, aux termes de l'art. 661, l'acte de production contiendra la demande à fin de privilége. Si la demande n'est pas contenue dans l'acte de production, conformément à l'art. 661, C. pr., elle devra être introduite par des conclusions régulières ; le juge-commissaire ne saurait y faire droit, nous le croyons avec M. Barafort, sans statuer *ultra petita*. (Art. 480, 3°, C. pr.) Il n'y a pas dans nos textes de proposition semblable à celle qu'énoncent certains auteurs anciens : « La séparation est de plein droit parmi nous. » C'est toutefois une formule que l'on retrouve chez quelques légistes modernes, et qui ne peut être acceptée qu'avec la portée que nous estimons lui avoir été donnée par les anciens auteurs d'où elle est sortie. Cela est si vrai que M. Dufresne, qui fait à Lebrun l'emprunt de la maxime indiquée, s'empresse d'ajouter qu'il faut néanmoins que la séparation soit demandée par les créanciers qui veulent l'opérer et s'en prévaloir (Dufresne, n° 34).

75. La séparation de patrimoines pourra être demandée, même en appel, toutes les fois qu'elle ne prendra pas le caractère d'une nouvelle demande, l'art. 464 C. pr. ne permettant pas de former en appel aucune nouvelle demande, à moins qu'il ne s'agisse de compensation, ou que la demande nouvelle ne soit la défense à l'action principale. C'est ainsi qu'un créancier hypothécaire, colloqué dans un ordre en vertu d'une inscription dont la nullité est sollicitée en appel, peut former très-valablement devant la cour une demande en séparation, à laquelle on ne peut opposer la prohibition de l'art. 464 précité parce que cette demande constitue seulement un nouveau moyen pour écarter le contredit élevé contre sa collocation. En somme, c'est réellement une défense à l'action principale de l'appelant, tendant à la nullité de l'inscription. (V. Bordeaux, 26 avril 1866.)

76. Quel sera le tribunal compétent pour statuer sur la demande en séparation de patrimoines?

Plusieurs hypothèses sont à envisager.

1° Un seul héritier actionné; jamais alors de difficulté. L'art. 59, § 1, est appliqué purement et simplement. L'héritier est assigné devant le tribunal de son domicile.

2° Il y a plusieurs héritiers. La demande est intentée par les créanciers du défunt avant le partage. Les héritiers sont assignés devant le tribunal du lieu de l'ouverture de la succession (art. 59, 2°, C. pr.) — Après le partage, le droit commun reprend son empire.

3° La demande est formée dans une procédure d'ordre.

La compétence est fixée par le lieu de la situation des biens vendus et sur le prix desquels l'ordre est ouvert. Aux termes d'une loi du 14 novembre 1808, relative à la saisie immobilière des biens d'un débiteur, situés dans plusieurs arrondissements, il est dit, art. 4 : « les procédures relatives tant à l'expropriation forcée qu'à la distribution du prix des immeubles, seront portées devant les tribunaux respectifs de la situation des biens (v. art. 2210 C. N.).

Il a été jugé par la Cour de Paris, 26 juin 1813, que l'ordre devait toujours être ouvert devant le tribunal du lieu de la situation, encore que les biens aient été vendus devant un autre tribunal dans le ressort duquel s'est ouverte la succession dont ils dépendaient.

4° Le juge de paix peut-il être saisi d'une demande en séparation formée accessoirement à une demande en délivrance de legs n'excédant pas 200 fr. ?

Cette question se décompose en cette autre : le juge de paix peut-il connaître d'une demande en délivrance de legs d'une somme d'argent, n'excédant pas ledit chiffre ?

Une première opinion répond négativement : suivant elle, ces sortes de demandes, si minimes soient-elles, sortent de la compétence du juge de paix. L'art 59 C. pr. est en effet formel pour attribuer au tribunal du lieu où la succession s'est ouverte la connaissance des demandes relatives à l'exécution des dispositions à cause de mort. On doit remarquer aussi que la demande en délivrance de legs peut être contestée, repoussée par des exceptions tirées de la nullité du testament. Ce sont là des questions qui dépassent la sphère modeste des attributions du juge de paix. (En ce sens, Toullier, t. 5, n° 547 et 564, L. Jay, bulletin des décis. des juges de paix. Trib. de paix d'Olineto, 8 août 1863. D. P., 1866, 3, 24.)

Une seconde opinion reconnaît aux juges de paix une compétence exclusive pour statuer sur une demande en délivrance de legs, qui n'excède pas 200 fr. (Comp. L. 25 mai 1838, art. 1.) Mais s'il s'ajoute à la demande en délivrance de legs une demande en séparation qui lui soit connexe, la double demande devient de la compétence des tribunaux civils. (Trib. Saint-Omer, 27 avril 1865.)

Une troisième opinion investit le juge de paix de la connaissance de la demande en délivrance de legs et de celle en séparation, cette dernière étant considérée comme une mesure conservatoire qui ne forme pas un chef particulier de demande. (Bioche, journ. de procédure, 1865.)

Quant à nous, nous nous rangerions volontiers à la doctrine qui refuse complétement au juge de paix la compétence en matière de délivrance de legs; il y a là en effet autre chose qu'une question de chiffre à apprécier, et l'art. 59 est formel pour attribuer au tribunal de la succession la connaissance de la demande en délivrance. Par suite, la demande en séparation s'y trouvera également attirée.

FIN DE LA PREMIÈRE PARTIE.

DEUXIÈME PARTIE

CHAPITRE IX

En droit romain l'aliénation de l'hérédité par l'héritier est un obstacle
à l'action en séparation des patrimoines. — Cette rigueur du droit
strict s'adoucit sous l'ancien droit en ce sens que si le prix n'a pas
été payé par l'acquéreur, le droit des créanciers héréditaires se
transporte de la chose sur le prix. — L'art. 880, § 2 doit être ainsi
interprété. — Jurisprudence et doctrine unanimes. — Les créanciers du défunt, pour opposer ce droit de préférence sur le prix
aux créanciers chirographaires de l'héritier, n'ont pas besoin de
s'inscrire.— L'action en séparation ne s'exerce pas sur le prix d'un
immeuble que l'héritier a acheté de son auteur sans l'avoir payé.
— Contra, Cass., arrêt Paulet, 1828. — La demande en payement
du prix non payé par l'acquéreur ne se prescrit pas par trois ans.

77. D'après le droit romain, l'aliénation de l'hérédité
consommée soit partiellement, soit dans son tout par
l'héritier *medio tempore*, était une fin de non-recevoir
contre l'action en séparation de patrimoines; ce qu'exprimait fort énergiquement la loi 2 *de separationibus*
en ces termes souvent cités : « Ab herede vendita
hereditate separatio frustra desiderabitur. »

78. Cette loi 2 était observée dans notre ancien droit
(v. Domat, *Lois Civiles*, sect. 1, § 5). Cependant la
rigueur de la loi romaine s'était, sous l'influence des

commentateurs, modifiée en ce sens que, tant que le prix était encore dû par l'acquéreur, les créanciers du défunt pouvaient exercer leur droit sur ce prix. On s'autorisait de la maxime : « In judiciis universalibus pretium succedit in locum rei, » et en effet rien n'affecte autant la forme des *judicia* universalia que l'action en séparation, puisqu'elle peut atteindre l'intégralité du patrimoine héréditaire. Voët, parmi les interprètes de la loi romaine, allait jusqu'à penser que le prix, fût-il même versé entre les mains de l'héritier, pouvait faire l'objet d'une action en séparation, pour peu qu'on pût distinguer les deniers de l'acheteur d'avec ceux de l'héritier. Hypothèse *presque* impossible à réaliser, et qui paraît à nos auteurs modernes si invraisemblable qu'ils s'accordent à considérer comme un cas de confusion le fait du versement du prix aux mains de l'héritier. (Comp. L., 78, *de solut.*, Demol. V, *succ.*, n° 180.)

L'idée du droit de séparation transporté du bien vendu sur le prix de vente n'apparaît pas avec une égale clarté chez tous nos anciens auteurs. Assez précise chez Bacquet, elle se présente chez Lebrun d'une manière assez voilée. Elle ne se rencontre pas chez Pothier, mais ce jurisconsulte a traité un peu brièvement notre sujet, et il s'en faut qu'il ait abordé toutes les controverses que la matière de la séparation présentait. Tenons donc, malgré ce silence de Pothier, pour un point certain que le droit des créanciers du défunt s'appliquait, comme l'a dit M. Valette dans son rapport précité, à tout ce qui dans la masse de la succession est venu prendre la place des objets aliénés, exemple : le prix de la chose vendue, s'il n'a pas encore été payé.

79. Nous arrivons maintenant au paragr. 2 de l'art. 880, dont nous avons épuisé le premier alinéa relatif aux meubles, dans nos précédentes explications.

« A l'égard des immeubles, l'action peut être exercée tant qu'ils existent dans la main de l'héritier. »

De même qu'en présence du texte de la loi 2 *de separ.*, on serait tenté à la lecture de notre article de croire que le droit des créanciers dût être anéanti à toujours par l'aliénation émanée de l'héritier, nous le supposerons, en dehors de toute fraude.

Et cependant, à y regarder de près, le texte de l'art. 880 n'a pas cette rigueur de formule qu'accuse le texte romain. Aussi bien, sous l'influence des interprétations plus larges que la doctrine ancienne avait données à la loi 2, on est arrivé à raisonner de la sorte sur l'art. 880. A coup sûr, a-t-on dit, l'aliénation a bien fait sortir physiquement et matériellement l'immeuble des mains de l'héritier (surtout si la tradition a suivi), mais par cette vente l'héritier, en quelque sorte, a été le *negotiorum gestor* des créanciers héréditaires. Tout créancier du défunt ou légataire, demandeur en séparation de patrimoine, ne poursuit qu'un but, celui de se faire payer sur le prix de vente des biens héréditaires ; si donc l'héritier a aliéné l'immeuble du défunt, et que l'acquéreur en doive encore le prix, ce prix, d'une part, n'est pas confondu avec les deniers du vendeur ; d'autre part, il est l'objet d'une *créance* qui, non acquittée, *existe* dans la main de l'héritier et représente le bien vendu (art. 880).

Cette théorie nous paraît d'abord très-conciliable avec l'art. 880 et de plus elle a une conformité singulière avec l'esprit de nos lois modernes, dont la tendance est de faire passer sur le prix les droits qui ne peuvent plus s'exercer sur la chose. Dans notre Code, nous trouvons conçus dans cet ordre d'idées, les art. 132, 747, 2198. Dans les lois postérieures à l'œuvre du premier Consul, nous signalerons l'art. 17 de la loi du 3 mai 1841 sur l'expropriation, l'art. 772 de la loi sur les ordres du 21 mai 1858 (1).

Si nous consultons la jurisprudence sur la question qui nous occupe, elle se prononce une seule fois pour la négation du droit des créanciers. (Montpellier, 21 juillet 1809); mais dans la même année (17 octobre 1809), la Cour de cassation rappelait les vrais principes et retournait aux traditions de l'ancien droit. Puis la Cour de Poitiers (28 janvier 1823) s'exprimait ainsi : « Considérant que le prix d'un immeuble vendu représente cet immeuble tant qu'il n'est pas sorti des mains de l'aliénateur ; considérant que, d'après ce principe, les immeubles dépendant de la succession d'un défunt, et qui ont été vendus par l'héritier ou sur l'héritier, ne *sont pas réputés* sortis de ses mains, tant que l'acquéreur ne s'est pas dessaisi du prix et que dès lors la disposition finale de l'art. 880 ne peut pas devenir un obstacle à la demande en séparation. »

Cette jurisprudence s'est constamment maintenue. (Ch. req., 25 juin et 16 juillet 1828, Nîmes 27 janvier 1840 et 21 juillet 1852 ; ch. reg., 7 août 1860.)

80. Voici donc le droit de préférence sur le prix du bien héréditaire aliéné, bien établi au profit des créanciers du défunt, et pour l'exercer, loin de trouver un obstacle dans les termes de l'art. 880, ils rencontrent

---

(1) Cet art. 772 tranche en faveur de la femme une controverse née de l'art. 2195 C. Nap., qui avait toujours divisé la Cour de cassation et la doctrine.

un appui dans leur interprétation rationnelle. Mais une question importante peut se poser à l'occasion de l'exercice de ce droit de préférence. Le principe de l'art. 880, § 2, a reçu de l'art. 2111 cette modification que c'est désormais une nécessité imposée aux créanciers et légataires du défunt de s'inscrire dans les six mois s'ils veulent primer les créanciers propres de l'héritier.

La controverse, disons-le tout de suite, ne paraît s'élever sérieusement que si les créanciers du défunt sont en conflit avec des créanciers chirographaires de l'héritier.

Voici ce qu'on peut dire, il nous semble, pour exempter de l'inscription nos demandeurs en séparation de patrimoines : le prix qui est dû est une valeur qui s'est trouvée dans la succession. Or la séparation de patrimoines s'applique à toute valeur héréditaire, quelle qu'elle soit (art. 880). Donc elle doit atteindre le prix non payé. Faudra-t-il dire, comme M. Mourlon (1), que les créanciers du défunt doivent être dispensés d'inscription parce qu'au regard des créanciers chirographaires de l'héritier le prix de l'immeuble serait chose mobilière? Dans notre espèce cette affirmation constituerait une erreur, et d'ailleurs elle ne donnerait pas la vraie raison de décider. Une erreur, avons-nous dit, et tout ce que nous avons développé plus haut avec l'assentiment de toute la doctrine et de tous les arrêts le prouve assez ; — si le créancier exerce son droit sur le prix de l'immeuble non payé, c'est comme la dit la Cour de Nîmes (27 janvier 1840) grâce à cette considération que le prix représentant un im-

____

(1) M. Mourlon n'aurait pas, j'en suis sûr, appliqué la prescription triennale au prix de cet immeuble.

meuble reste comme lui *nature d'immeuble*. — Et d'ailleurs, ajoutons-nous, cette proposition, fût-elle exacte, ne serait pas le vrai motif de décider en faveur des créanciers du défunt. Il ne faut pas les assujettir à l'inscription, parce que dans l'art. 2111 la loi n'a eu en vue que les créanciers ayant hypothèque du chef de l'héritier sur les biens de l'hérédité. L'inscription est appelée à protéger les créanciers du défunt contre ceux qui ont acquis et conservé conformément aux lois un certain droit réel, l'hypothèque, sur les biens de la succession. Les termes dont se sert le Code (art. 2111, 2113) indiquent jusqu'à l'évidence qu'il n'a pu entrer dans la pensée des Rédacteurs de permettre à de simples chirographaires d'opposer à des créanciers du défunt, demandeurs en séparation, le défaut ou le retard de l'inscription requise par l'art. 2111. Et, nous pouvons le faire observer en passant, c'est en s'inspirant du même esprit que la loi sur la transcription hypothécaire par ces mots de son art. 3 « aux tiers qui ont des droits *réels* sur l'immeuble » a fait justice des prétentions des créanciers chirographaires qui auraient pu vouloir se mêler d'opposer le défaut de transcription, droit qui leur est d'ailleurs accordé par la jurisprudence en matière de donation, et, selon nous avec raison, l'art. 941 disposant en termes très-larges que le défaut de transcription peut être opposé par *toutes personnes* ayant intérêt (7 avril 1841, Cass.) Comp. art. 2 in fine, L., 23 mars 1855.

Deux arrêts ont confirmé la doctrine que nous proposons ; l'un de la Cour de Poitiers (28 janvier 1823), l'autre de la Cour de Caen (9 février 1860) dont M. Barafort a reproduit le texte dans son livre (n° 105). Il est du reste à peu de chose près modelé sur l'arrêt de Poitiers dont voici les termes :

Considérant que de la combinaison des art. 878 et 2111 du Code civil il résulte que le législateur a eu uniquement en vue dans ce dernier article d'assurer les droits du créancier de l'héritier qui aurait pris une inscription sur les biens immeubles du défunt, et d'empêcher que la demande en division de patrimoines ne puisse lui être opposée toutes les fois que le créancier du défunt n'aurait pas fait inscrire sa créance dans le délai de 6 mois, mais qu'il n'a point entendu dans *ce dernier cas* priver le créancier du défunt du droit de demander la séparation des patrimoines, surtout lorsque comme dans l'espèce il n'existe que des créanciers *chirographaires* de l'héritier ; met l'appellation et ce dont est appel au néant. (Sirey, 1823, 2, 165.) — On voit par cet arrêt que la considération qui a touché M. Mourlon n'entre pour rien dans les motifs de la Cour ; ce n'est pas la qualité de meuble ou d'immeuble chez le prix qui influe sur cette décision, mais bien exclusivement la nature des droits qui seront en conflit avec ceux des créanciers du défunt. (Comp. Mourlon., ex. crit., art. 2111, page 942 et la note.)

81. Nous tenons pour certain que les créanciers héréditaires, non inscrits au moment de la vente et même de la transcription de cette vente, pourraient, avant l'expiration du délai de 6 mois prescrit par l'art. 2111, s'inscrire à l'effet de primer des créanciers hypothécaires inscrits du chef de l'héritier. (Contrà, Mourlon., eod loc.) L'argument tiré par M. Mourlon de l'art. 2166, ne signifie rien à propos de notre question ; cet article dit : les créanciers ayant privilége ou hypothèque inscrite sur un immeuble, le suivent en quelques mains qu'il passe pour être colloqués... » Ce texte qui est placé sous la rubrique du Ch. VI, du titre

des priviléges, ne regarde que le droit de suite, ou comme dit la rubrique, l'effet des priviléges et hypothèques contre les tiers détenteurs. Or, dans notre espèce, il s'agit si peu de ce droit de suite que le prix dû représente l'immeuble au regard des créanciers, et que par cela même l'aliénation est censée n'avoir pas été consommée. Il était donc bien inutile d'écrire : « Dès que l'immeuble sort du patrimoine du débiteur pour entrer dans le patrimoine d'un tiers, aucune inscription n'est possible. » — Cette inscription sera au contraire très-possible, même après la transcription de l'acte de vente, pourvu qu'on soit encore dans le délai de 6 mois, fixé par le Code (art. 2111). Nous reviendrons ultérieurement sur cette grave question.

82. Les principes que nous avons ci-dessus développés sur la représentation de l'immeuble par le prix qui en est dû, ont-ils une portée assez générale pour s'appliquer au cas où le bien aurait été vendu par le défunt à son héritier, resté débiteur du prix au moment où la succession s'est ouverte ? Un arrêt de Cassation l'a ainsi décidé en s'appuyant exclusivement sur le motif que « la séparation des patrimoines s'exerce généralement sur les biens et droits quelconques qui appartiennent au défunt, aussi bien sur l'immeuble en nature que sur le prix qui est dû et qui le représente. »

Nous croyons que la Cour aurait dû décider autrement et voilà pourquoi : On ne peut détruire ce fait que l'immeuble, par la vente qu'en avait consentie le *de cujus*, était sorti du patrimoine de ce dernier. La vente était parfaite quoique le prix n'en fût pas payé (art. 1583 in fine). Au moment où le vendeur décède, l'immeuble est-il oui ou non la propriété de son acquéreur ? Il est certain qu'il est devenu sa propriété, que l'héritier l'a *in bonis*, et qu'il est impossible de voir là un bien *hérédi-taire*, dont le prix non payé serait l'objet de l'action des créanciers *héréditaires*. Le prix sur lequel s'exerce, en cas de non-payement par l'acquéreur, le droit des cré-anciers et légataires, c'est, pour prendre le langage des interprètes du droit romain, *pretium rei hereditariæ*. Si cet élément essentiel, l'existence d'une *res heredita-ria*, vient à faire défaut, l'action sur une valeur qui ne représenterait point la chose ne se conçoit plus. Telle est du moins notre pensée, et c'est très-justement, selon nous, qu'on plaidait devant la cour suprême (sans suc-cès il est vrai) que si le prix de la vente, qui avait été provoquée par les créanciers de l'héritier acquéreur, représentait l'immeuble, c'était bien pour ceux-ci, dont l'immeuble par l'aliénation était devenu le gage (art. 2093), et non pour ceux du défunt. — On peut voir dans M. Dufresne (n° 53) — chez M. Barafort (n° 108), une longue analyse de la doctrine consacrée par l'arrêt que ces auteurs reproduisent en son entier, le premier, en le critiquant, le second, en y adhérant avec des réserves.

83. La demande en payement du prix non payé par l'acquéreur est-elle sujette à la prescription triennale, qui a trait aux choses mobilières, ou bien faut-il dire que, le prix de l'immeuble le représentant, la séparation s'exercera sur le prix, suivant les uns, pendant 30 ans (1), suivant l'opinion que nous avons ci-dessus adoptée (2), aussi longtemps que durera la créance principale à laquelle le droit de l'art. 878 est attaché?

Pour écarter la prescription triennale, on peut dire

___

(1) *Sic*, Nimes, 27 janvier 1840. Cass., 27 juin 1841.
(2) Toulouse, 26 mai 1829.

avec raison que le § 1 de l'art. 880 ne s'applique qu'aux objets mobiliers qui étaient tels lors de l'ouverture de la succession, mais non au prix des immeubles aliénés depuis le décès du *de cujus*, soit par l'héritier, soit par ses représentants. Dès l'instant que par une interprétation de l'art. 880, § 2, aussi rationnelle qu'elle est générale, on admet que le prix de l'immeuble non payé représente cet immeuble, se revêt de sa nature et la conserve, il y aurait une contradiction choquante à lui faire application de la prescription triennale, exclusivement relative aux choses mobilières. Feu M. Duranton n'a point reculé devant cette contradiction (t. 7, n° 490).

Il est un motif qui vient à l'appui de notre thèse, et qui doit faire invinciblement écarter la prescription triennale. Le point de départ de cette prescription est, nous l'avons vu plus haut, non pas l'acceptation de l'hérédité, mais bien l'ouverture elle-même de celle-ci. Or, l'immeuble peut avoir été vendu par l'héritier plus de trois ans après le décès de son auteur; ce résultat n'a rien que de très-vraisemblable; parce qu'il aura plu à l'héritier de vendre l'immeuble de la succession 3 ans après le décès de son auteur, les créanciers de celui-ci se trouveront donc évincés de par l'art. 880, § 1, de tout droit sur le prix de cet immeuble ! Cela n'est pas admissible, le gage immobilier des créanciers ne peut être ainsi mobilisé : cette transformation serait son anéantissement.

On est forcément amené à assigner comme point de départ à la prescription la vente faite par l'héritier. C'est en se plaçant sur ce terrain que la cour suprême a décidé que le compte du prix d'un immeuble vendu par l'héritier bénéficiaire ne pouvait être réclamé par les créanciers de la succession dont le bien dépendait, que du jour de la vente ; que jusque-là *l'action n'était pas ouverte* et *que la prescription ne pouvait commencer à courir*. L'arrêt qui consacre cette décision pose un principe aussi vrai pour la séparation de patrimoines demandée principalement que pour celle qui dérive de l'acceptation bénéficiaire. Cet arrêt nous fait bien entendre qu'il est de tout point impossible que le § 1 de l'art. 880 soit en cause (v. ch. req., 7 août 1860); la prescription triennale a un point de départ fixe, l'ouverture de la succession, et de plus, en sa qualité de *courte* prescription, elle se refuse à toute suspension au profit des créances à terme, contrairement à l'art. 2257. Elle ne peut donc régir une situation, qui, d'après les termes mêmes de l'arrêt, tient en quelque sorte des créances *ex die*.

CHAPITRE X

La loi du 11 brumaire an VII n'avait pas astreint la séparation des patrimoines à la publicité. — Décisions de Rouen, 11 germ. an XI; Paris, 14 floréal an XI, rendues à bon droit sous l'empire des lois anciennes. — Code Napoléon. — Inscription requise par l'art. 2111. — Sa portée indiquée par le tribunal de cassation. — L'inscription prise dans les six mois du décès rétroagit au jour de l'ouverture de la succession. — L'inscription ne peut en cette matière être remplacée par un autre mode de publicité, soit par la transcription d'un testament contenant substitution. — Cassation, 5 mai 1830. — Motifs de l'arrêt.

84. La loi du 11 brumaire an VII se bornait à rappeler dans son art. 14 le droit de distinction et séparation des patrimoines, en le laissant sous l'empire des lois qui l'avaient jusque-là régi, c'est-à-dire sous l'empire des maximes du droit romain combinées avec les modifications de la jurisprudence des parlements. Chose singulière! dans cet édifice créé par la main novatrice du législateur de l'an VII, édifice qui s'assied sur les ruines de l'hypothèque occulte, le *Beneficium separationis* est recueilli comme un débris du passé, et côtoie les innovations du présent sans participer aux avantages qui les signalent. L'art. 14 ne soumet aucunement le droit des créanciers du défunt et des légataires aux conditions de publicité des priviléges (1).

On a rendu dans l'an XI (Rouen, 11 germinal; Paris, 14 floréal) des décisions que n'aurait pas désavouées

____

(1) V. art. 14, — 14, 4°, l. 11 brum. an VII.

notre ancienne jurisprudence. Et nous comprenons difficilement la surprise qu'a causée à un légiste distingué (1) un arrêt de la Cour suprême rendu le 17 octobre 1809 à l'occasion de l'espèce suivante. Un ordre s'étant ouvert, le 14 thermidor an V, après la mort d'un sieur Larsié dont les biens étaient grevés d'hypothèque, les créanciers du *de cujus* inscrits après les créanciers de l'héritier demandèrent néanmoins à être colloqués par préférence à ces derniers. On leur opposa en première instance entre beaucoup de mauvais moyens la tardiveté de leurs inscriptions, alors que les hypothèques de leurs adversaires étaient antérieures. Le procès fut perdu devant la Cour de Pau sur infirmation : ils le gagnèrent en cassation sur un pourvoi dont la base était la violation de l'art. 14 et la fausse application des *lois* en matière de séparation. Voici l'arrêt de cassation : « Vu l'art. 14 de la loi du 11 brumaire an VII ; considérant que cet article maintient le droit de séparation des patrimoines conformément aux lois anciennes, sans exiger des créanciers des personnes décédées comme elle l'exige des précédents propriétaires que leurs droits aient été conservés selon les formes indiquées par la loi du 11 brumaire an VII ; et qu'aussi la Cour de Pau est contrevenue à cet article en jugeant que le défaut d'inscription dans les délais de grâce avait fait perdre le droit de demander la séparation des patrimoines. »

On s'est récrié en face de cet arrêt que tel ne pouvait avoir été l'esprit de la loi du 11 brumaire ; qu'accorder aux créanciers du *de cujus* la séparation avec tous ses effets contre des créanciers inscrits au jour de la demande, c'était les investir d'un privilége, alors précisément

-----

(1) M. Cabantous.

que la loi n'avait pas astreint le droit de séparation aux conditions qu'elle imposait aux priviléges et hypothéques. — Cette critique nous paraît peu fondée ; il ne s'agit pas de savoir si la loi de brumaire an VII a fait du droit de séparation une exception aux priviléges ; mais seulement si l'art. 14, par son renvoi aux lois préexistantes, comportait une autre solution que celle que la Cour suprême a donnée. Eh bien ! il nous paraît qu'il n'en souffrait pas d'autre. Qu'on se réfère avec l'art. 14 aux lois anciennes, droit romain, droit français, à Domat, sect. I, n° 6, à la loi 1, § 3, *de separ.*, on acquiert la certitude que sous ces législations le créancier de l'héritier qui avait hypothèque avant la demande en séparation était primé par les créanciers du défunt qui recouraient à ce bénéfice.

Le privilége était créé sur une base occulte ; mais il n'en existait pas moins sans publicité. Tel est le droit auquel l'arrêt de Pau aurait dû se référer. (Contrà, Cabantous, revue de législation de 1836.)

85. Nous arrivons à notre Code ; ça été l'honneur de ses rédacteurs de combler la lacune qui existait dans la loi du 11 brumaire an VII, et de soumettre, en ce qui concerne les immeubles, le privilége de séparation des patrimoines à la nécessité d'une publicité. De là l'inscription qui figure dans notre art. 2111. Le législateur a porté sa sollicitude sur l'intérêt des tiers que les apparences solvables d'une hérédité dont les dettes et charges leur seraient inconnues, pourraient engager dans de funestes erreurs. Par l'inscription ils sont avertis qu'ils doivent se défier des garanties qui leur seraient offertes par l'héritier leur débiteur.

Les observations du Tribunal de cassation mettent bien en relief ce qui a été la vraie préoccupation de nos rédacteurs quand ils ont créé pour le droit de séparation l'inscription de l'art. 2111. « Aucun de ceux qui ont pu traiter avec l'héritier ne peut s'en plaindre, car il faut bien qu'avant *de recevoir hypothèque* sur un bien, il s'assure de sa propriété sur la tête du débiteur. Il faut qu'il voie les titres et qu'il les juge. Il saura donc que le bien proposé provient d'une succession échue au débiteur, et par cela seul il sera suffisamment averti de ne pas le recevoir pour son gage s'il n'a pas préalablement l'assurance, ou qu'il n'y a pas de créanciers de la succession ou qu'ils sont payés. » (Fenet, t. 2, p. 640.)

86. Inscrits dans les six mois à compter du décès, les créanciers et légataires primeront les hypothèques antérieurement établies en faveur des créanciers de l'héritier, dussent ces dernières avoir la priorité d'inscription. L'inscription, fût-elle prise par le créancier du défunt le dernier jour des six mois (1), rétroagirait valablement au jour même où la succession s'est ouverte. C'est cette rétroactivité qui fait crouler et résout les droits hypothécaires constitués du chef de l'héritier sur les biens de la succession. Ici s'applique la maxime : *Privilegia non tempore æstimantur sed ex causa;* car il est bien évident que si on avait égard au temps, à la date de la constitution des droits réels, ce serait le plus souvent aux créanciers de l'héritier à primer les autres.

87. L'inscription prise par le créancier du défunt ou le légataire postérieurement aux six mois se bornera, quant à son effet, à conserver intact le privilége vis-à-

____

(1) Par ces mots : *à compter de l'ouverture de la succession*, le législateur laisse entendre clairement que le jour du décès ne compte pas dans les six mois accordés pour prendre inscription.

vis des créanciers de l'héritier qui ne se seraient pas inscrits ou qui ne s'inscriraient qu'ultérieurement.

88. L'inscription peut-elle en notre matière être remplacée par tout autre mode de publicité, par exemple par la transcription d'un testament contenant substitution permise ?

On pourrait au premier abord incliner vers l'affirmative, en remarquant que la loi n'a point dit expressément qu'aucun autre mode ou fait de publicité ne saurait suppléer l'inscription, comme elle l'a fait, par exemple, en matière de substitution permise au sujet de la transcription des dons et legs. (Comp. art. 1071 C. N.) Nous ne voulons pas non plus méconnaître que, dans certains textes de nos lois civiles ou commerciales (art. 2146, C. Nap., art. 448 com.), l'inscription est un mot employé d'une façon générique pour tous les modes de publicité, que c'est ainsi qu'on dira que transcription vaut inscription pour le vendeur (art. 2108) et qu'il est écrit dans la loi du 23 mars 1855 (1), prenant le mot inscription *lato sensu*, que le vendeur peut utilement *inscrire* le privilége à lui conféré par l'art 2108. Et cependant cet article 2108 débute par ces mots : « le vendeur *privilégié* conserve son privilége par la *transcription* du titre qui a transféré la propriété à l'acquéreur. — Voilà, ce nous semble, tout ce qu'il y aurait à dire en faveur de l'affirmative, mais il nous est impossible d'admettre que l'inscription requise par l'art. 2111 n'ait point un caractère spécial, exclusif, et l'espèce que la jurisprudence relate nous montre clairement qu'en cette matière, les à peu près, les analogies ne pourraient être accueillies par le juge sans le plus

(1) Art. 6.

grand danger. Voici l'espèce qui s'est produite en 1830, et sur laquelle la Cour régulatrice a eu à statuer. Les créanciers d'un défunt qui avait par une substitution testamentaire ordonné la vente d'une partie déterminée de ses biens pour payement de ses dettes, se prétendaient dispensés, pour exercer la séparation des patrimoines, d'obéir à la formalité de l'art. 2111, le testament ayant été transcrit du chef de l'exécuteur testamentaire. Leur argument principal était celui-ci : le testament contenait une clause qui enjoignait à l'héritier de vendre dans l'an du décès des portions de biens désignées pour l'acquit des dettes et charges du *de cujus* ; dûment transcrite suivant l'art. 1069, cette disposition testamentaire avait suffisamment averti les créanciers de l'héritier de l'existence de ceux que laissait le substituant, et de tout cela les demandeurs concluaient que l'inscription de l'art. 2111 était une superfluité.

Ce serait anticiper sur nos explications ultérieures, relatives à la *forme* de l'inscription, que de dire ici avec détail en quoi cette inscription qui doit être prise sur chacun des immeubles héréditaires, contient des énonciations substantielles et nécessaires, qui répugnaient à la dispense invoquée. Nous ferons observer dès à présent que les registres de transcription ne peuvent pas fournir aux créanciers de l'héritier les renseignements que les registres d'inscriptions mettent à la disposition de ces créanciers, intéressés à connaître au juste la situation hypothécaire du défunt. Combien de fois trouvera-t-on sur un registre de transcription d'actes testamentaires ou entre vifs le tableau des droits acquis aux créanciers du *de cujus ?* Ce cas se présentera bien rarement.

La Cour de cassation rejeta les prétentions des créanciers du défunt ; elle ne pouvait faire autrement. (Ch. req., 5 mai 1830.) Peut-être y aurait-il à redire aux motifs donnés par l'arrêt pour écarter les créanciers de la succession, par exemple : à ce motif que la transcription n'est qu'une mesure conservatoire dans l'intérêt des appelés, et étrangère aux *intérêts des créanciers*. Alors qu'il est clair que les tiers acquéreurs et les créanciers dont il est question dans l'art. 1070 sont, en premier lieu, les tiers acquéreurs et les créanciers du disposant (adde 1072 C. N.) (1). Mais cette critique n'enlève rien à la justesse de la décision de la Cour. Pour l'apprécier il faut se pénétrer de l'idée que si la transcription d'un testament, renfermant l'état des dettes du défunt, peut avoir pour résultat d'avertir les tiers de ce passif, elle n'avertira *jamais* les tiers de l'intention où sont les créanciers héréditaires d'agir en séparation de patrimoines, ce qui est au contraire énergiquement révélé par l'inscription. (Comp. Dufresne, n° 80 ; Barafort, n° 152.)

89. Il y a sur les formes de l'inscription à fin de séparation des patrimoines des explications à donner, que nous ajournons après l'examen pressant de la question de savoir si, *au fond*, en ce qui touche la nature et l'essence du droit de séparation, l'inscription prescrite par l'article 2111 n'a pas créé une innovation capitale. Tel sera l'objet de notre chapitre XI.

---

(1) Flandin, *De la transcription*, t. II, n° 583.

CHAPITRE XI

Examen de la question de savoir si, par l'effet de l'inscription, le droit de séparation s'est transformé en droit pleinement hypothécaire. — Arguments dans le sens de cette transformation.—Textes des art. 2111, 2113. — Il importe peu que la séparation ait été omise dans l'art. 2103. — Ce n'est pas un texte limitatif. — Raison de cette omission. — Réfutation de la théorie du droit pleinement hypothécaire. — Arrêt de la Cour de Lyon, 20 décembre 1855. — L'art. 2111 n'a rien innové que l'*inscription*, il n'a pas créé le mot privilége qui, dans l'ancien droit, était appliqué déjà à la séparation. — L'art. 2111 ne consacre qu'un pur droit de préférence. — Toute la tradition est en ce sens. — Rien ne prouve que le Code l'ait délaissée. — Comment se concilie avec cette doctrine l'art. 2113. — Arguments spéciaux en faveur du *droit de suite*. — Réponse à ces arguments.—Critique d'un arrêt d'Orléans de 1840. — Aveu de M. Demolombe en ce qui touche le peu de lumière que l'art. 2111 apporte à la thèse du droit de suite. — Nous ne nions pas les inconvénients pratiques de notre opinion, contraire au droit de suite, etc...

90. En abordant la question, grave et difficile entre toutes, celle de savoir si, par sa place au titre des priviléges et par l'effet de l'inscription, notre droit de séparation s'est transformé en un droit pleinement hypothécaire, nous sommes tenté de dire avec le poëte : *Incedo per ignes*... Depuis plus de 60 ans que nous avons un code civil, la controverse que nous allons à notre tour agiter partage nos cours d'appel et les plus renommés de nos jurisconsultes. Mais nous montrerons que, n'en déplaise à certains auteurs (1), la Cour suprême a tranché

(1) *Voy.* M. Barafort, p. 28.

la question dans le sens où nous croyons qu'effectivement elle doit être résolue.

Nous rencontrerons sur notre route des théories qu'on pourrait presque appeler *révolutionnaires secundùm subjectam materiam*, tant elles dédaignent les traces, cependant vivaces dans nos lois, de la jurisprudence antérieure au code. Mais ce qui nous frappera le plus chez ces novateurs en apparence si audacieux, c'est que les conséquences de leurs théories ne répondent pas à leurs prémisses, que les plus hardis ne le sont encore qu'à moitié, qu'en un mot, enchaînés par certains scrupules juridiques, ils ont peur de suivre jusqu'au bout la logique et l'abandonnent. Nous ne connaissons qu'un auteur qui lui ait été complétement fidèle (1).

91. Nous avons à examiner et à résoudre les problèmes suivants : La séparation des patrimoines constitue-t-elle un véritable privilége immobilier, comme celui du vendeur, du copartageant, des ouvriers, emportant avec lui : 1° le droit de préférence ; 2° le droit de suite ; 3° le droit d'indivisibilité ? Faut-il dire, au contraire, que le bénéfice de séparation est un privilége limité et restreint, un pur droit de préférence exercé par les créanciers du défunt contre ceux de l'héritier, ce qui exclut le droit de suite contre les tiers détenteurs et comporte le respect du principe de la division des dettes ?

Enfin l'inscription exigée par l'art. 2111 sera-t-elle assez puissante pour faire produire au droit de séparation des effets, que sous l'empire des art. 878, 881, avant la rédaction du titre des priviléges, on n'eût

_____

(1) M. Barafort, p. 35 et 36.

certes jamais songé à lui attribuer? N'est-elle, au contraire, qu'un avertissement donné aux tiers qui vou-
draient contracter avec l'héritier, ce qui en ferait une
formalité à coup sûr insuffisante pour créer un droit
hypothécaire au profit de créanciers purement chirographaires de la succession (1)?

92. Il est vraisemblable que si le législateur, en
réglementant la séparation des patrimoines au titre des
successeurs, avait été dès lors fixé sur le mode de
publicité qu'il jugeait utile de lui donner, et eût dit que
le *privilége* des créanciers du défunt serait soumis à
l'inscription, jamais la controverse que nous verrons
se démembrer en questions multiples ne se fût élevée.
On était pleinement alors sous l'empire des principes
universellement admis dans notre ancienne jurisprudence, et l'apparition de l'inscription n'eût en rien
modifié cette influence. — Nous aurons à rechercher
d'ailleurs si le législateur qui a écrit à une année d'intervalle le titre des successions et celui des hypothèques
n'a pas entendu renouer, par des termes clairs et
significatifs, les textes séparés entre lesquels il pouvait
prévoir qu'on soulèverait des antinomies.

La place occupée par l'art. 2111 au titre des hypothèques est donc une des difficultés dont on a hérissé
ce sujet.

93. Parmi les auteurs qui estiment que le droit de
séparation des patrimoines a changé de nature en
passant dans le texte du titre des *priviléges*, les uns
restreignent ce changement à la création d'un droit de
suite et de surenchère contre les tiers acquéreurs, mais
repoussent énergiquement l'indivisibilité (2); d'autres

(1) Comp. *anal.*, Ch. req., 22 juin 1841.
(2) Demol., *des succ.*, V, 210 et suiv. — Blondeau, p. 573.

ne veulent admettre, au contraire, que cette dernière prérogative (1) ; un seul, je le répète, M. Barafort, ne mutile pas le privilége immobilier, dans lequel il a une foi entière, et lui attribue le droit de suite et l'indivisibilité (v. p. 19 du livre de M. Barafort).

Mais, on le sent bien, les partisans du droit de suite, tout comme ceux qui y ajoutent l'indivisibilité, doivent établir ce point capital pour leur thèse, que le droit de séparation constitue une hypothèque privilégiée, et voici comment ils raisonnent :

Aux termes de l'art. 2111, les créanciers et légataires du défunt conservent leur *privilége* sur les immeubles de la succession par les *inscriptions* faites dans les six mois.

Comment ce droit ainsi qualifié de privilége, n'en serait-il pas un dans toute l'étendue de ce mot ?

Il est placé au centre même du titre des *priviléges ;* un délai spécial est fixé pour son inscription. Le législateur l'oppose à l'hypothèque que le créancier de l'héritier aurait pu stipuler de lui ou obtenir contre lui par jugement (2). C'est un droit réel supérieur qui est mis en regard d'autres droits réels secondaires.

C'est donc à tort que des jurisconsultes parmi lesquels on compte M. Troplong, ont contesté la propriété de l'expression privilége ; il n'y avait pas de mot plus technique et plus juste à employer.

Aux termes de l'art. 2113, les créances privilégiées non publiques, dégénèrent en hypothèques. C'est donc

____

(1) Dufresne, nᵒˢ 13 et 114. Bordeaux, 14 juillet 1836.

(2) Il est bien évident que la loi a entendu parler non-seulement des droits hypothécaires volontairement consentis par l'héritier, mais de ceux aussi dérivant de jugements. La première rédaction de l'art 2111 portait : « Aucune hypothèque ne peut être *consentie* avec effet. » Elle fut modifiée par le Tribunat.

que le privilége porte en lui le droit d'hypothèque, et par conséquent (art. 2114) la prérogative du droit de suite avec l'indivisibilité. Si l'hypothèque inscrite a effet contre les tiers acquéreurs, à *fortiori* le privilége dont elle se démembre et qui la prime.

Qu'on n'argumente pas de l'omission du droit de séparation dans la liste des créances privilégiées. (Section 2 des priviléges sur les immeubles.) Cette liste n'est pas limitative, et la lacune échappée à la plume du législateur a été comblée dans la section IV. C'est ainsi que les rédacteurs ont réparé dans l'art. 2111 leur oubli en ce qui concernait les légataires, passés sous silence dans l'art. 878.

D'ailleurs, la séparation des patrimoines n'aurait pas été bien à sa place dans la liste de l'art. 2103, qui est spécialement consacré aux priviléges sur les immeubles, puisque ce privilége s'applique aux meubles comme aux immeubles.— (Art. 880, C. Nap.)

94. Les précédents arguments ne tendent jusqu'à présent, qu'à prouver ceci; c'est que la séparation des patrimoines est un vrai et complet privilége (Comb. art. 2111 et 2113). Sans toucher encore aux considérations spéciales que l'on invoque en faveur du droit de *suite*, nous devons répondre à la question primordiale : Le droit organisé par l'art. 2111 est-il un entier privilége ?

Et tout d'abord, abandonnant un point de vue que nous croyons aujourd'hui erroné, nous déclarons qu'on ne saurait reprocher à la loi d'impropriété dans son langage, parce qu'en l'art. 2111 elle a appliqué à la séparation des patrimoines l'expression *privilége*. C'est à tort, nous le croyons, que les adversaires du droit hypothécaire, plein et entier, auxquels nous nous rallions, ont soulevé sur ce point une querelle de mots, en prétendant qu'un privilége ne pouvait se concevoir et s'exercer *qu'entre les créanciers d'un même débiteur*, tandis que la séparation des patrimoines est une prérogative accordée aux créanciers du défunt contre les créanciers personnels de l'héritier.

Nous disons pour notre part que la loi comprend sous la dénomination de priviléges et hypothèques, toutes les causes de PRÉFÉRENCE, légitimes, qui existent entre les créanciers se présentant à la même distribution (art. 2094 et 2093). Ici la cause de *préférence* (le privilége) naît de la simple *qualité* de créancier du défunt, et elle permet à ceux qui peuvent invoquer cette qualité de primer les créanciers, même hypothécaires, de l'héritier. Et de ce que la loi accorde indistinctement le droit de séparation à tous créanciers, il ne faudrait pas conclure qu'elle n'a pas égard à la qualité des créances dans la concession de ce bénéfice : le contraire ressortirait de ce que le même bénéfice peut être demandé par les créanciers du défunt et ses légataires, tandis qu'il est formellement refusé aux créanciers de l'héritier (art. 881) (1).

L'art. 2111 ne nous paraît autre chose que l'application à la séparation des patrimoines de la définition contenue dans notre art. 2095, qui est ainsi conçu : « Le privilége est un droit que la qualité de la créance donne à un créancier *d'être préféré* aux autres créanciers, même hypothécaires. » Et qu'on n'objecte pas contre nous que l'expression privilége a une force et une portée qui dépassent l'idée d'un simple droit de préférence, dans les bornes duquel nous entendons resserrer le droit de

<hr>

(1) *Voy.* Mourlon, *Ex. crit.*, p. 906.

l'art. 2111. Le même texte de l'art. 2095 nous démontre que le législateur n'a pas songé à autre chose, en employant le mot privilége, qu'à caractériser le droit *d'être préféré*. On voit encore dans l'art. 2096 qu'il n'y est question que de *préférence*.—D'où nous croyons pouvoir conclure que le mot privilége peut fort bien n'indiquer qu'un droit de préférence, qu'il est juste et très-exact, réduit à ces limites, et tout nous montrera ultérieurement qu'en effet le législateur n'a voulu parler que d'un droit de préférence, en instituant le bénéfice de séparation.

L'erreur qui s'est glissée sous la plume de M. Troplong lorsqu'il a nié l'existence du privilége procède d'une croyance à la rescision de l'adition d'hérédité par la séparation des patrimoines. Cet auteur n'a pas reconnu qu'en réalité créanciers du défunt et créanciers de l'héritier ont un commun débiteur, et qu'on ne saurait effacer les effets de la saisine en vertu de laquelle les créanciers de la succession ont l'héritier comme obligé. En effet, nous verrons plus tard que les créanciers du défunt non désintéressés peuvent concourir sur les biens de l'héritier avec ses créanciers personnels, ou tout au moins se payer sur le résidu de ses biens après satisfaction des créanciers de l'héritier; ce qui met évidemment en scène des personnes ayant un commun débiteur. La fiction des deux masses de biens, des deux débiteurs (l'héritier, le défunt) n'a d'empire que lorsque le privilége est exercé, et non au moment où il s'exerce. Non, disait M. Nicias Gaillard réfutant la théorie de M. Troplong, suivie par Marcadé, il n'est pas exact de dire qu'il y ait ici deux débiteurs, il n'y en a qu'un. Il y a deux ordres de créanciers, ou deux qualités de créances; il y a *si l'on veut* deux sortes de biens, mais il n'y a qu'un seul débiteur, c'est le même qui doit à tout le monde.... Et l'éminent magistrat montrait tout ce qu'avait d'inconséquent une telle doctrine qui, tout en niant *le débiteur commun*, accordait un recours subsidiaire sur ses biens : dimissis heredis creditoribus. « Mais, disait-il, si l'héritier ne restait pas débiteur des créanciers héréditaires malgré la séparation des patrimoines, comment ses créanciers auraient-ils un recours subsidiaire quelconque sur ses biens? » (*Revue crit.*, 1856.)

Un arrêt de la cour de Lyon (20 décembre 1855), nous paraît avoir répondu victorieusement aux diverses objections faites contre la propriété du mot *privilége*.

« Attendu qu'à la vérité, on a prétendu que le droit de préférence, attribué aux créanciers d'une succession bénéficiaire à l'encontre des créanciers de l'héritier, n'était pas un *privilége;* mais que c'est là une querelle de mots à laquelle on ne saurait attacher aucune importance, quand on voit que la loi comprend sous la dénomination de priviléges et d'hypothèques toutes les causes de préférence entre des créanciers se présentant dans la même distribution, et qu'elle qualifie spécialement de privilége le droit des créanciers de la succession d'être en cas de séparation de patrimoines préférés aux créanciers personnels de l'héritier, qualification qui serait d'ailleurs justifiée si elle avait besoin de l'être, par cette considération que la séparation des patrimoines n'entraînant pas le dessaisissement comme la faillite, et l'héritier (même bénéficiaire) étant seul *propriétaire et possesseur des biens héréditaires,* le droit des créanciers sur ces biens ne peut être en définitive qu'un droit de discussion et de *préférence.* »

Il ne faut pas voir dans notre insistance à considérer le droit des créanciers comme un *privilége,* suivant les termes propres de l'art. 2095, une concession à la doctrine qui découvre dans l'apparition des art. 2111 et 2113 la naissance d'un droit hypothécaire complet.

Qu'était donc, sous l'empire de l'art. 878, le droit de séparation des patrimoines? Etait-ce, comme M. Valette l'a dit en son rapport, un *droit vague et indéterminé*, et avait-il besoin de la rédaction de l'art. 2111 pour sortir de ses limbes juridiques et naître véritablement à la vie? Pas que nous sachions; le droit pour les créanciers du défunt de primer ceux de l'héritier sur les biens de la succession avait été organisé par Domat, Lebrun, Pothier, et accueilli par notre Code comme un legs pur et simple de leur savante doctrine. Il serait vain de contester ces deux choses; la première, qu'on s'est référé à ce qui s'était jusque-là pratiqué; la seconde, c'est que pour nos anciens légistes qui désignaient eux aussi la séparation sous le titre de privilége, il n'était question que du droit de préférence accordé aux créanciers du défunt sur les biens de leur auteur (1).

Sur l'art. 878, M. Treilhard s'exprimait en ces termes : « Le projet conserve au surplus les droits des créanciers sur tous les biens de la succession, et les règles proposées n'ayant d'ailleurs rien que de conforme *à ce qui s'est pratiqué jusqu'à ce jour*, je puis, je dois me dispenser d'entrer dans une plus longue explication. »

L'art. 2111 aurait-il changé tout cela? Encore une fois, il n'a pas même innové le mot *privilége*, puisque ce mot est employé par Raviot sur Périer, par Bourjon, par Montvalon. Il innove si peu qu'il nous dit que les créanciers de la succession et les légataires *conservent leur* privilége sur les immeubles de la succession. Si l'art. 878

(1) Bourjon, 2e partie *des succ.*, section 6.

auquel, du reste il importe de le noter, l'art. 2111 renvoie, n'avait pas réglementé la nature de ce privilége, le législateur en parlerait-il, au titre des hypothèques, comme d'une prérogative existante et connue? LEUR privilége! En aurait-il la possibilité, puisque dans la section II des priviléges sur les immeubles, dans sa liste *étroite* (1) des hypothèques privilégiées (investies des droits de préférence, de suite et d'indivisibilité), la séparation des patrimoines a été radicalement passée sous silence (v. art. 2103). L'art. 2111 ne fait donc que nous renvoyer pour l'essence et la nature du droit à l'art. 878 du C. N. Il ne s'occupe spécialement que de la conservation du privilége par *l'inscription*. C'est à cette inscription que se borne la portée novatrice de la loi.

On se prévaut de la place qu'occupe l'art. 2111 au titre des priviléges, des expressions « hypothèque, hypothécaires » qui sont opposées au droit mentionné dans cet article, pour en déduire la création d'un vrai privilége immobilier.

Cette déduction est bien téméraire. La place que tient l'art. 2111 dans la section IV du titre des priviléges s'explique tout naturellement. Nous avons vu par un passage très-significatif, ci-dessus rapporté, que la loi avait pensé qu'un droit susceptible d'être opposé à des intérêts légitimes et respectables devait être soumis à un régime de publicité. On ne pouvait pas demander aux rédacteurs, dès le titre des successions, de trouver l'inscription, puisqu'ils pouvaient avoir encore des doutes

---

(1) Étroite, disons-nous, car nous ne pouvons admettre qu'un texte sur des priviléges soit aussi *élastique* que le prétendent nos adversaires. Oseraient-ils prétendre que le privilége de vendeur s'étendra à l'échangiste, ou au donateur en cas d'inexécution des charges de la donation?

sur la publicité qui accompagnerait les priviléges, et que le passé ne leur léguait à cet égard aucun modèle. Lorsqu'il est enfin fixé sur les conditions de publicité auxquelles seront astreints les priviléges, le législateur en profite pour les appliquer à la séparation des patrimoines. L'inscription va, dès lors, *conserver* le droit (comp. art. 2111 et 878 reliés), elle ne le créera pas, puisqu'il était tout créé. Et ce droit fortifié par l'inscription, véritable et unique innovation du Code, prendra sa place dans quelle section ? Dans celle précisément qui est consacrée au droit de préférence (sect. IV — art. 2106 et seq.). Cette place, loin d'être un argument à nous opposer, vient au contraire à l'appui de notre thèse.

Si, en effet, le législateur avait voulu innover dans le sens d'un droit hypothécaire complet, il avait une place toute prête dans l'art. 2103 où il a classé et énuméré les vrais et entiers priviléges. L'oubli, dira-t-on, a été commis dans l'art. 2103, mais réparé dans l'art. 2111. Cette distraction du législateur ne se comprend pas. On insiste, en disant : le législateur a bien réparé dans l'art. 2111 la lacune qu'il avait dans l'art. 878 commise envers les légataires. Il est donc sujet à des étourderies, mais il les répare ! — Que le législateur ait dans l'art. 2111, en parlant des légataires, comblé une lacune, c'est déjà un point contestable, car l'expression générique *créanciers* de l'art. 878 était applicable aux légataires, mais, en admettant qu'il y ait eu réellement lacune, les deux oublis sont-ils comparables ? Les deux titres des successions et des priviléges ont été publiés à un an de distance, tandis que l'art. 2103 et l'art. 2111 figurent dans le même chapitre, sont publiés en même temps ! et cependant ce n'est pas l'art. 2103, spécialement réservé aux priviléges immobiliers, qui contiendra la séparation ! Non, on n'y pense pas alors, on y songera huit articles plus loin, on s'apercevra alors qu'on l'a omise à sa vraie place, mais n'importe, sans autre explication, on réparera l'oubli en mettant dans l'art. 2111 le mot privilége, et tout sera sauvé. Est-il admissible d'imputer au législateur tant de distraction et de légèreté ? Nous le demandons à tout lecteur impartial.

L'exposé des motifs par M. Treilhard (24 vent. an XII) démontre qu'en s'occupant des *vrais* priviléges (ceux qui devaient être renfermés dans l'art 2103), le législateur n'a pas un instant songé à la séparation des patrimoines ; il n'y est question que du privilége du vendeur et du prêteur de deniers, — de celui des architectes et ouvriers . — et enfin de celui des cohéritiers, et M. Treilhard ajoute : « le projet règle les formalités nécessaires pour acquérir le privilége, il ne présente rien de nouveau sur ce point, ni sur *le nombre*, ni sur l'ordre des priviléges. » Il résulte de ces termes : « rien de nouveau sur le *nombre* des priviléges, » que le Code n'a pas regardé la séparation des patrimoines comme un vrai privilége. Car, s'il en eût été autrement, la séparation, qui, dans l'art. 14 de la loi de brumaire, n'était pas traitée comme les vrais priviléges, aurait *augmenté le nombre* des priviléges déjà connus, et M. Treilhard n'aurait pas tenu le langage que nous avons rappelé. (Comp. Exposé des motifs, Locré, n° 32-33.)

Nous savons bien qu'on a tenté (dans ces derniers temps surtout) de produire un argument nouveau pour justifier l'absence de la séparation de patrimoines dans l'art. 2103. On a dit que l'art. 2103 était uniquement relatif aux priviléges sur les immeubles, tandis que la séparation s'appliquait aux meubles comme aux immeubles. Qu'est-ce que cela prouve ? absolument rien. Nous ne nous occupons pas ici de la séparation en tant qu'elle porte sur des meubles, elle est régie par des règles étrangères à notre sujet, et tracées dans les art. 880 et s., C. Nap. Le contrat de vente, lui aussi, engendre deux priviléges, l'un pour les meubles, l'autre pour les immeubles (art. 2102, 4°; art. 2103, 1°). Cela a-t-il empêché le Code de ranger le vendeur d'immeubles parmi les créanciers privilégiés sur les immeubles ? En vérité, l'argument n'a aucune portée. A chaque espèce de droit, sa place : au droit sur les meubles, l'art. 880, § 1; à celui qui frappe les immeubles, l'art. 2111; mais rien absolument n'empêchait le Code de classer le droit sur les immeubles dans l'art. 2103, s'il eût voulu en faire un privilége entier (1).

Reste l'art. 2113, dont nos adversaires font la clef de voûte de leur édifice. Ce texte dispose que les créances privilégiées soumises à la nécessité de l'inscription ne cessent pas néanmoins d'être hypothécaires, quand elles n'ont pas été inscrites dans le délai légal, mais l'hypothèque, ajoute cet article, ne date à l'égard des tiers que de l'époque des inscriptions qui auront dû être faites. Or, disent les partisans du vrai droit hypothécaire, l'art. 2113 couvre tous les priviléges énumérés dans la sect. IV, et partant il s'applique au privilége de l'art. 2111, comme à tous autres. Donc avant que le droit de la séparation n'eût subi la dégénérescence prévue par l'art. 2113, il constituait une hypothèque supérieure et privilégiée. Si nous n'avions pas établi, comme nous espérons l'avoir fait, que la séparation des patrimoines est un privilége

<hr>

(1) Voy. M. Baradort, n° 14, p. 31.

réduit aux limites d'un droit de préférence (conf. à l'art. 2095), nous pourrions être embarrassé par l'argument tiré de l'art. 2113. Mais malgré ces expressions « *hypothécaires, l'hypothèque* » tout, nous le pensons, s'explique encore dans le sens d'un droit de préférence. La fin de l'art. 2113 nous paraît être un retour aux termes de l'art. 2106, où le législateur a écrit, un peu à la légère, la règle d'après laquelle le rang des créances privilégiées serait déterminé par la date des inscriptions, sous certaines exceptions..... Dans notre matière l'exception est la rétroactivité qui remontant au décès du débiteur anéantit les hypothèques établies du chef de l'héritier, même avant la prise d'inscription des créanciers héréditaires; dans l'hypothèse d'une inscription régulière, la question de rang n'existe pas (art. 2111) ; omet-on de s'inscrire dans le délai légal des 6 mois, on retombe sous le coup de la règle générale de l'art. 2106, dont l'art. 2113 *in fine* est comme le rappel, et nous le croyons bien, si dans l'art. 2113 se trouve le mot hypothèque, c'est par suite même de ce retour à la règle qui paraît plutôt calquée sur la maxime « prior tempore, potior jure » que sur le principe « privilegia non tempore æstimantur, sed ex causa ; » mais qu'on le note bien, cette règle de l'art. 2106 gouverne des relations de créanciers à créanciers (« *Entre les créanciers* les priviléges ne produisent d'effet... »); rien dans les termes que la loi emploie ne fait allusion directe ou éloignée aux tiers acquéreurs dont la condition est réglée dans l'art. 2106 (1). Donc nous sommes encore dans le vrai en disant que malgré les termes de l'art. 2113, nous n'avons affaire qu'à un pur droit de préfé-

---

(1) Contra, Troplong, n° 219 et 265, Hyp.

rence. Nous rencontrons la même pensée dans l'*Examen Critique* de l'honorable et regretté M. Mourlon (1) ; « du moment, écrit-il (*Examen Critique*, n° 305), qu'il est démontré que ce privilége n'est qu'un droit de préférence *sui generis*, ou si l'on veut un privilége limité et restreint, il est évident que l'hypothèque de l'art. 2113 n'est et ne peut être elle-même qu'une hypothèque limitée et restreinte. Si d'ailleurs on veut laisser là les mots pour s'en tenir au sens de la règle déposée dans cet art. 2113, tout ce qu'on en pourra conclure, c'est que l'inscription qui rétroagit au jour de la succession, lorsqu'elle est prise dans les 6 mois, cesse d'être rétroactive et n'a plus d'effet qu'à sa date, au cas où elle a été prise après le délai expiré. » Le langage de M. Mourlon est un peu plus rigoureux que celui d'un autre jurisconsulte (M. Troplong), qui bien qu'ennemi du privilége a deux fois écrit dans son commentaire que le droit de séparation dégénérait en hypothèque lorsqu'il n'était pas rendu public dans les 6 mois. Ce qui revient dans l'opinion de cet écrivain à dire qu'un droit dégénéré peut contenir plus d'attributs que lorsqu'il existe dans son intégrité. Ce sont là des inexactitudes de style qui passent quelquefois dans les arrêts, et tels auteurs s'en réjouissent et en triomphent, en vue de leur doctrine, comme si l'expression avait toujours été mûrement pesée et soumise au crible d'un sévère examen. « Tout est grave, s'écriera M. Barafort, sous la plume du *Papinien moderne*. Rete-

(1) Au moment où nous écrivions ces lignes, la mort venait de frapper M. Mourlon. Façonné à la docte école de M. Valette, cet esprit énergique et fécond avait su, des manuels à l'usage des étudiants, s'élever jusqu'à l'étude approfondie des problèmes les plus délicats du droit.

nons ces mots ; le privilége de la séparation des patrimoines peut dégénérer en hypothèque. »

95. Après cette réponse à l'ensemble de la doctrine qui voit dans les art. 2111 et 2113 la base d'un droit innové d'hypothèque privilégiée, passons aux moyens particuliers que cette même doctrine fait valoir en faveur du *droit de suite*. 1° On interroge l'historique de la matière, et l'on soutient que dès la législation romaine le droit de suite existait en germe dans l'institution prétorienne. (Arg. L. 2 de separ.)

En ce qui touche l'ancien droit français on *suppose* que tant que les créanciers n'avaient pas fait de démonstration, l'héritier pouvait aliéner, mais que son droit de disposition cessait du jour, et par le fait de la demande des créanciers.

Sous le Code les mêmes principes doivent s'appliquer, surtout depuis que la séparation, légalement dénommée privilége (1), est assujettie à l'inscription.

2°. Le privilége inscrit sur les immeubles confère, aux termes des art. 2166 et 2185, le droit de suite et de surenchère.

La séparation est un privilége immobilier : donc elle confère aussi ce double droit.

3°. Les acquéreurs sont, comme les créanciers des héritiers, ses ayants cause. Ils ne peuvent avoir plus de droit que ses créanciers.

Il serait inexact de soutenir que la séparation se borne à maintenir l'état des choses, tel que l'avait laissé le *de cujus* ; le droit de disposition est gêné dans les mains de l'héritier, la plénitude des avantages résultant pour lui de la saisine est entamée puisqu'il ne peut

(1) V. cep. Demol., p. 118, t. V, *Succ.*

pas hypothéquer au préjudice des créanciers du défunt. Il y aurait une contradiction choquante entre l'impossibilité d'hypothéquer au préjudice des créanciers héréditaires inscrits, et la faculté illimitée d'amoindrir ou même d'effacer leur gage par des aliénations. Il faut donc reconnaître, avec un arrêt célèbre de la Cour d'Orléans, que le législateur a déclaré que par l'effet de la séparation des patrimoines l'héritier n'était plus que le dépositaire de la succession du défunt. C'est du reste le système auquel arrivent les lois étrangères, écho de notre œuvre législative.

4°. Si la séparation est dépourvue du droit de suite, c'est un privilége qui ne signifie rien ; car nonobstant l'inscription prise en temps utile par les créanciers, cette précaution sera sans effet, quant aux immeubles vendus par l'héritier, et dont il aura touché le prix, désormais mêlé à ses deniers.

96. Il nous faut répondre à ces arguments, produits spécialement en faveur du droit de suite, soit par quelques arrêts, soit par une partie assez importante de la doctrine.

1° On a invoqué le droit romain.

Voici le texte qui a trait aux aliénations émanées de l'héritier : « Ab herede vendita hereditate, separatio frustra desiderabitur ; utique si nulla fraudis incurrit suspicio. Nam quæ bona fide medio tempore per heredem gesta sunt, rata conservari solent. »

De ce texte, il résulte que les aliénations de biens héréditaires qui se plaçaient entre le décès du *de cujus* et le décret de séparation échappaient à l'attaque des créanciers héréditaires et portaient en elles la présomption de la bonne foi la plus complète ; cependant les faits pouvaient donner un démenti à cette présomption, et les aliénations qui n'avaient pas le caractère de la bonne foi pouvaient être frappées par l'action paulienne et faire retour à la masse. (Sic, Cujas, livre XXVI, quæst. Papin.)

Dans tout ceci, où voit-on le germe du droit de suite? Rien n'y est plus opposé qu'un texte qui commence par cette formule absolue et très-expresse : « Ab herede vendita hereditate, frustra separatio desiderabitur. » Est-ce dans l'exercice très-éventuel de l'action paulienne que l'on aperçoit le même droit? Nous consentons à reconnaître que l'action paulienne emporte une sorte de droit de suite avec elle, mais alors il dérivera, ce droit, de cette action spéciale, non de la demande en séparation, et c'est de la séparation qu'il s'agit.

Est-ce à la période qui suit le décret du préteur et l'envoi en possession que nos adversaires entendent plus directement se rattacher? Oh ! dans cette période, nous le reconnaissons, le gage des créanciers du défunt est en effet à l'abri de toute atteinte : le décret de séparation a fait de l'héritier une espèce de *failli*, désormais étranger à la succession, il a perdu le droit de l'administrer et d'en disposer. Il est *dessaisi* par l'envoi en possession.

Est-ce là la situation sur laquelle on prétend modeler le sort de notre héritier français? Nous ne pensons pas qu'il faille chercher dans cette organisation spéciale du droit romain des règles pour apprécier ce que valent chez nous, à partir de la séparation demandée et inscrite, les actes de l'héritier au regard des créanciers du défunt. Et certes, il faudrait, quand on invoque de telles analogies, produire au moins un texte de nos lois qui laissât entrevoir la dessaisine de l'héritier, lorsqu'il est placé sous le coup d'une action en séparation. On aime bien mieux affirmer, sans preuve, comme l'arrêt d'Orléans l'a fait, que la loi a DÉCLARÉ (1) que l'héritier n'était plus qu'un dépositaire de la succession. (Sirey, 1841. 2. 514.) Où se trouve cette déclaration? Dans l'imagination de nos adversaires, mais dans notre Code point.

Le lecteur jugera si le système du droit romain est favorable au droit de suite, et ce qu'il y a à en tirer pour une application à la législation française.

Dans le droit ancien, Lebrun nous l'apprend, la loi 2 est appliquée dans sa rigueur. Résultat que le jurisconsulte regrette d'ailleurs en prévision des actes que peut consommer un héritier de mauvaise foi au préjudice des créanciers chirographaires.

Domat (sect. 1, § 5) indique également que la séparation des biens s'évanouit par l'aliénation, et il dit expressément : « Le droit de cette séparation est indépendant de l'hypothèque... »

Quant au droit intermédiaire, nous savons qu'il se réfère aux « lois » qui régissaient la matière avant 89.

Nous mettons l'opinion adverse au défi de trouver dans nos anciens auteurs des textes qui l'autorisent à dire (comme M. Demolombe l'a avancé) que, « du jour où les créanciers du défunt avaient demandé la séparation des patrimoines, l'héritier ne devait pas pouvoir aliéner à leur préjudice les biens de la succession. » C'est là une pure supposition de la part des adversaires de no-

____

(1) Voici les propres termes de l'arrêt d'Orléans :

« Attendu qu'en accordant la séparation des patrimoines le législateur a dû vouloir aussi que ce droit ne restât pas stérile entre les mains de ceux à qui il le concédait ; que pour cela il a DÉCLARÉ que, par l'effet de la séparation des patrimoines, la succession du défunt devenait le gage exclusif de ses créanciers, même chirographaires, et que l'*héritier* n'en était plus que le *dépositaire*. »

tre thèse. Rien ne saurait l'étayer. (Comp. Demol., p. 243, t. V, *succ.*)

2° Le privilége existe, dit le système que nous combattons ; s'il est inscrit, il doit procurer aux créanciers du défunt le droit de suite et de surenchère (art. 2166).

Nous avons démontré que le privilége de séparation des patrimoines n'était qu'un droit de préférence, et nous ne revenons pas sur ce point qui nous semble suffisamment établi. Si le privilége n'est qu'un droit de préférence, qu'importe dès lors l'inscription au point de vue qui nous occupe? Est-ce elle qui aura la puissance de faire passer dans la catégorie des vrais priviléges le droit *sui generis* dont s'agit? L'inscription n'a jamais pour but et pour effet que de conserver un privilége ou une hypothèque (art. 2154), mais elle ne crée ni l'un ni l'autre, et n'ajoute rien, en dehors de la publicité, à leur essence constitutive. Lorsqu'on prétend appliquer l'art. 2166 à la séparation des patrimoines en conformité du droit commun, on oublie que l'art. 2166 suppose dans son texte un privilége ayant en soi la force hypothécaire complète ! Et de ce que l'art. 2185 relatif au droit de surenchère parle d'un titre inscrit, faudrat-il témérairement conclure que la loi entend parler de n'importe quel titre? Nul ne voudrait le soutenir, c'est bien le titre hypothécaire, et lui seul, qui est requis chez celui qui veut surenchérir. On en a la preuve manifeste dans l'art. 834, C. pr., qui était mis en harmonie avec les art. 2181-2192, C. Nap., et s'exprimait ainsi :
« Les créanciers qui ayant une *hypothèque*... n'auront pas fait inscrire *leurs titres*... ne seront reçus à requérir la mise aux *enchères*... qu'en justifiant de l'*inscription*... »

Comment admettre, en présence de textes si clairs,

qu'il sera permis au premier chirographaire venu de surenchérir, par le moyen de la seule inscription ? La jurisprudence ne l'entend guère ainsi, et elle déclare que, pour avoir le droit de surenchérir, il ne suffit pas d'être inscrit sur l'immeuble vendu ou adjugé ; qu'il faut être inscrit en vertu d'un vrai titre hypothécaire. « Consid. que d'après l'art. 2185, pour jouir du bénéfice de surenchère, il faut être *créancier inscrit* sur l'immeuble ; que l'on ne peut conclure de ce que la loi ne s'est pas expliquée sur la nécessité d'une inscription valable qu'elle se contenterait d'une inscription *telle quelle*, qu'autrement il faudrait dire par la même raison que l'art. 2166, qui attache le droit de suite à l'hypothèque inscrite sans autre addition, s'appliquerait à toute créance inscrite, y eût-il ABSENCE ou nullité de l'hypothèque, prétention qui serait insoutenable en face des art. 2166, 2183, 2185, 834, C. pr. (1). » L'arrêt d'où nous extrayons ce passage s'appuyait sur ces principes pour refuser à la masse des créanciers d'une faillite le droit de surenchérir, l'inscription prise au nom de cette masse n'étant à ses yeux qu'un simple mode de publicité (2). L'inscription prise aux termes de l'article 2111 par un simple chirographaire, peut-être même par un créancier sans titre, ne pourra pas davantage leur conférer le droit de surenchère. La Cour d'Orléans dans son arrêt précité n'entend pas ainsi les choses. Pour elle, l'inscription prise par le créancier chirographaire, en vertu de son acte privé et par exception à l'art. 2127, a la même force que l'inscription prise par

(1) Caen, 29 février 1844 (Sirey, 44, 2, 299).

(2) L'arrêt statuait sur une espèce régie par l'ancien Code de commerce.

un autre créancier muni d'un titre authentique, et elle se demande avec étonnement comment le créancier chirographaire qui s'est par l'inscription assimilé au créancier muni d'un titre authentique, manquerait de la prérogative dont ce dernier jouit sans conteste. On peut faire, ce nous semble, deux réponses à l'arrêt d'Orléans; la première, c'est que ce n'est pas le titre sous seing privé qui confère au créancier le droit d'invoquer la séparation, c'est sa qualité de créancier du défunt, et cela est si vrai que le créancier, dénué de titre, a le même droit. L'assimilation des deux titres, du sous seing privé et de l'authentique, faite par l'arrêt, ne prouve donc rien en faveur de sa doctrine.

La seconde réponse, que nous empruntons à M. Dufresne, est celle-ci : « En admettant, ce qui est vraisemblable, que la Cour ait voulu parler d'un créancier *authentique et hypothécaire*, il s'agira toujours de savoir si l'inscription prise par le créancier chirographaire aux termes de l'art. 2111 est de nature hypothécaire. » Les arguments de la Cour ne font donc pas faire un pas à la question, et cependant c'est par eux qu'elle couronne le long développement qu'elle consacre à la théorie du droit de suite (arrêt du 22 août 1840).

3° On s'étonne que la séparation des patrimoines soit opposable aux créanciers de l'héritier et ne le soit pas à ses acquéreurs.

Il faut, malgré qu'on en ait, s'incliner devant une série de textes formels et concordants, et cela depuis le droit romain jusqu'à nos jours. Lorsqu'on ouvre le titre *de separationibus*, on ne voit en présence que les créanciers du *de cujus* et ceux de l'héritier ; il n'est pas question des tiers acquéreurs. Dans l'ancien droit, Domat s'exprime ainsi : « C'est par l'usage de la séparation que les *créanciers* du défunt, qui craignent que l'héritier ne soit pas solvable, empêchent la confusion des biens du défunt avec ceux de l'héritier afin que les biens de leur débiteur ne passent pas aux *créanciers* de l'héritier.

Pothier (Intr. au tit. XVII des droits de succession, n° 127) : « Les *créanciers* de la succession, quoique simples chirographaires, ont droit d'être payés préférablement aux *créanciers* de l'héritier sur les biens de la succession en demandant pour cet effet la séparation desdits biens d'avec ceux de l'héritier. » — Pas un mot des tiers acquéreurs.

Enfin, ce qui nous touche de plus près, les textes de notre Code, l'art. 878 qui s'exprime ainsi :

« Ils peuvent demander, dans tous les cas et contre tout *créancier*, la séparation du patrimoine du défunt d'avec le patrimoine de l'héritier. »

L'art. 880, qui dit qu'à l'égard des immeubles, l'action peut être exercée tant qu'ils existent dans la main de l'héritier.

L'art. 2111 (le texte d'où résulterait l'innovation prétendue), où on lit que les créanciers et légataires qui demandent la séparation du patrimoine du défunt, conformément à l'art. 878, conservent à l'égard des *créanciers* des héritiers, ou représentants du défunt, leur privilége...

On comprend qu'en face d'un texte pareil, M. Demolombe se demandant dans quelle mesure le législateur avait modifié les règles posées au titre des successions, dise à cet égard : « Le texte ne s'explique que bien imparfaitement » (t. V, n° 102). Demi-aveu, qui vaut un aveu complet et condamne la doctrine du droit de suite. Au lieu d'*imparfaitement*, c'est nullement qu'il fallait dire pour être dans le vrai. L'aveu est plus franc en ce qui concerne les travaux préparatoires : « Les travaux préparatoires, où l'on trouve si souvent des éclaircissements précieux sur la pensée du législateur, ne nous fournissent ici à peu près aucun secours. » A la doctrine du droit de suite, ils n'apportent en effet nul renfort, mais à la thèse opposée, ils prêtent, pour qui sait lire, un réel secours.

Nous avons cité plus haut (85), mais nous reproduisons ici les observations du tribunal de cassation, qui, en général, peu favorable au projet de loi sur les priviléges, a bien accueilli la disposition de notre art. 2111 et en fait bien saisir la portée.

« Aucun de ceux qui ont pu traiter avec l'héritier ne peut s'en plaindre (de l'art. 2111), car il faut bien qu'avant de recevoir hypothèque sur un bien, il s'assure de sa propriété sur la tête du débiteur. Il faut qu'il voie les titres et qu'il les juge. Il saura donc que le bien proposé provient d'une succession échue au débiteur et par cela seul, il sera suffisamment averti de ne pas le recevoir pour son gage s'il n'a pas préalablement l'assurance ou qu'il n'y a pas de créanciers de la succession ou qu'ils sont payés. »

De qui est-il question dans ce passage, si ce n'est du prêteur, du créancier, de celui qui reçoit une hypothèque, qui a besoin d'un gage? Ces dernières expressions se peuvent-elles appliquer à l'acquéreur? Mais loin qu'il reçoive hypothèque, c'est contre lui que son vendeur en prend une privilégiée (art. 2108).

Textes de lois, travaux préparatoires, tout révèle que, dans la pensée du Code, le droit de séparation ne s'exerce qu'à l'encontre des créanciers de l'héritier, non à l'encontre des tiers acquéreurs (v. art. 880).

Que l'héritier puisse aliéner, c'est là un fait qui n'a rien d'incompatible avec la séparation ! Elle maintient le *statu quo* qu'avait laissé le décès du débiteur. A coup sûr le défunt pouvait aliéner, pourquoi son héritier serait-il privé de ce droit ? La séparation empêche, c'est là son objet, la confusion de s'opérer ; elle a une portée qu'on pourrait appeler *purement préventive;* contre les faits acquis, contre une vente consommée et dont le prix est mêlé aux deniers de l'héritier, elle ne peut rien ; elle trouve dans la confusion opérée une fin de non-recevoir.

Mais, dit-on, l'héritier est bien entravé pour le droit d'hypothèque, pourquoi ne le serait-il pas pour le droit d'aliénation ? Et de là des auteurs ont conclu que pendant les six mois à compter du décès l'héritier était frappé quant aux immeubles d'une complète indisponibilité.

L'assimilation du droit d'aliéner à la faculté d'hypothéquer est peut-être fort téméraire, et conclure de l'un à l'autre serait dangereux.

On comprend très-bien que le législateur ait voulu se montrer favorable aux aliénations parce qu'il ne faut pas que la circulation des biens soit entravée (c'est la pensée qui domine toute l'œuvre du Code) : si les hypothèques pouvaient avoir effet contre les créanciers héréditaires, elles leur raviraient le plus souvent une portion considérable de leur gage. Quand elles sont à titre onéreux, et c'est le cas le plus fréquent, les aliénations facilitent, comme nous l'avons vu, l'exercice du droit de séparation en permettant aux créanciers, quand le prix est à payer, de se désintéresser sur ce prix substitué aux immeubles vendus.

On peut trouver aisément dans le Code ou dans la

jurisprudence des cas où l'aliénation est permise, tandis que l'hypothèque ne l'est pas. C'est ainsi que le successible, donataire d'immeubles, a pu les aliéner, et se trouve dispensé du rapport en nature (art. 860). Il n'aurait pas pu les hypothéquer valablement (art. 865).

Nous empruntons enfin un dernier exemple à la matière du régime dotal. Il est de jurisprudence que la faculté d'aliéner le fonds dotal, réservée dans le contrat de mariage, n'emporte pas la faculté d'hypothéquer la dot de la femme ; on a cependant longtemps plaidé en faveur du droit d'hypothèque que ce droit réel amenait une aliénation, qu'en conséquence qui pouvait aliéner pouvait hypothéquer ; on s'autorisait, pour étendre à l'hypothèque le mot aliénation, de l'art. 2124, qui dit bien à la vérité que pour pouvoir hypothéquer il faut avoir la capacité d'aliéner, mais qui ne dit pas, comme l'a remarqué M. Dupin (1), qui peut aliéner peut aussi hypothéquer. Il n'y a pas, pour des facultés et des droits qui diffèrent par leur caractère, les circonstances qui les déterminent et leurs effets, à conclure de l'un à l'autre en se prévalant de la maxime qui peut le plus peut le moins. En effet l'aliénation met à la disposition du vendeur ou de la venderesse un prix représentant le bien vendu. L'hypothèque au contraire peut opérer la diminution ou même la perte totale du bien jusqu'à concurrence de la créance hypothécaire ; dans l'aliénation il y a une transmission de propriété, un dessaisissement absolu, radical, qui force à réfléchir celui qui le consomme et qui partant doit être d'autant plus facilement permis par la loi qu'il sera plus rare. L'hypothèque au contraire n'entraîne aucun dessaisissement,

(1) Ch. civ., 22 juin 1836, Sirey, 36, 1, 443.

et l'on s'y laisse plus facilement attirer dans l'espérance souvent trompée du prochain acquittement de la dette à laquelle on s'oblige. Il y a dans cette facilité à consentir des hypothèques un danger que le législateur a prévu pour le crédit public, et de là vient qu'il n'a pas voulu mettre sur la même ligne les deux facultés qui semblaient par quelques points devoir être assimilées l'une à l'autre.

On remarquera d'ailleurs que, si on pouvait à la rigueur soutenir que le mot *aliéner* est une expression générique (1) embrassant tous les modes possibles de disposition des biens, on ne saurait défendre la même thèse à propos du mot *hypothèque* qui seul figure dans notre art. 2111 et qui forcément revêt une acception éminemment spéciale et étroite.

97. Ce n'est pas que nous ne soyons vivement ému des inconvénients pratiques que les adversaires de notre opinion n'ont pas manqué de reprendre en elle, car il paraît résulter de cette doctrine que le tiers acquéreur qui aura payé son prix à l'héritier son vendeur et tiendra sa quittance sera complétement libéré, nonobstant l'inscription prise dans le délai légal par le créancier du défunt. Ce résultat est assurément des plus fâcheux. Faut-il le subir comme une conséquence irrésistible, nécessaire de notre opinion ? N'y a-t-il pas au contraire lieu d'accueillir une distinction qui peut s'étayer des principes généraux du droit et aussi des principes spéciaux posés sur la séparation des patrimoines par la législation qui lui a donné naissance ?

Voici comment nous concevons cette distinction :

(1) *Sic*, Devilleneuve, note sur l'arrêt du 22 juin 1836. — Lyon, 8 juin 1838. — Rouen, 10 mars 1838.

1° La vente a précédé l'inscription et l'acquéreur a payé son prix.

Dans cette hypothèse de l'aliénation faite *medio tempore* par l'héritier, nous croyons que la vente ou l'échange échappe à l'action des créanciers héréditaires qui n'ont révélé à personne encore leur intention d'exercer la séparation des patrimoines. Il n'y a aucun soupçon de fraude à élever contre l'aliénateur ou son ayant cause. Le prix est d'ailleurs entré dans la caisse de l'héritier et s'y est invinciblement mêlé avec ses deniers. La confusion s'est loyalement et sincèrement accomplie, *frustra separatio desiderabitur.*

2° Les créanciers et légataires étaient inscrits au moment où la vente a eu lieu, et nonobstant l'inscription, l'acquéreur s'est dessaisi de son prix entre les mains de l'héritier.

Nous ne voulons pas prétendre que l'inscription à elle seule ait désinvesti l'héritier vendeur des prérogatives de la saisine, pour ne faire de lui qu'un séquestre de la succession. Nous nous sommes élevé plus haut contre cette doctrine qu'on a voulu vainement soutenir à l'aide de précédents historiques.

Nous croyons que l'inscription révélée aux tiers et à l'héritier ne doit être examinée qu'au point de vue de la bonne ou de la mauvaise foi. La Cour de cassation par un arrêt du 27 juillet 1813 a posé en termes malheureusement très-brefs, et par suite d'un *a contrario* qu'il en faut tirer, la règle à suivre pour notre seconde hypothèse.

« Attendu qu'en décidant que le privilége de séparation des patrimoines et le droit d'hypothèque sont des droits distincts et indépendants l'un de l'autre, et que le droit de séparation des patrimoines est éteint par le payement du prix de la vente de la maison provenant de la succession de la dame D... fait à ses héritiers *sans dol* et *fraude* et en l'absence de toute réquisition à fin de séparer, la Cour de Paris n'a violé ni pu violer aucune loi. »

Il nous paraît difficile de conclure des termes de cet arrêt que la seule réquisition à fin de séparer ou la seule inscription suffise à rendre le payement de l'acquéreur non libératoire. Il entre aussi, cela nous paraît évident, dans la pensée de l'arrêt que le dol ou la fraude, la mauvaise foi en un mot, devrait pour amener ce résultat s'ajouter à la révélation de l'inscription. Sans doute la connaissance par l'acquéreur de l'inscription qui pesait sur l'immeuble est déjà le commencement de la mauvaise foi, et cela est si vrai que cet acquéreur ne pourrait pas prescrire par dix ou vingt ans (art. 2180, 2265) le privilége de séparation des patrimoines, il lui manquerait la *bona fides*, c'est-à-dire le fait d'avoir ignoré l'existence du privilége (Comp. Troplong, *priv.* et *hyp.*, n° 879 ; Pont, *id.*, n° 1247 ; Cass., 7 août 1860, S. 61, 1, 257-264) : qu'on joigne à ce fait tels autres éléments de dol et de complicité avec le vendeur, et l'on arrive forcément à une situation qui n'est pas pour les créanciers de l'hérédité l'équivalent du droit de suite, mais qui consiste à forcer *par l'action personnelle* l'acquéreur à payer deux fois. Nous avons dans notre Code une situation à peu près identique à celle-ci. C'est celle que prévoit l'art. 1242 (anal. 1298), au titre des obligations. Au lieu d'une inscription, le Code parle d'une *saisie ou d'une opposition :* et il décide que lepayement fait par le débiteur à son créancier au préjudice d'une saisie *n'est pas valable* à l'égard des créanciers saisissants ou opposants; ceux-ci peuvent selon leur droit le contraindre à payer de nouveau. Ce n'est pas la première fois que nous empruntons à la saisie-arrêt des arguments d'analogie pour les cas sur lesquels le Code ne s'est pas expliqué en matière d'inscription, et la justesse de notre dernier emprunt ne saurait guère être contestée.

98. Tout ceci ne remplace pas à vrai dire les prérogatives du droit hypothécaire (art. 2167 et suiv.), et nous reconnaissons que la nullité du payement poursuivie par les créanciers successoraux sera malaisément obtenue. Le juge, souverain appréciateur des faits et du droit, pourra ne pas se contenter d'arguments d'analogie, et se montrer difficile pour la preuve du dol, que l'inscription ne fournit pas à elle seule.

Mais comment s'étonner de ces résultats lorsqu'on réfléchit que l'héritier bénéficiaire dont le droit de disposition ne s'exerce qu'avec des restrictions et des formes définies, peut faire au mépris de ces mêmes formes des actes de propriété sans que la nullité puisse en être prononcée contre les tiers(1), ce qu'exprime ainsi M. Demolombe (t. III, *succ.*, n° 259): « Quant à la validité des actes eux-mêmes qu'il aurait faits, quels que soient ces actes, elle doit certainement être proclamée à l'égard des tiers; car d'une part l'héritier bénéficiaire est propriétaire, d'autre part il est toujours libre de renoncer au bénéfice d'inventaire et de se départir des restrictions que ce bénéfice apporte à l'exercice de son droit de propriété, et de là résulte évidemment pour les tiers, envers lesquels il a agi comme propriétaire,

(1) Voy. arrêt Montclar, Cass., 6 juin 1839.

un droit acquis à la validité de l'acte, à l'encontre même des créanciers de la succession (1). »

Si donc il en est ainsi pour les actes de disposition, émanés de l'héritier bénéficiaire, qui était assujetti à des conditions et formes particulières, on conçoit l'*a fortiori* qui s'en déduit pour les actes d'aliénation émanés de l'héritier ordinaire (art. 880).

99. Telle est donc notre opinion en ce qui touche cette importante question du droit de suite ; en 1861 nous la soutenions dans le travail que nous avons présenté au concours des docteurs. Le rapporteur, au nom de la commission, la critiqua en ces termes : « L'auteur reconnaissant aux créanciers du défunt sous l'empire du Code un privilége proprement dit, on devrait le croire facilement disposé à admettre aussi en faveur des mêmes créanciers le droit de suite relativement aux immeubles sur lesquels ils se sont inscrits. Mais non, et tout au contraire il repousse avec énergie comme une erreur évidente l'opinion qui permet d'opposer le droit de séparation aux tiers détenteurs des immeubles grevés de l'inscription. » Dans le travail soumis à l'examen de la Faculté de Paris, comme en celui-ci, nous avions eu toujours soin de dire que nous restreignions le *privilége* de l'art. 2111 à un pur droit de préférence (art. 2095), et nous nous expliquons mal dès lors comment nous avons pu mériter le reproche de contradiction, en refusant le droit de suite et de surenchère aux créanciers.

Depuis 1861 l'opinion à laquelle nous nous étions rallié n'a cessé de nous paraître la bonne. Nous avons fait tous nos efforts pour entrer dans les vues et par-

(1) V. cependant Ch. civ., 29 juin 1863 (S. 63, 1, 726).

tager les convictions de nos juges éminents, dont l'un
d'entre eux avait été notre maître bien-aimé : *amicus
Plato, sed magis amica veritas*, ou du moins ce que
nous croyons être la vérité. Nous ne nous sommes pas
fait illusion sur les inconvénients pratiques inhérents
à notre opinion, et l'on nous rendra cette justice qu'en
l'exposant nous n'avons dissimulé en rien les torts
qu'elle peut avoir aux yeux des praticiens et du monde
des affaires. Mais nous l'estimons plus conforme que
toute autre à la lettre de la loi, à l'historique du sujet,
et cela nous suffit. C'est une tâche, qui a bien encore son importance et sa dignité, que de signaler
ce que nous croyons être des lacunes à ceux qui seuls
ont le pouvoir de les combler. Magistrats, avocats,
légistes, nous ne pouvons rien faire de plus, et quelles
que soient les imperfections d'une loi, nous en sommes
les esclaves, tant qu'une puissance supérieure ne l'a
pas réformée.

100. Accusé de contradiction (ce qui ne nous paraît
pas établi), nous croyons pouvoir relever quelques in-
conséquences chez la plupart des jurisconsultes qui ont
admis la théorie du droit de suite.

C'est d'abord à l'école de Paris (1), *alma parens*, que
nous nous adressons. On y enseigne qu'il n'est pas
admissible que *la séparation soit un privilége proprement dit*. Car un privilége suppose un droit de préférence exercé par le créancier d'une personne contre
les créanciers de cette même personne... »

Et cependant « ce droit comprend *le droit de suite*
en même temps qu'un droit de préférence, ainsi que les
vrais priviléges. »

____

(1) V. Sirey, 5ᵉ cah., 1868, bullet. bibliog.

Ces formules ont quelque chose qui étonne un peu. Le droit de séparation ne sera pas un *privilége proprement dit*, mais il faudra le décorer des prérogatives des vrais priviléges immobiliers ! Et la raison ? — « C'est qu'il serait bien bizarre que les héritiers pussent vendre les immeubles après que les créanciers ont pris inscription. »

Ainsi voilà qui est entendu : pour éviter des résultats que les créanciers de la succession trouveraient certainement bizarres, on leur donnera le droit de suite ; mais s'il faut traiter la séparation qu'on déclare n'être pas un privilége, à l'exemple des vrais priviléges immobiliers, pourquoi lui refuser les effets de l'indivisibilité, et s'arrêter ainsi à mi-route dans l'attribution des prérogatives du droit hypothécaire ? L'inscription sur laquelle l'École nous paraît au fond se baser uniquement pour conférer le droit de suite serait-elle impuissante à produire un autre effet ? Si à elle seule elle suffit dans le système de la Faculté à créer le privilége (art. 2166), elle doit suffire aussi pour entraîner l'indivisibilité.

Le savant doyen de Caen n'hésite pas à traiter la séparation de privilége. Il ne connaît pas en cela les timidités de l'École de Paris (v. n° 207) et il pense (n° 209) que la séparation des patrimoines *constitue un vrai privilége* avec le droit de suite contre les tiers détenteurs. Mais il ne faut pas demander à cet esprit tout de nuances et de tempéraments, de pousser la logique jusques au bout : son *vrai privilége* ne jouira point de l'attribut de l'indivisibilité (n° 210), mais nous verrons que le jurisconsulte essaye, tant il la sent évidente, d'échapper à la contradiction, — sans y réussir toutefois selon nous. M. Demolombe n'a fait que suivre la doctrine de M. Blondeau qui était partisan du droit de suite et rejetait l'indivisibilité.

Ce dernier auteur pensait en revanche que le privilége de séparation devait entraîner des effets entre les cocréanciers héréditaires. Nous examinerons ultérieurement la valeur de cette doctrine, mais dès à présent nous pouvons dire que nous la croyons condamnée par l'art. 2111 dont le texte est si précis, et, qu'étant admis ce principe que la base de la préférence réside dans la qualité de créancier du défunt, la condition respective des créanciers chirographaires ou privilégiés de la succession doit rester la même, malgré toute diligence déployée par l'un ou l'autre d'entre eux dans l'exercice du droit de séparation. (Comp. Dollinger, *Rev. cri.*, décembre 1861 et suiv.)

101. Sur la question du droit de suite la jurisprudence a présenté quelques variations ; deux Cours d'appel, celle de Nîmes (arrêt de 1829), celle d'Orléans (arrêt de 1840), ont énergiquement établi cette doctrine, et le dernier arrêt surtout n'a reculé, dans son énergie, devant aucune exagération. Quant à la Cour de cassation, nous pouvons affirmer certainement qu'elle est contraire au droit de suite, et, disons en termes plus généraux, à l'idée d'un privilége plein et entier. L'arrêt du 27 juillet 1813 que nous avons cité plus haut, en distinguant l'hypothèque de la séparation de patrimoines, sur les errements de Domat, a bien témoigné de son éloignement pour le droit de suite. Malheureusement cet arrêt manque de développements. Mais nous croyons fermement que l'arrêt Legabilleux (Cass., 9 juin 1857) a donné le vrai mot de la Cour suprême sur la question. Elle statuait sur une espèce où le droit d'indivisibilité était en jeu, mais le pourvoi la mettait en

demeure de s'expliquer sur l'essence même du droit de séparation. Il est donc clair que les principes déposés en cet arrêt du 9 juin 1857 ont une portée absolue, générale, tout aussi applicable à la question du droit de suite (d'ailleurs incidemment touchée) qu'à la question d'indivisibilité. (V. Sirey, 57, 1, 468.)

« Attendu que si cette séparation a pour effet de conserver aux créanciers du défunt l'intégralité de leurs droits sur les biens composant son hérédité par préférence aux créanciers des héritiers, il ne suit pas de là que la *nature* de la créance soit changée, ni que l'action des créanciers du défunt... puisse être exercée de telle façon contre l'un des héritiers qu'elle l'oblige et le contraigne au delà de sa part virile dans les dettes. »

Et plus loin : « Attendu que de tout ce qui précède il résulte qu'en décidant que la séparation des patrimoines avait pour effet légal, en dehors du cas de suite par voie hypothécaire, d'épuiser entre les mains de l'un des héritiers le prix de l'immeuble à lui échu par le partage, et de l'obliger ainsi à payer les dettes au delà de sa part virile, l'arrêt attaqué a fait une fausse application des art. 879, 2092, C. N., et formellement violé les dispositions des art. 873 et 878, même Code, casse. »

La Cour de Rennes, sur renvoi après cassation, insiste sur la même idée, à savoir, « que c'est *seulement par l'effet de la garantie hypothécaire attachée à une dette de la succession* que l'héritier peut être tenu de cette dette pour le tout, sauf son recours contre ses cohéritiers, s'il est détenteur des immeubles qui en sont affectés. »

En présence des termes précités de la Cour de cassation (*en dehors du cas de suite par voie hypothécaire*),

M. Barafort veut équivoquer (p. 335) et semble croire que dans la pensée de la Cour de cassation la solution eût différé si l'on eût agi par voie de suite hypothécaire proprement dite, comme à l'égard d'un tiers détenteur, de telle sorte que tout se réduirait à une pure question de forme et de procédure. Nul ne peut se méprendre sur la portée des expressions de l'arrêt : en dehors du cas d'une affectation hypothécaire préexistante au décès, et permettant le droit de suite, l'héritier ne peut être actionné hypothécairement pour le tout comme détenteur. C'est du reste ce que la Cour de Rennes explique très-bien dans le passage que nous avons cité. (V. Rennes, S. 1858, 2, 574.)

Pour nous, la Cour suprême (nous nous en flattons du moins) a jugé notre question dans le sens que nous avons proposé. Dès l'instant qu'elle déclare que la séparation de patrimoines *n'emporte pas de changement dans la nature de la créance*, elle tranche du même coup la question du droit de suite, et celle de l'indivisibilité ; car c'est comme si elle disait : Le droit écrit dans l'art. 2111 n'est pas un vrai privilége hypothécaire.

M. Barafort, qui tient à désarmer notre doctrine de la décisive autorité de la Cour suprême et sous des subtilités de langage, dissimule mal la portée très-grave que l'arrêt Legabilleux lui paraît avoir, triomphe parce que, le 29 décembre 1858 (1), la Cour suprême aurait dit que, si après l'expiration du délai de six mois les formalités prescrites pour conserver le privilége n'ont pas été observées, les créances ne cessent pas d'être *hypothécaires*. Qu'est-ce que cela prouve ? La

(1) Sirey, 1859, 1, 210.

Cour de cassation, suivant son habitude assez constante de donner le texte même des lois, reproduit les expressions de l'art. 2113, mais en leur attachant, nous n'en doutons point, le sens limité que nous leur avons nous-même donné (94 *in fine*) avec l'appui du regrettable M. Mourlon.

Nous arrivons maintenant à *l'indivisibilité.*

CHAPITRE XII

La séparation des patrimoines entraîne-t-elle l'indivisibilité ? — Arguments pour l'affirmative. — Textes des art. 2111, 2113, 2114. On revient à l'idée d'un privilége entier. — *A fortiori* en faveur des créanciers, tiré de l'art. 1017. — Inconvénients pratiques très-graves, inhérents au système qui respecte la division des dettes entre héritiers. — Arrêt de Caen, 17 janvier 1855. — Réponse à ces arguments. — Arrêts de Caen, 14 février 1825 ; de Cassation, du 9 juin 1857 ; de Limoges, 1860. — La jurisprudence bien fixée dans le sens de la divisibilité de la dette entre cohéritiers. — Doctrine de M. Demolombe. — Ce qu'elle a de contradictoire. — La loi Iᵈ au Code, *communia de legatis*, ne peut avoir aucune influence sur la question de l'indivisibilité.

102. L'indivisibilité est la seconde sanction du droit hypothécaire, et notre art. 2114, en nous disant que l'hypothèque est un *droit* réel sur les immeubles affectés à l'acquittement d'une obligation, ajoute : « Elle est de sa nature *indivisible*, et subsiste en entier sur tous les immeubles affectés, sur chacun et sur chaque portion de ces immeubles, » ce qui est la traduction de cet adage de droit : *Tota in toto et tota in qualibet parte rei.*

Examinons si la séparation des patrimoines entraîne avec elle l'indivisibilité. Voici une espèce qui fera bien comprendre l'intérêt qui s'attache à cette prérogative. Un débiteur meurt laissant une fille et trois fils ; par l'effet du partage, la fille recueille tous les biens immeubles de la succession. Un créancier du *de cujus* prend inscription sur lesdits biens dans les six mois du décès : il a la prétention, armé de son privilége de l'art. 2111, d'épuiser tous les biens existant entre les mains de l'héritière, au lieu de se borner à agir contre elle jusqu'à concurrence de sa part contributive dans les dettes héréditaires. Quant à la défenderesse, elle demande mainlevée de l'inscription du créancier, à charge de lui payer son quart dans la dette. Qui des deux doit triompher? Voyons les arguments produits des deux parts.

103. 1° Le point de départ de l'opinion de ceux qui attribuent à la séparation des patrimoines l'effet de l'indivisibilité, c'est la reconnaissance d'un *changement* dans la nature des créances successorales ; là comme lorsqu'il s'est agi du droit de suite, c'est encore l'art. 2111 complété par l'art. 2113 qui fournit la preuve de cette transformation. Par l'effet de la séparation, les biens de la succession sont comme frappés d'un gage hypothécaire, qui ne peut se circonscrire dans la mesure de l'obligation personnelle de l'héritier. Et l'on arrive à cette formule, que M. Barafort a émise dans son livre : « Toutes les créances chirographaires ou autres contre un débiteur sont privilégiées et hypothécaires sur ses biens, par le décès de ce débiteur, et le fait de séparation des patrimoines ; » si toutes les créances contre le défunt deviennent hypothécaires au décès du débiteur, on doit pouvoir agir hypothécairement, c'est-à-dire indivisiblement (art. 2114) sur les biens de la succession pour le recouvrement de la totalité de sa créance, en se conformant aux prescriptions des art. 2111 et 2113.

2° Cette indivisibilité forme nécessairement une exception au principe de l'art. 1220, qui est un corollaire de la transmission héréditaire, dont la séparation est la négation absolue.

3° Aux termes de l'art. 1017, les légataires ont une hypothèque légale sur les immeubles du testateur ; ces héritiers sont tenus des legs *hypothécairement pour le tout* (ce qui embrasse certainement les droits de suite et d'indivisibilité). Comprendrait-on que les créanciers plus favorables que les légataires fussent moins bien traités que ceux-ci ? Et si l'héritier doit perdre, parce qu'après avoir payé le tout, il peut n'avoir contre ses cohéritiers qu'un recours illusoire, ne vaut-il pas mieux encore que ce malheur arrive à l'héritier qu'au créancier, *certans de damno vitando ?*

4° Des inconvénients pratiques très-graves découleront du maintien de la division des dettes ; on n'a qu'à supposer deux héritiers, l'un dans le lot duquel est tombé un immeuble qu'aux termes de l'art. 2092 le créancier eût saisi pour le tout sur le *de cujus*, l'autre qui n'a dans son lot que des effets mobiliers ; l'héritier qui possède l'immeuble ne pourra être tenu que pour moitié, et le recours contre son cohéritier sera peut-être illusoire, les valeurs mobilières étant si faciles à soustraire à l'action d'un créancier.

Ce sera encore, si l'on veut, un cohéritier insolvable, donataire en avancement d'hoirie qui par un rapport en moins prenant fera passer tout l'actif à son cohéritier. Et quoique investi de toute la masse active, grâce aux prélèvements, cet héritier ne subira que la moitié du passif ! Enfin les biens peuvent avoir été inégalement partagés, et celui qui aura dans son lot une part plus forte que sa part contributive, pourra conserver intacte une portion de ces biens, alors que le créancier ne sera pas payé de tout son dû. Ne sont-ce point là des résultats bien choquants, n'est-il pas plus rationnel de faire payer l'héritier au delà de sa part virile, non plus comme héritier, mais à titre de détenteur des biens spécialement affectés au payement des créances successorales? On s'autoriserait au besoin de l'art. 873, qui s'exprime ainsi : « Les héritiers sont tenus des dettes et charges de la succession, personnellement pour leur part et portion virile, et *hypothécairement pour le tout.* » Les termes de cet article ne permettent guère de soutenir qu'il a seulement en vue le cas où l'hypothèque a été instituée par le défunt; ils n'ont rien de limitatif et n'excluent pas l'application de l'indivisibilité dans tous les autres cas où l'hypothèque résulte de la loi, car ici c'est la loi qui, se substituant à la volonté humaine, a stipulé pour les créanciers du *de cujus,* en attachant à des titres, dépourvus de la force hypothécaire, cette même puissance qui leur manquait. (Comp. Caen, 17 janv. 1855.) (1).

104. A ces arguments et objections présentés par les partisans de l'indivisibilité, nous répondons ce qui suit :

1° Assurément nous ne voyons rien que de très-naturel et très-logique, à ce que l'opinion qui soutient l'indivisibilité s'efforce de se donner pour appui les textes des art. 2111 et 2113, qu'elle considère comme créant *a priori,* au profit des créanciers du défunt, une garantie hypothécaire sur les biens du *de cujus.* Mais ce serait nous exposer à d'inutiles redites, que de réfuter de rechef une théorie absolue, à laquelle nous avons répondu déjà à propos du droit de suite. Nous remarquerons seulement que cette opinion dans

(1) La même Cour de Caen avait consacré le système opposé par arrêt du 14 février 1825.

la formule qu'elle émet généralise ce qui dans l'ancien droit constituait une exception isolée, à savoir, la transformation des créances chirographaires en hypothécaires, *a die mortis.* Cette transformation, ce *changement dans la nature des créances,* n'avait lieu que dans la jurisprudence du parlement de Rouen. En toute autre coutume que celle de Normandie s'appliquait à la lettre cette pensée de Lebrun que l'état des affaires du défunt étant réglé par sa mort, dès ce moment ses biens ni ses dettes ne pouvaient plus augmenter, et que ceux qui, lors de la mort, n'avaient que la qualité de chirographaires, ne pouvaient jamais acquérir un droit d'hypothèque contre la succession, mais seulement contre l'héritier. Voilà ce qu'il est impossible de ne pas admettre encore aujourd'hui comme vrai, lorsqu'on consent à tenir quelque compte de la tradition, plus fortement incrustée que nos novateurs ne le croient, dans l'œuvre du législateur moderne. On se rappelle d'ailleurs les termes de l'arrêt Legabilleux, qui dit expressément que, si la séparation a pour effet de conserver aux créanciers du défunt l'intégralité de leurs droits sur l'hérédité par préférence aux créanciers de l'héritier, *il ne suit pas de là que la nature de la créance soit changée.*

2° Pour supprimer le principe de la division des dettes entre héritiers, on prétend que la séparation des patrimoines supprime la transmission héréditaire, et décomposant l'héritier en deux personnages, l'héritier et le détenteur, toutes les fois qu'il sera poursuivi au delà de sa part virile, on est convenu de dire que c'est le détenteur qui paie ; mais d'abord peut-on justement soutenir que la séparation des patrimoines soit la négation de la transmission héréditaire ? La séparation est un correctif apporté par la sagesse des lois à l'un des effets de l'acceptation, qui mettrait les créanciers du défunt en péril de voir passer les biens de leur débiteur aux créanciers de l'héritier, mais nous verrons que, loin de nier et détruire l'acceptation de cet héritier, l'exercice de la séparation se concilie très-bien avec la faculté pour les créanciers du défunt de conserver l'héritier pour débiteur, en cas de payement insuffisant de leur créance.

Sans doute le dédoublement de l'héritier auquel se livre l'opinion adverse pour justifier le payement *ultra partem*, ne manque pas d'ingéniosité. Mais cela ne peut se soutenir sérieusement. Lorsque l'héritier, qui par suite d'un rapport en moins prenant, détient toute la masse active, est actionné pour le tout, le créancier qui le poursuit au delà de sa part virile sur les biens rapportés ou prélevés agit-il, comme la Cour de Caen l'a prétendu, contre un tiers détenteur, contre la succession douée d'une existence fictive? Non, certes, car le rapport ne lui était dû qu'à titre de cohéritier (art. 843, 857), et d'autre part le rapport, qui n'est dû que par le cohéritier à son cohéritier (art. 857), n'est pas dû aux créanciers de la succession. Le payement de la part qui dépasse la portion virile ne se peut donc justifier.

Si la saisine, si la transmission héréditaire n'ont pas été entamées par la séparation des patrimoines (ce qui sera plus tard amplement établi), qui pourrait nier que le corollaire de la saisine, la division légale des dettes entre cohéritiers ait dû s'opérer? L'art. 724 pose le principe de la saisine; à la section du payement des dettes et au titre des obligations, on nous dit que les héritiers ne peuvent être tenus de payer la dette que pour la part dont ils sont saisis comme représentant le débiteur (art. 870,873, 1220, C. N.).

3° On a induit des termes de l'art. 873, rapprochés de ceux de l'art. 1017, qui leur sont un peu analogues, la création par le Code d'une sorte d'hypothèque légale, qui viendrait atteindre, lors de l'ouverture de la succession, les immeubles héréditaires pour la garantie de l'entier payement des dettes. Ce serait déjà le contre-pied de toute la doctrine ancienne, qui, par la voix de Pothier, disait : Point d'action solidaire entre les héritiers; point d'action hypothécaire, sauf au cas où l'un des héritiers détiendra un immeuble de la succession, hypothéqué du chef du défunt. Et c'est bien aujourd'hui à cette explication qu'il faut revenir pour les expressions de l'article 873, *hypothécairement pour le tout.* Il est bien certain que l'art. 873 a été le reflet des textes des coutumes de Paris et d'Orléans, presque identiques dans leur rédaction : « Toutefois, s'ils sont (les héritiers) détenteurs d'héritages qui aient appartenu au défunt, lesquels aient été obligés et hypothéqués à la dette par ledit défunt, chacun des héritiers est tenu de payer le tout, sauf son recours contre ses cohéritiers. Il s'agissait, dans le texte des coutumes, d'une dette qui était hypothécaire dès avant l'ouverture de la succession. L'art. 873 reproduit cette hypothèse, comme le texte ancien, dont il n'a pas, il est vrai, toute la précision; il veut déclarer que l'action hypothécaire ne se divisera pas, comme l'action personnelle, entre les héritiers pour leur part et portion, mais qu'au contraire ils en seront tenus pour le tout. On ne comprendrait pas que le demandeur en séparation, dont le droit s'ouvre par le décès de son débiteur, pût se prévaloir d'un texte, qui, éclairé par les précédents historiques, nous présente une action hypothécaire née dès avant l'événement qui a donné lieu au privilége de séparation. La thèse qui s'appuie sur les termes généraux de l'article 873, pour voir la consécration d'une hypothèque légale au profit des créanciers de la succession, a perdu la plupart de ses anciens partisans ; il lui en est resté toutefois quelques-uns, qui confessent s'appuyer sur l'art. 873, uniquement « parce qu'il prête à l'équivoque. » L'aveu est précieux à retenir. (Comp. G. Demante, *Revue crit.*, août 1854.)

4° L'hypothèque des légataires conférée par la loi (art. 1017) emporte, avec le droit de suite, l'indivisibilité ; c'est, dit-on, la preuve d'une extrême vigilance de la loi en faveur du légataire, qui, cependant, *certat de lucro captando*. Le créancier qui ne demande pas à gagner, et vise seulement à ne pas perdre, devrait au moins être traité aussi bien que le légataire.

Voilà l'objection.

1° Et déjà l'on pourrait, pour y répondre, faire observer : 1° que son premier tort est de tendre à l'assimilation de deux droits : la séparation de patrimoines et l'hypothèque des légataires, qui n'ont jamais été confondus, soit dans le droit romain, soit dans l'ancien droit français, et qui, sous l'empire du Code, sont entourés de prérogatives entièrement distinctes, dans l'opinion, du moins, de ceux qui croient que l'hypothèque de l'art. 1017 n'est pas venue confluer dans la séparation des patrimoines. Ainsi, l'hypothèque aura sur la séparation cette infériorité qu'elle ne s'étend pas aux meubles, et que, sur les immeubles, elle n'opère pas avec effet rétroactif. Mais elle aura, sur l'institution prétorienne, cet avantage que l'art. 879 ne lui sera pas applicable, et qu'elle jouira de l'indivisibilité. (V. Demol., t. V., *succ.*, n° 217.)

Voilà ce qu'on est amené à reconnaître lorsqu'on ne s'attache pas à l'idée que l'hypothèque dont parle l'article 1017 n'est, en réalité, que la séparation des patrimoines, et qu'elle a été remplacée par le privilége de l'art. 2111. Mais les partisans de cette fusion ne s'accordent point eux-mêmes sur les conséquences de leur commune prémisse. Pour MM. Blondeau et Grenier, l'hypothèque en se fusionnant aura cessé d'être indivisible; pour d'autres auteurs, la séparation aura gagné à cette absorption d'un droit par l'autre l'indivisibilité qui lui manquait. Pour M. Valette, partisan de la fusion, le légataire qui a usé du bénéfice de séparation peut exiger l'exécution des legs pour le tout de chaque héritier, parce que, dit-il, l'art. 1017 n'est pas abrogé par l'art. 2111. Mais, s'il est fusionné dans l'art. 2111, quelle différence sensible y a-t-il avec une abrogation, ou, plus simplement, un remplacement d'un texte par l'autre? M. Valette reconnaît cependant que la séparation des patrimoines n'entraîne pas l'indivisibilité, car il adhère à l'arrêt de cassation du 0 juin 1857. (V. son cours.)

Il faut 2° répondre que le légataire, sans l'hypothèque qu'il tient de la loi, n'aurait souvent reçu qu'une libéralité dérisoire. Le testateur ne pouvait veiller pour son gratifié en lui assurant une sûreté réelle par testament, puisque, chez nous (art. 2116), l'hypothèque ne naît que de la loi, de la convention ou du jugement. Le Code a suppléé à la vigilance désarmée du *de cujus*, et voilà pourquoi nous avons l'art. 1017.

Quant aux créanciers qui ont négligé de se faire consentir, du vivant du testateur, des sûretés spéciales, ils peuvent s'imputer d'avoir contracté avec lui sans la prévoyance qu'ils demandent trop tard à la loi d'avoir pour eux.

Ils se sont contentés du gage général et vague de l'art. 2092; gage impuissant à garantir le plus souvent un créancier, puisqu'il n'empêche pas le débiteur de contracter de nouvelles obligations et d'amoindrir ainsi la garantie offerte au créancier. Comment, au jour du décès de son débiteur, celui-ci peut-il prétendre qu'il doit retrouver *tout* le gage qui résultait pour lui de l'art. 2092, lorsqu'il n'a pris aucune mesure pour le consolider et le transformer en sûreté réelle? Il entend se faire payer, dit-il, comme il l'eût été, du vivant de son débiteur, qui certes, prétend-il avec raison, n'aurait pu se libérer par un payement partiel (art. 1244). Il ajoute avec moins de raison que le décès de ce débiteur n'a pu ni détruire son gage, ni effacer son droit à un paiement intégral et indivisible. Telle est sa prétention, et elle a été parfois vigoureusement soutenue (1). Mais qui ne voit que c'est une prétention mal fondée, car elle va se briser contre un texte très-formel de notre Code?

Sans doute aux termes du 1er § de l'art. 1220, l'obligation, qui est susceptible de division, doit être exécutée entre le créancier et le débiteur, comme si elle était indivisible, et ce premier alinéa est de nouveau confirmé par l'art. 1244; mais quand au débiteur se substituent ses héritiers, la *divisibilité* reprend son empire (1220, 2°) et les héritiers ne sont tenus de payer la dette que pour les parts dont ils sont tenus comme représentant le débiteur défunt. Et notons-le en pas-

---

(1) V. Sirey, 1833, p. 633. Arrêt de Bourges, 20 août 1832.

sant, c'est à tort que l'on opposerait aux créanciers qui actionneraient l'héritier pour sa part virile la fin de non-recevoir de l'art. 879 ; il nous semble certain qu'en restreignant leurs poursuites à la part héréditaire de chacun, ils n'ont rien à redouter de la déchéance de l'art. 879 ; ce n'est pas là faire novation dans la créance contre le défunt, accepter *l'héritier pour débiteur* dans le sens de l'art. 879 ; pour atteindre les biens de la succession sur lesquels ils ont à exercer leur privilége, les créanciers sont bien forcés de s'adresser à l'héritier. *Hoc ex necessitate fecerunt ;* et ils n'ont nullement l'intention de perdre la qualité de créancier de la succession pour se borner à celle de créancier de l'héritier, puisqu'ils se sont inscrits sur tous les biens de l'hérédité afin d'y assurer le bénéfice de leur privilége. (Contrà, C. de Bourges, 20 août 1832.)

2° Nous arrivons aux inconvénients pratiques dans l'énumération desquels se complaît la doctrine opposée, et nous ne cherchons pas à les dissimuler. M. Demolombe, qui en principe repousse l'indivisibilité, examine les objections tirées des rapports en moins prenant dont l'effet pourra être désastreux aux créanciers, lorsque celui qui devait le rapport ne sera pas solvable, ou lorsqu'il acceptera, quoique solvable, sous bénéfice d'inventaire pour soustraire ses biens propres à l'action en payement des créanciers du défunt.

Ainsi Paul meurt laissant deux enfants, 100,000 fr. de biens en nature dans sa succession et 100,000 fr. de dettes. Primus, un des deux enfants, a reçu en avancement d'hoirie 100,000 francs, il accepte : le voici tenu au rapport. Ici le rapport se fera en moins prenant puisqu'il s'agit de sommes d'argent (art. 868), c'est-à-dire que le cohéritier Secundus, créancier du rapport, prélèvera une portion égale sur la masse de la succes-sion (art. 830) ; dans l'espèce, le prélèvement sera de la totalité.

Quant à nous, nous pensons que le principe de la division des dettes, rigoureusement mais légalement observé, exige que dans cette dernière hypothèse le créancier héréditaire ne poursuive l'héritier, qui a bénéficié des prélèvements, que pour moitié, c'est-à-dire pour sa part héréditaire. A nos yeux, les rapports ou prélèvements sont des événements indépendants de la saisine, et qui ne peuvent changer le règlement de la division des dettes, tel que la mort du *de cujus* l'a en quelque sorte opéré (art. 724, 1220 comb.). C'est donc au moment du décès, au moment de l'ouverture de la succession qu'il faut se référer pour avoir la mesure fixe, incommutable, des obligations de l'héritier par rapport aux créanciers du défunt.

C'est conformément à la part virile et héréditaire, et non (comme une rédaction vicieuse pourrait le faire croire) au prorata de ce que l'héritier prend (1) (matériellement) dans la succession que doit se régler la répartition des dettes. De là suit, que lors même que par l'effet d'un rapport, l'héritier *prend* ou recueille l'universalité de la succession, il n'en est pas moins héritier pour moitié, et tenu, dans cette mesure, de la dette héréditaire, si son cohéritier n'a pas renoncé.

M. Demolombe pense que les créanciers peuvent cependant dans l'hypothèse proposée plus haut, d'un rapport en moins prenant, se faire payer pour le tout, avant partage, sur chacun des biens de la succession, parce que, dit-il, tant que dure l'indivision, la masse des

(1) V. art. 870.

biens existants au décès, doit répondre de la masse passive, et qu'en outre, les créanciers du *de cujus* peuvent demander la séparation des patrimoines contre l'héritier créancier de son consort, tenu de rapporter, c'est-à-dire finalement contre un créancier de l'héritier. (Art. 878).

Quant à nous, nous ne pouvons souscrire à cette solution; par les deux motifs sur lesquels elle repose, elle nous paraît froisser deux principes de droit, le premier, ci-dessus exposé qui réside dans la combinaison des articles 724 et 1220; le second, consistant en ce que le rapport n'est pas dû aux créanciers de la succession ni aux légataires (art. 857). Voilà un texte formel qui circonscrit l'obligation du rapport dans les relations des cohéritiers entre eux ! Il ne reçoit même et ne peut recevoir son application réelle que dans le cas de séparation de patrimoines ou sous le régime bénéficiaire. Et l'on ne s'aperçoit pas qu'en autorisant les créanciers du défunt à se faire payer sur chacun des biens de la succession, dans la période qui précède le partage, pendant que s'opèrent les rapports, on le viole ouvertement. Mais M. Demolombe prétend que le rapport, s'il ne peut leur profiter, ne peut pas nuire aux créanciers du défunt, et qu'il leur nuirait si l'héritier, recueillant toute l'universalité active par suite de ses prélèvements, n'était pas tenu, par voie de conséquence, de l'universalité passive. Cependant cet auteur, en reconnaissant que les créanciers du défunt ne doivent pas profiter du rapport, reconnaît par cela même que le rapport leur est étranger, partant qu'ils n'en peuvent retirer aucun bénéfice spécial, et ne sont pas fondés en droit à se plaindre du tort qu'il peut leur causer en fait. Autrement, il faudrait aller jusqu'à contester la légitimité de ces prélèvements autorisés par la loi (art. 830), parce qu'il se pourra faire qu'ils aient des conséquences fâcheuses pour les créanciers de la succession ! (V. Demol., n° 214, lettre D. T. V.)

Sont-ils donc privés de toute mesure conservatoire, ces créanciers de la succession, soit avant soit après le partage ? Ne peuvent-ils pas intervenir aux opérations du partage, pour s'opposer à ce que le rapport ou la composition des lots se fassent au préjudice de leurs droits? (Comp. art. 865.)

On pourra même, après le partage consommé, autoriser les créanciers à l'attaquer pour cause de fraude, par exemple s'il leur a été impossible de former opposition, par suite de la précipitation calculée avec laquelle les héritiers auront conclu le partage, et c'est alors et pour ce cas qu'il faut dire avec la Cour de cassation (4 fév. 1857), qu'autrement il serait aussi contraire aux termes qu'à l'esprit de la loi de repousser l'action des créanciers, lorsqu'ils ont été mis par le fait de leur débiteur, dans l'impossibilité de recourir aux mesures conservatoires que la loi a introduites en leur faveur, pour éviter que le partage ne fût fait en fraude de leurs droits.

Quels que puissent être d'ailleurs les inconvénients pratiques signalés par la thèse adverse, ils nous effraient moins que ceux que le système contraire à la division des dettes entraînerait avec lui. Le législateur a voulu se soustraire aux actions récursoires qu'il n'aime pas et qu'eût impliquées cette sorte de solidarité créée entre les héritiers, s'ils eussent été tenus, en dehors du cas de l'art. 873, au delà de leur part héréditaire (art. 875, 876) : sa pensée a été bien comprise et mise en lumière par un arrêt de la Cour d'appel de Caen (14 fév. 1825), où se lisent ces mots; si l'action résultant du privilége de séparation de patrimoines ne se divisait pas entre les héritiers, comme la dette elle-même, en proportion de leur part héréditaire, il arriverait que par l'effet de la séparation des patrimoines, on retomberait encore quant aux immeubles dans les inconvénients de la solidarité. (Voy. Sirey, 1833. 2. 635. D. P. 1825. 2. 147). L'arrêt a parfaitement raison, et la division très-exceptionnelle de l'action hypothécaire, prononcée par l'art. 875, comme celle de l'action personnelle contre les consorts de l'héritier qui a payé au delà de sa part témoigne qu'en évitant la poursuite *in solidum*, le législateur a reculé devant les séries de recours par suite desquelles les cohéritiers détenteurs d'immeubles hypothéqués à la même dette auraient pu réagir successivement les uns contre les autres.

105. La jurisprudence paraît aujourd'hui bien fixée dans le sens de la divisibilité de la dette entre les cohéritiers. Nous avons cité l'arrêt de Cassation du 9 juin 1837, l'arrêt de Rennes du 14 janvier 1858. En 1860 (1), la Cour de Limoges a de nouveau très-nettement posé la doctrine par deux fois consacrée. Nous croyons que la jurisprudence, qui avait offert, en 1832 et 1855, des exemples de résistance à ces sages principes, ne variera plus désormais, et, sur ce terrain de l'indivisibilité, les destinées de la séparation des patrimoines nous paraissent à l'abri des inconstances doctrinales.

Parmi les auteurs qui ont repoussé, avec la Cour de cassation, l'indivisibilité, nous ne citerons que M. Demolombe; mais on se souvient qu'il est partisan du vrai privilége, et l'on peut s'étonner de voir cet ardent

<hr>

(1) V. Limoges, 16 juin 1860. Sirey, 1861, 2, 330.

champion du droit de suite s'arrêter devant l'autre sanction du droit hypothécaire. Aussi, pour échapper au reproche d'inconséquence, M. Demolombe dit : « Ce que nous maintenons seulement, c'est que, par l'effet de la division des dettes qui s'opère de plein droit entre les héritiers, dès le jour de l'ouverture de la succession, chacune des créances héréditaires s'est trouvée fractionnée en autant de créances qu'il y a de portions héréditaires, d'où la conséquence que le privilége ou l'hypothèque de la séparation des patrimoines ne peut désormais aussi s'attacher que divisément à chacune de ces créances, si bien qu'il y a autant de priviléges ou d'hypothèques distinctes qu'il y a de dettes distinctes ; chacun de ces priviléges ou de ces hypothèques, jouissant d'ailleurs de la prérogative d'indivisibilité pour toute la créance qu'il garantit. C'est ainsi que, d'après la loi I au Code (*communia de leg.*), l'hypothèque accordée par Justinien aux légataires sur les biens de la succession n'existait contre chacun des héritiers... sur les biens à lui échus que jusqu'à concurrence de la part dont il était tenu personnellement. »

Nous avouons ne pas bien saisir cette doctrine. Qu'est-ce qu'un privilége qui s'attache *divisément* à chacune des créances, fractionnées par la mort du débiteur, et qui jouit de l'*indivisibilité* pour toute la créance qu'il garantit ? Ces idées sont-elles françaises, ont-elles un appui dans notre Code, soit au titre des donations et testaments, soit à celui des priviléges ? Non, à coup sûr. Aussi l'auteur nous renvoie-t-il au Code de Justinien, et aux particularités de l'hypothèque conférée par cet empereur aux légataires. « In omnibus autem hujus modi casibus, in tantum et hypothecaria unumquemque conveniri volumus, in quantum personalis actio adversus eum competit. — Recourir à ce texte, c'est fermer les yeux à la rédaction des art. 2114 et 1017; et, quand on fait tant que de parler d'indivisibilité, il ne faut pas essayer de la faire jaillir d'un fractionnement de créances emportant un fractionnement de priviléges ou d'hypothèques, *indivisibles quoique divisées.* C'est oublier, à notre sens, les termes de la loi (art. 2114). « Elle subsiste *en entier* sur tous les immeubles affectés, sur chacun et sur chaque portion de ces immeubles. » En se laissant entraîner à cette doctrine, M. Demolombe a cédé à sa prédilection pour la théorie de Pothier sur la nature de l'hypothèque du légataire, qui, d'après cet auteur, devait se diviser comme l'obligation personnelle (1). (V. *Traité des donat. test.*, ch. IV, art, 2, § 2.)

Pothier, au sens M. de Demolombe, qui l'écrit, n° 675, t. IV des *Donat.*, avait enseigné les vrais principes, mais le doyen de la faculté de Caen reconnaît cependant que notre article 1017 a tranché nettement l'ancienne controverse, en décidant que les héritiers ou autres débiteurs du legs seront tenus hypothécairement pour le tout. Si l'art. 1017 est aussi formel, et il l'est bien en effet, pourquoi alors lui faire violence, et redemander au passé des principes que l'on est forcé de reconnaître abrogés?

(1) Bacquet et Renusson tenaient pour l'opinion contraire, qui a prévalu de nos jours.

CHAPITRE XIII

La loi du 23 mars 1855 a-t-elle eu quelque influence sur la séparation des patrimoines? — Travaux préparatoires de la loi. — On n'entend rien changer au Code. — Les créanciers demandeurs en séparation de patrimoines tiennent une petite place dans les débats auxquels la loi a donné lieu. — Paroles de M Duclos. — Silence du Corps législatif. — Comment faut-il l'interpréter ? — Dans le sens, selon nous, qu'on laisse les demandeurs en séparation sous l'empire du Code, c'est-à-dire qu'ils pourront, nonobstant la transcription, s'inscrire encore dans les six mois à compter du décès.— Précédent en ce sens, sous l'ancien art. 834, C. pr., arrêt de Colmar, 3 mai 1834. — Opinion de M. Demolombe.

106. La loi du 23 mars 1855, qui a fait un sage retour aux principes de la loi du 11 brumaire an VII, arrête en principe le cours des inscriptions, à dater de la transcription par l'acquéreur (art. 6).

Elle supprime les art. 834 et 835 du Code de proc. civ. qui accordaient aux créanciers ayant hypothèque conventionnelle et judiciaire, et à ceux ayant privilége sur des immeubles, un délai de quinzaine pour s'inscrire et surenchérir, après la transcription de l'acte d'aliénation.

Cependant la loi nouvelle réserve une faveur au vendeur et au copartageant qui n'étaient pas inscrits avant la transcription, puisqu'elle dit : « Néanmoins le vendeur ou le copartageant peuvent utilement inscrire les priviléges à eux conférés par les art. 2108 et 2109, C.

N., dans les quarante-cinq jours de l'acte de vente ou de partage, nonobstant toute transcription d'actes faits dans ce délai. »

107. Qu'allons-nous décider dans l'hypothèse suivante : l'héritier, à peu de jours du décès de son auteur, a aliéné l'unique immeuble de la succession. Son acquéreur a transcrit son contrat, l'aliénation hâtivement consommée, la transcription s'est faite sans bruit. Les créanciers du défunt sont très-éloignés du lieu de l'ouverture de la succession, ignorent le décès ; ils reviennent cependant avant l'expiration des six mois, forment leur demande en séparation et veulent inscrire leur privilége, conformément à l'art. 2111.

Ont-ils perdu cette faculté ?

Si nous consultons les travaux préparatoires de la loi, nous recueillons de la bouche de M. Rouher, auteur de l'exposé des motifs, ce précieux et rassurant aveu : « Il ne s'agit pas de porter sur le Code Napoléon une *main sacrilége : ses dispositions resteront intactes, son économie entière*, nous ne vous présentons que des dispositions pour ainsi dire *additionnelles*, choisies parmi celles qui n'ont rencontré aucune opposition... destinées à combler des lacunes; *compléter* n'est pas *détruire*. »

Ne sommes-nous pas fondés à nous autoriser de ces paroles et de la solennité des déclarations qu'elles renferment, pour penser que notre créancier héréditaire, avant l'expiration des six mois, pourra s'inscrire encore?

Dans le rapport de M. de Belleyme, on lit, sur la situation du vendeur, telle qu'elle est modifiée par la loi nouvelle, cette phrase qui, *mutato nomine*, s'applique avec un merveilleux à-propos au sort de notre créancier héréditaire.

« Le projet de loi n'accordait au vendeur aucun délai pour prendre inscription.

« Ainsi, en supposant une première vente, faite sans payement par Primus à Secundus, et une deuxième immédiatement consentie par Secundus à Tertius, Primus perdait son privilége si, par hasard, sa vente n'avait pas été transcrite avant celle faite à Tertius.

« Un *retard* d'une *heure*, d'un *instant*, dans l'*accomplissement* d'une *transcription*, *pouvait consommer* la *spoliation* du *vendeur*. Les droits les plus importants devenaient le *prix* de la *course.* »

Mettez inscription là où il y a transcription (art. 2108), créancier du défunt là où il y a vendeur, et la considération du rapporteur semble faite pour notre hypothèse.

Ce qui faisait dire à M. Rigaud (séance du 16 janvier 1855) : « On est touché de la situation qui serait faite au vendeur et au copartageant, et on leur laisse le moyen de sauvegarder leur droit. Rien de mieux....., mais les mêmes raisons s'appliquent tout aussi bien au créancier hypothécaire ; il a prêté sur immeuble, il lui faut le temps de faire inscrire son hypothèque, d'enregistrer son acte, de dresser son bordereau. Avant l'accomplissement de ces formalités que l'emprunteur vende, que l'acquéreur fasse transcrire, et voilà le gage du prêteur qui disparaît : son hypothèque est perdue. »

Il y a bien une analogie frappante entre la situation de ce créancier hypothécaire, pour lequel on réclame, et celle du demandeur en séparation. L'un et l'autre ont mis une valeur dans le patrimoine du débiteur, ont amélioré le gage tout au moins; mais on comprend

cependant qu'au point de vue de la rigueur de l'art. 6,
ils ne soient pas soumis au même sort. Le créancier
qui prête sur hypothèque a plus de facilités pour s'inscrire que n'en aura, par exemple, le créancier du défunt éloigné du lieu de la succession, pouvant ignorer
le décès du débiteur, et mis, par ces circonstances,
dans l'impuissance de satisfaire à la loi avant la transcription d'une vente faite au lendemain, peut-être, du
décès.

108. Mais les analogies de situation ne sauraient nous
suffire : une voix s'est-elle au moins élevée pour réclamer spécialement, au profit des créanciers demandeurs
en séparation de patrimoines, le droit de s'inscrire
nonobstant vente et transcription sur l'actif immobilier
de la succession?

Ces créanciers tiennent, il faut l'avouer, une petite
place dans ces débats où l'on pouvait regretter les jurisconsultes éminents dont s'était enorgueillie l'assemblée de 1850.

Ces questions, si graves pour le juriste qui les mé-
dite dans le silence de l'étude, pour le praticien qui
est à la recherche de solutions précises et tranchées,
ont été à peine effleurées dans la discussion de la loi
du 23 mars 1855.

Qu'on en juge plutôt : « M. Duclos regrette que
l'art. 6 néglige d'astreindre à l'inscription les hypothèques des légataires, de l'État, des femmes et des
mineurs; il *voudrait aussi* qu'une *disposition fût insé-
rée dans la loi* pour garantir, *dans un délai convena-
ble,* l'exercice du droit résultant de l'art. 2111 du
Code Napoléon, relatif à la séparation des patrimoines. »

Cette observation fut laissée sans reponse. Faut-il

en conclure que le Corps législatif ait entendu par son silence abroger le délai de l'art. 2111, et porter, sans mot dire, sur le Code Napoléon *la main sacrilége* qui apparaît dans l'exposé des motifs avec une certaine couleur dramatique? Une semblable induction nous paraîtrait dénuée de tout fondement.

M. Duclos, qu'on le remarque bien, ne se réfère pas, dans son observation et sa prière, au délai de six mois purement et simplement ; il appelle l'attention de la Chambre sur une garantie spéciale, analogue dans sa pensée, à celle du vendeur et du copartageant, qui viennent d'être longuement débattues. Mais pourquoi raviver des débats épuisés, et revenir à l'examen comparatif de situations qu'on a déclarées différentes? Le Code est là; le délai légal sera respecté, l'économie de l'arche sainte entièrement épargnée. *On veut compléter*, a dit M. Rouher : on ne veut pas détruire. Que l'art. 2111 reste donc debout! (1).

Voilà comment nous interprétons le silence des confrères de M. Duclos, lequel a peut-être eu tort de ne pas insister assez, de ne pas préciser la durée du délai qu'il réclamait, et surtout de ne pas réveiller l'attention de la chambre par l'exemple saillant que nous avons choisi plus haut : celui de créanciers héréditaires, éloignés du lieu du décès, au préjudice desquels on s'empresse d'aliéner et de transcrire. Si le silence du corps

(1) C'est ainsi que pour l'art. 17 de la loi du 3 mai 1841 (qui ne fait pas cependant partie du Code immortel), la commission du Sénat a déclaré qu'il n'était nullement dérogé par la loi du 23 mars 1855 à la loi sur l'expropriation; qu'ainsi les délais accordés par cette loi aux parties intéressées, étaient *intégralement* maintenus (V. Rapport de M. de Casabianca, p. 17, impress. du Sénat, session de 1855, n° 27).

législatif n'a pas le sens et ne doit pas recevoir l'interprétation que nous lui donnons, il faudra donc y lire
le signe de la faiblesse reculant devant les difficultés
d'une grave discussion.

Nous aimons mieux notre interprétation première,
parce qu'elle fait plus d'honneur aux hommes publics
de notre pays, et qu'elle est en tous points conforme à
ce que M. Rouher a promis dans l'exposé des motifs.
Ses paroles ont bien leur poids et valent qu'on s'y arrête.

109. Aux yeux de l'assemblée il y avait deux raisons
pour que l'art. 6 ne contînt rien de modificatif, *res-
tricto sensu*, à l'encontre des créanciers demandeurs en
séparation.

1° C'est que, sous l'empire de l'art. 834, qui allon-
geait le délai de l'inscription de quinze jours après la
transcription, il était reconnu que, même après cette
quinzaine, dans le cours de laquelle, *au plus tard*, on
devait, en principe, s'être inscrit, le créancier du défunt pouvait, tant que les six mois, à compter du décès, n'étaient pas expirés, inscrire la séparation de patrimoines. Ainsi l'entendait une imposante partie de
la doctrine et la jurisprudence lui était conforme. Voici
comment s'exprimait sur la question un arrêt de la
Cour de Colmar du 3 mai 1834 :

« Attendu que l'acquisition faite par Saltzmann et
Herz par acte ayant date certaine avant la prise de
l'inscription, a bien pu avoir pour effet de transmettre
les biens aux acquéreurs, mais *non de les purger des
hypothèques* des légataires ou créanciers de la succession;
que la transcription qu'a fait faire Saltzmann n'ajoute
rien à l'affranchissement de l'immeuble; que l'art. 2111,
semblable dans son effet à l'art. 834, donne aux créan-

ciers le droit de faire inscrire leurs titres dans un délai déterminé, pendant lequel leurs droits sont conservés par la loi ; que l'affranchissement de l'immeuble n'est qu'apparent, hypothétique et subordonné au défaut d'inscription dans le délai prescrit ; que l'acquéreur se trouve dans la même position que si, après avoir acquis et n'ayant trouvé aucune inscription au jour de la transcription, il payait son vendeur sans s'inquiéter des inscriptions qui seraient prises dans la quinzaine ; que le payement ne le libérerait pas à l'égard des créanciers inscrits dans ce délai ; que l'acquéreur n'a pas dû ignorer que son vendeur ne détenait l'immeuble qu'il acquérait que comme héritier Zwiller ; qu'il a dû savoir qu'au moment de l'acquisition qu'il faisait, il ne s'était écoulé qu'un mois depuis le décès ; qu'ainsi, les droits hypothécaires sur les immeubles ne pouvaient pas encore être déterminés d'une manière définitive ; qu'il devait suspendre le payement de son prix, et ne lever le certificat d'inscription qu'à l'expiration du délai de six mois du jour du décès ; que, s'il l'avait fait, il aurait trouvé l'inscription des légataires et n'aurait payé son prix qu'entre leurs mains. »

2° L'abrogation des articles 834 et 835 n'a pas entraîné avec elle l'effacement de la cause primordiale mais non unique qui les rendait inapplicables à la séparation. Cette cause était la nature même du droit de séparation. Les articles 834 et 835 avaient pour objet de permettre de s'inscrire à fin de surenchère ; or nous avons vu que, malgré deux arrêts de cours d'appel, l'opinion qui tire le droit de surenchère des articles 878 et 2111 n'est pas en possession d'une victoire assurée. La majorité des auteurs dérobait à l'application de l'article 834 le droit de séparation, parce qu'elle ne voyait en lui qu'un droit de préférence.

Aussi M. Troplong écrivait : « La règle qui veut que la vente des biens héréditaires mette obstacle à la séparation, tient à des causes dont l'art. 834 n'a nullement songé à s'occuper. Elle tient à ce que la bonne foi veut qu'on ratifie ce que l'héritier a fait *medio tempore*. Elle tient à cette autre règle que pour demander la séparation des patrimoines, il faut que les choses soient entières. Or ce sont là des raisons spéciales et tout à fait étrangères aux combinaisons hypothécaires que l'art. 834 a voulu modifier. »

L'assemblée n'ignorait et ne pouvait ignorer cet état de l'opinion juridique, elle s'est donc tue en connaissance de cause.

C'est encore, par une considération sur la nature spéciale du droit de séparation, que se déterminent les auteurs qui, sous la loi nouvelle, permettent au créancier héréditaire de s'inscrire dans les six mois. Comme le dit M. Troplong, la séparation ne regardant que les rapports des créanciers entre eux, échappe à l'influence des événements qui, dans l'intérêt des tiers acquéreurs, arrêtent le cours des inscriptions...

110. La transcription ne forclôt pas les créanciers du droit de s'inscrire, et s'ils le font dans les six mois du décès, ils s'opposeront à la confusion du prix de l'immeuble.

Si l'acquéreur qui a transcrit sa vente n'a pas encore payé le prix, ils exerceront sur ce prix leur droit de séparation, et empêcheront par l'exercice de ce droit toute confusion des deniers héréditaires avec l'actif personnel du vendeur. Cette inscription aura son utilité évidente, si i'héritier a des créanciers hypothécaires inscrits (art. 2111 et 2113); s'il n'a que des créanciers chirographaires, l'inscription, comme nous

l'avons vu plus haut, n'est pas nécessaire et les créanciers du défunt demanderont la séparation sans avoir à
se conformer à l'art. 2111. Ils auront pour l'exercice
de ce droit, non pas trois ans, comme semble le croire
M. Flandin (1), mais bien toute la durée de la créance,
à laquelle leur privilége est attaché (comp. sur ce point
M. Demol., t. V, n° 205).

Telle est notre opinion sur cette grave question.

Nous affranchissons le droit de séparation de la règle
générale de l'art. 6, parce qu'il est bien évident que
cette règle n'est faite qu'en vue du droit de suite et des
vrais priviléges. Nous nous autorisons et des promesses
de l'exposé des motifs sur l'inviolabilité du code et du
silence significatif de la Chambre après l'interpellation
de M. Duclos. Nous nous demandons en outre comment
les légataires, qui sont aussi des créanciers de l'hérédité (art. 2111), ayant eux aussi droit d'invoquer la
séparation des patrimoines, pourraient souffrir de la
transcription de l'acquéreur; eh quoi! la loi du 23
mars 1855 les a affranchis de la transcription, précisément pour les mettre à couvert des spoliations possibles de la part de l'héritier qui laisserait ignorer le
testament au légataire, l'empêcherait de transcrire et
en profiterait pour aliéner des immeubles de la succession !.. et c'est ce même légataire, dont le droit a paru
si sacré (2), c'est ce même légataire qui serait victime
d'une aliénation frauduleuse et d'une transcription pré-
cipitée ! Ce résultat est-il acceptable? et si la raison le
repousse en ce qui touche le légataire, comment pourrait-elle l'admettre contre le créancier placé d'une part
dans l'art. 2111 sur la même ligne que le légataire, et

(1) N° 1057 *de la Transcription.*
(2) Comp. Sirey, lois annotées, 1855-1860, 1, 27.

d'autre part plus spécialement digne d'intérêt que ce dernier, puisque le créancier combat non pour acquérir, mais pour ne pas perdre son privilége?

111. Nous n'avons pas eu à toucher à la difficulté, signalée par les auteurs, de la survie du droit de préférence au droit de suite, puisque nous n'admettons pas que le droit de séparation soit autre chose qu'un droit de préférence. M. Demolombe qui fait tomber à regret sous la généralité des termes de l'art. 6 la séparation non inscrite avant la transcription, n'ose pas se prononcer pour la survie d'un droit de préférence. C'est, il faut le reconnaître, une opinion juridique et fondée que celle qui ne fait pas, en thèse générale, subsister le droit de préférence, une fois le droit de suite éteint. Les textes isolés dans lesquels cette survie se présente montrent bien, ce nous semble, que le système du législateur ne lui est pas en principe favorable (v. art. 2198, C. N.; art. 17, loi du 3 mai 1841; v. art. 717 et 772, C. Proc.; loi du 21 mai 1858). Mais on voit par le résultat devant lequel M. Demolombe se borne à exprimer des regrets, ce que devient la séparation des patrimoines entre les mains des partisans du droit de suite, qui seuls revendiquent cependant l'avantage de protéger efficacement le privilége de séparation! proclament qu'en dehors de ce droit de suite cette institution n'est plus « qu'un remède dérisoire et un vain mot » (1) et viennent après tout ce bruit se briser contre la transcription de l'acquéreur, sans oser lui faire payer ce qu'il a dans les mains! en vérité nous croyons que la théorie du pur droit de préférence est encore plus rassurante pour les créanciers du défunt (2).

(1) Voy. Demol., p. 242.
(2) Comp. Rouen, 15 avril 1861.

CHAPITRE XIV

Des effets de la séparation relatifs au recours des créanciers héréditaires sur les biens de l'héritier, en cas de paiement imparfait. —
Position de la question en droit romain. — Paul et Ulpien refusent
aux créanciers du défunt, non désintéressés, tout recours sur les
biens de l'héritier. — Application rigoureuse du principe de la
séparation. — Papinien admet ces créanciers sur les biens de l'héritier, après que les créanciers de celui-ci sont satisfaits. — La
doctrine de Papinien suivie dans tout l'ancien droit. — Si nous
l'accueillons de nos jours, nous créons, contrairement à l'art. 881,
un privilége au profit des créanciers de l'héritier. — De là la thèse
du concours, soutenue par Chabot, Merlin, M. Nicias Gaillard, etc.
— La jurisprudence n'a pas eu à statuer d'une manière spéciale
sur cette controverse. — V. cependant un arrêt d'analogie rendu
en matière de société, 18 oct. 1814.

112. En droit romain, lorsque le patrimoine du défunt
avait pleinement satisfait les créanciers et les légataires, et
qu'il y avait un excédant d'actif, on admettait sans difficulté que cet excédant faisait retour aux créanciers
personnels de l'héritier. Ce que Paul exprimait en ces
mots : « Sed si illis satisfactum fuerit, quod superest
tribuetur propriis heredis creditoribus. »

Cette solution n'a jamais été contestée dans le droit
romain (comp. l. 1, § 17, *de separ.*), ni dans l'ancien
droit français, et elle ne l'est pas davantage sous l'empire
du Code.

Mais s'offre à nous à présent une question vivement
débattue, et délicate entre toutes, celle de savoir si les
créanciers du défunt ont obtenu la séparation des

patrimoines, sans avoir pu se faire payer intégralement sur les biens héréditaires, peuvent se pourvoir sur les biens propres de l'héritier, pour le surplus de leur créance, et dans quelle mesure ce recours, supposé reconnu, se doit exercer.

113. Il nous faut à toute force remonter au droit romain où est née la question.

Deux opinions y sont en présence, celle d'Ulpien, adoptée par Paul, et celle du grand jurisconsulte Papinien.

Paul et Ulpien refusent, dans le cas que nous avons prévu, tout recours aux créanciers du défunt sur les biens de l'héritier. Leur logique est impitoyable : pour eux le mot *separatio* indique la chose dans toute sa rigueur « *Separatio* quam ipsi petierunt eos ab istis bonis *separavit* (Ulpien, l. 1, § 17). » Ils ont refusé de prendre l'héritier pour obligé personnel, ils se sont éloignés de sa personne, ils ne peuvent en aucun cas se venger sur ses biens propres. « Cum enim separationem petierunt, *recesserunt a persona heredis*, et bona secuti sunt.... » Par l'effet de la séparation, l'adition d'hérédité a été rescindée au regard des créanciers du défunt ; c'est de leur plein gré qu'ils ont élevé entre eux et l'héritier une infranchissable barrière.

Telle est la doctrine d'Ulpien ; elle se résume dans cette formule concise : « Creditores quidem heredis, si quid superfuerit ex bonis testatoris, posse habere *in suum debitum ;* creditores vero testatoris ex bonis heredis *nihil.* » Cette sévérité s'atténue dans un cas prévu par le jurisconsulte, au même fragment : c'est un tempérament d'équité offert aux créanciers du défunt, qui ont demandé la séparation, sans être bien éclairés sur le parti qu'ils prenaient, *temere,* et qui peuvent alléguer une juste cause d'ignorance. En ce cas ils ont la voie de restitution contre la demande en séparation, *impetrare veniam possunt ;* ce sont des coupables auxquels on daigne faire grâce, et cette grâce consiste à leur permettre un recours contre l'héritier (l. 1, § 17 *in fine*), en les assimilant à des créanciers de ce dernier dès l'origine.

En prenant la doctrine de Paul et d'Ulpien dans toute sa rigueur, on la trouve contredite, sinon avec énergie, du moins d'une manière nette par Papinien, l. 3 *in fine.* « Sed in quolibet alio creditore qui separationem impetravit, probari commodius est, ut si solidum ex hereditate servari non possit, ita demum *aliquid ex bonis heredis* ferat, si proprii *creditores* heredis fuerint dimissi : quod sine dubio admittendum est circa creditores heredis, dimissis hereditariis. » Aussi, d'après ce jurisconsulte, les créanciers héréditaires incomplétement satisfaits sur les biens du *de cujus*, pourront revenir sur les biens personnels de l'héritier, pourvu que ses créanciers soient payés.

Quel motif a pu inspirer à Papinien cette décision ? est-ce l'idée d'une réciprocité à établir entre les deux classes de créanciers, comme M. Nicias Gaillard l'affirme sans hésiter (*Revue Critique*, 1856) ? Il est des auteurs qui n'en veulent pas entendre parler, parce que, disent-ils, l'objection faite par Ulpien et Paul aux créanciers du défunt, c'est qu'ils n'ont pas voulu de l'héritier, tandis qu'on ne peut rien opposer de semblable aux créanciers de l'héritier qui ont toujours entendu se faire payer sur tous les biens présents et à venir de leur débiteur (l. 5). Pour ces auteurs la source de la décision de Papinien est dans ce fait que, la séparation des patrimoines n'ayant de portée qu'entre les masses de créanciers, l'une d'elles venant à disparaître, le droit commun reprend son empire au profit de l'autre. (*Sic* M. Valette, rapport sur le concours de doctorat de 1862.)

La raison, selon nous, qui a fait accorder par Papinien aux créanciers du défunt le droit de se venger sur les biens de l'héritier n'est point, comme nous l'avions cru d'abord, un pur tempérament d'équité, mais bien cette idée que l'héritier, nonobstant la séparation, reste obligé. Qu'on se réfère à l'hypothèse prévue aux §§ 1er et 2e de la loi *de separ.* « Le créancier, payé sur les biens de la succession du fidéjusseur qui lui avait été donné, pourra-t-il revenir sur les biens du débiteur principal, héritier de ce fidéjusseur? — « An contentus esse debebit bonis, quæ separari maluit? sed cum stipulator iste (non adita fidejussoris a reo hereditate), bonis fidejussoris venditis, in residuum promisceri debitoris creditoribus potuerit : ratio non patitur eum in proposito summoveri. » Cette espèce posée et résolue par le principe que l'héritier n'a pas cessé d'être obligé, Papinien l'applique à tout créancier : *in quolibet alio creditore.* Et voilà l'origine toute simple de sa solution qui est très-logique.

114. Dans notre ancien droit, c'est à l'opinion de Papinien que la doctrine et la pratique se convertissent, un seul auteur, d'Espeisses (titre des exécutions, n° 9), se range à la solution d'Ulpien et de Paul dont il traduit très-fidèlement le fragment 5 (lib. 13, *quæst.*); hors cette unique exception, on admet généralement que les créanciers héréditaires, imparfaitement payés sur les biens de l'hoirie, recourent contre l'héritier sur ses biens personnels (si proprii creditores heredis fuerint dimissi). Raviot sur Perier (arrêts notables du parlement de Dijon), s'exprime en ces termes: « La loi 5, *de separ.*,

nous dit que les créanciers du défunt ayant demandé la séparation des patrimoines, n'ont plus droit d'agir sur les biens de l'héritier ; *nous ne suivons point en France cette décision.* Les créanciers du défunt ont un *privilége* (1) sur les effets de leur débiteur ; mais il ne s'ensuit pas qu'ils n'aient droit d'agir contre l'héritier, qui par l'*immixtion* est devenu *leur débiteur.* »

Il résulte de ce texte fort remarquable, qu'on avait peu à peu abandonné l'idée que l'adition d'hérédité devait être regardée comme non avenue à l'égard des créanciers du défunt, et Lebrun pouvait écrire, en véritable interprète de la pensée de Papinien : « La raison et les maximes demandent que le sentiment de Papinien prévale ; car la séparation obtenue par les créanciers du défunt n'était pas capable d'effacer l'adition ou l'immixtion de l'héritier, et ne servait pas d'exception à la maxime : *qui semel heres nunquam desinit esse heres.* Ainsi l'héritier demeurait toujours sujet à *l'action personnelle*, et, ses propres créanciers payés, il était juste que ceux du défunt le fussent sur *le résidu* » (n° 26, *des dettes*).

115. Telle était la doctrine en vigueur lorsque le Code a paru. Doit-elle triompher encore sous son empire ? n'est-elle pas susceptible d'une extension progressive, au point de vue de la manière dont le recours doit s'exercer ? C'est ce que nous allons examiner. Nous ne dirons rien de la théorie radicale de Paul et d'Ulpien,

(1) Le mot de l'art. 2111. — Ce n'était donc pas un langage novateur qu'employait le Code pour définir le droit des créanciers et légataires. Bourjon, 2ᵉ partie des *Successions* (sect. VI), a une rubrique ainsi conçue : du PRIVILÉGE des créanciers sur les biens de la succession, et du recours de l'héritier qui a payé plus que sa portion (ce qui forme la propre division de notre section au Code : *du Payement des dettes.*)

aujourd'hui presque délaissée, si ce n'est que ses clair-semés partisans (1) empruntent les arguments des jurisconsultes romains, auxquels nous renvoyons le lecteur.

On peut dire qu'il n'y a plus aujourd'hui que deux doctrines en présence : 1° celle qui consiste à soutenir que les créanciers héréditaires n'ont d'action sur les biens de l'héritier qu'après satisfaction de ses créanciers (c'est la doctrine de Papinien et de l'ancien droit); 2° celle qui, maintenant sur les biens de l'hoirie le privilége des créanciers de la succession, leur accorde en outre la faculté de concourir avec les créanciers de l'héritier sur les biens propres de ce dernier.

La première de ces opinions soutenue avec talent par M. Marcadé, a le tort, selon nous, de prendre à la théorie radicale d'Ulpien et de Paul des fictions et d'emprunter un langage qui répugnent au principe qu'elle est forcée d'admettre : à savoir, que la séparation des patrimoines n'a pu rescinder la saisine de l'héritier. — C'est ainsi qu'elle est amenée (2) à voir deux débiteurs là où il n'y en a qu'un, deux actifs, deux passifs, et par cette dualité prolongée, elle perd de vue les conséquences du principe qu'en s'engageant *ultra vires* l'héritier, par le fait de son acceptation pure et simple, a pour créanciers et les siens et ceux de son auteur.

Pothier n'est pas allé plus loin que cette doctrine, lui cependant qui proclamait que la séparation des biens, introduite en faveur des créanciers, ne devait pas être rétorquée contre eux, et disait : « En la demandant ils

(1) Les regrettables MM. Duranton et Bugnet.
(2) Le style du Code y aidant un peu, il faut le reconnaître. V. 878, 881, 2111.

n'ont pas eu l'intention de libérer l'héritier de l'obligation qu'il a contractée envers eux... mais seulement d'être préférés sur ces biens aux créanciers de l'héritier. »

Il paraît reconnaître par là qu'à côté du droit de préférence qui s'exercera sur les biens de l'hoirie, il y a, en outre, tout ce que comporte le droit commun de l'acceptation, ou de l'obligation personnelle, telle qu'elle est définie dans ses effets par l'art. 2092, C. Nap.; mais, en si beau chemin, l'esprit du jurisconsulte s'arrête à cette objection que, puisque l'acceptation aurait pu faire concourir les créanciers personnels sur les biens de la succession, et qu'elle ne l'a pas fait grâce à la séparation, il est équitable qu'ils ne subissent pas de concours sur les biens de leur débiteur (1).

Que fait l'école qui suit la doctrine de Pothier, en privant les créanciers du défunt d'un concours sur les biens de l'héritier, avec ses créanciers personnels? Elle leur *sépare* de son plein gré, c'est-à-dire sans droit aucun, le *patrimoine de l'héritier*; elle leur organise sur ses biens un droit de préférence analogue à celui que les créanciers du défunt tiennent des art. 878 et 2111 sur les biens de la succession; elle crée un privilége par besoin de réciprocité, et heurte ainsi de front

---

(1) Pothier comprend très-bien, et il l'écrit, que les créanciers du défunt « peuvent dire qu'étant aussi créanciers de l'héritier, ils doivent venir en concurrence sur les biens de l'héritier avec les autres créanciers ; » il ne suit pas jusqu'au bout les conséquences de cette idée, parce qu'il veut une *séparation* du patrimoine de l'héritier, au profit des créanciers de celui-ci, en compensation de celle accordée aux créanciers héréditaires. Mais c'est remettre en question l'essence, la légitimité du privilége de séparation, dont le même auteur (Intr. au tit. 17, art. 3 *de la sép.*) avait proclamé la justice.

l'art. 881, aux termes duquel les créanciers de l'héritier ne sont pas admis à demander la séparation des patrimoines contre les créanciers de la succession. Sous l'ancienne jurisprudence, à l'exception de Pothier (qui a fourni le texte de l'art. 881 au Code), les jurisconsultes, tels que Domat, Montvalon... Raviot, avaient une excuse pour limiter l'exercice du recours contre l'héritier, au cas où les dettes de celui-ci étaient acquittées. Car nous avons vu (sur l'art. 881) que pour Domat la condition des créanciers de l'héritier et celle des créanciers du défunt devaient être égales, traitées sur le même pied, et qu'il était « de la *même équité* que les créanciers de l'héritier pussent séparer les biens de l'héritier de ceux du défunt. » Lebrun nous a appris que « l'on vivait ainsi au palais. » — Sans doute la thèse était contestable, et le principe erroné, nous l'avons ci-dessus établi ; mais on comprend jusqu'à un certain point que l'ancienne jurisprudence, ne trouvant pas une barrière comme celle qu'offre notre texte 881 à la création du privilége en faveur des créanciers de l'héritier, n'ait pas dépassé la solution que lui avait léguée Papinien.

Ce qui pouvait s'expliquer alors ne se justifie plus, nous le répétons, en face de l'art. 881 : ce serait vouloir créer un privilége, non-seulement sans disposition légale, ce qui serait déjà exorbitant, mais encore au mépris le plus flagrant d'une disposition qui le repousse.

116. Il est à peine besoin de faire remarquer qu'il n'y a rien à tirer, contre la thèse du concours, de l'art. 879, d'après lequel le droit de séparation *ne peut plus être exercé*, lorsqu'il y a novation dans la créance par l'acceptation de l'héritier pour débiteur. Il y a à propos de ce texte deux choses à noter : 1° c'est que, par « cette acceptation de l'héritier pour débiteur », la loi entend

parler des faits tout spéciaux qui entraînent cette novation *sui generis*, et non pas des conséquences pures et simples de l'adition d'hérédité, ou de la saisine ; 2° qu'il s'agit, dans la déchéance signalée par la loi, de faits antérieurs à l'exercice de la séparation des patrimoines, tandis que, comme on l'a très-bien fait observer, le recours à diriger contre l'héritier est postérieur à la séparation obtenue, et la demande en concours sur les biens de l'héritier, qui ne vient qu'en second ordre, ne peut pas faire obstacle à l'action en séparation qui la précède.

116 *bis*. On a prétendu, en se fondant sur une idée de réciprocité peu justifiée, qu'au moins si le concours des créanciers du défunt sur les biens de l'héritier devait être admis, c'était à la condition que ces créanciers rapporteraient à ceux de l'héritier ce qu'ils avaient touché à leur exclusion dans l'actif de leur débiteur décédé. Il est malaisé de comprendre sur quel fondement s'appuierait cette étrange demande en rapport. Le créancier du défunt qui a usé de la séparation des patrimoines, suivant son droit, peut toujours dire : *Meum recepi.* Vous n'avez jamais pu prétendre participer à l'actif de notre débiteur défunt, qu'après entier désintéressement de notre part : ce fait ne s'est pas produit, loin qu'il y ait un excédant, il y a un déficit. Vous n'êtes par conséquent pas dans le cas où vous pourriez toucher quelque chose de l'hérédité (Comp. en ce sens M. Barafort, n° 219).

Nous concluons donc (1) que, privilégié sur certains biens, ceux qui lui étaient spécialement affectés, puis

(1) Avec MM. Chabot, Merlin, Nicias Gaillard, Demolombe, Barafort, etc.

créancier ordinaire sur les biens qui n'étaient pas frappés de privilége, le créancier du défunt peut cumuler sans incompatibilité ces deux droits; mais nous pensons que, si les règles de l'ancienne jurisprudence se sont élargies, sous l'influence de l'art. 881, pour le mode d'exercice du recours, c'est toujours sous la réserve : *si inveniatur non idonea hereditas* (l. 5, h. t.); nous ne comprendrions pas le recours exercé sur les biens personnels de l'héritier, avant la parfaite discussion des biens héréditaires. En interrompant ses opérations *in medio*, sur son gage spécial, et en s'adressant au gage de droit commun, le créancier héréditaire courrait risque, cette poursuite formée, de *ne pouvoir pouvoir plus* à son tour *exercer* le droit privilégié sur le reste des biens héréditaires. Nous ne verrions pas en ce cas de raison sérieuse, pour éliminer l'application de l'article 879 contre le créancier; car, en pratiquant des poursuites ou des actes d'exécution sur les biens personnels de l'héritier, le créancier aurait fait un de ces actes qui emportent *novation* dans la créance; il serait donc privé de la séparation pour le surplus de la dette héréditaire, le fait de déchéance ayant, suivant les termes mêmes du texte, précédé la reprise du privilége interrompu. C'est d'ailleurs un principe posé dans l'art. 2209, C. Nap., applicable à notre situation, que le créancier ne peut poursuivre la vente des biens qui ne lui sont pas hypothéqués (ou privilégiés), que dans le cas d'insuffisance des biens privilégiés (contrà, Demol., nᵒˢ 220 et 221).

117. Sur cette controverse qui a tant préoccupé et divisé la doctrine, nous ne possédons aucun monument de jurisprudence. Car à la vérité peut-on à peine compter un arrêt de Colmar (9 janvier 1837), où se produit une

affirmation relative au droit de poursuite des créanciers d'une succession bénéficiaire sur les biens de l'héritier déchu du bénéfice d'inventaire, sans que l'arrêt indique même dans quelle mesure s'exercera le recours.

Mais une analogie assez saillante nous est offerte par la jurisprudence, en matière de société, et les principes qui sont mis en jeu par les arrêts semblent en quelque sorte empruntés à notre sujet.

Comme une hérédité, une société est un être moral, qui a son actif propre. Les créanciers d'une société légalement formée ont un privilége sur le fonds propre de cet être moral ; et, quoiqu'il ne soit pas nommément inséré dans la loi, il ressort de la combinaison des art. 1852 et 1872, C. Nap. On y voit bien apparaître, d'une part, le patrimoine social, de l'autre, le patrimoine personnel des associés, tous deux indépendants, *séparés*.

Que l'actif social sur lequel s'exerce ce privilége des créanciers sociaux vienne à être insuffisant, ils concourront, sur les biens personnels de chaque associé, avec ses c.éanciers propres. On en voit tout de suite la raison : d'après nos lois, l'associé (que nous supposons en nom) est tenu solidairement et personnellement des dettes de la société (art. 22, C. com.). Comment, tenu par ce lien personnel, échapperait-il au recours de ces créanciers sociaux, imparfaitement désintéressés, et comment ses créanciers, au profit desquels la loi n'a créé nul privilége, pourraient-ils repousser le concours des créanciers de la société ?

On ne le comprendrait pas ; aussi la jurisprudence a-t-elle décidé (Rej., 18 oct. 1814) que ce concours devait avoir lieu. Est-ce que l'on ne saisit pas à merveille l'analogie que cette situation offre avec celle de nos créanciers demandeurs en séparation? Un privilége d'une part, les conséquences du droit commun d'autre part.

Pour épuiser les ressemblances que ce privilége social peut offrir avec le privilége des créanciers du défunt, nous dirons, avec la jurisprudence, qu'il est susceptible de s'éteindre par la *confusion*, et aussi par la *novation*. — Une société s'était dissoute; l'un des associés fut nommé liquidateur des affaires sociales. A ce titre, il prit possession de tous les biens et droits qui appartenaient à la société, et les confondit avec les siens propres, sans aucune opposition de la part des créanciers sociaux.

Sur la prétention de ceux-ci à l'attribution exclusive en leur faveur de l'actif de la société dissoute, la Cour de Grenoble (1er juin 1831) statua en ces termes :

« Attendu que, lorsque la société est dissoute et que l'un des associés, s'étant chargé de la liquider, a confondu l'avoir social dans le sien, il n'y a plus alors possibilité de distinguer les actifs respectifs, et les créanciers de la société ont alors à s'imputer de n'avoir pas demandé, *conformément à ce qui se pratique dans les* SÉPARATIONS DE PATRIMOINES, la séparation des actifs respectifs, celui de la société et celui des sociétaires....

« Attendu d'ailleurs que les créanciers au procès ont tous obtenu de Thomas aîné des obligations hypothécaires; qu'ils ont dès lors reconnu Thomas aîné pour leur débiteur personnel, et que cette *novation* qui s'est opérée ne leur permet plus de demander le privilége de séparation des masses. »

—Par l'art. 1872, un lien est créé entre la matière des

sociétés et celle des successions : la jurisprudence consacre ce lien, nous venons d'en avoir la preuve. Si la controverse soulevée entre Paul et Papinien se présentait devant les tribunaux, l'arrêt précité du 18 oct. 1814 ne devrait pas être oublié.

CHAPITRE XV

Examen de la question de savoir si la séparation des patrimoines établit des droits de préférence dans les rapports des créanciers du défunt. — Lorsqu'ils s'inscrivent tous dans les six mois du décès, bien qu'à des dates différentes, on est généralement d'accord qu'ils viennent par contribution. — Le problème ne commence que dans le cas où, de deux créanciers du défunt, l'un s'est inscrit dans les six mois, l'autre après ce délai. — Ce dernier, dans l'opinion de M. Blondeau, n'aura rang qu'à la date de son inscription tardive. — Réfutation de cette doctrine. — Jurisprudence. — Arrêts de Grenoble (21 juin 1841), Bordeaux (26 avril 1864). — Complication du conflit entre les créanciers ; un créancier de l'héritier s'inscrit entre un créancier vigilant du défunt et un créancier négligent. — Rejet du système qui consiste à n'allouer au créancier vigilant que la somme qu'il aurait prise dans le dividende commun, au cas où son cocréancier n'aurait pas été négligent, et qui, sur le surplus du prix, colloque le créancier de l'héritier pour l'intégralité de sa créance. — Nous accordons au créancier vigilant le bénéfice de la maxime *jura vigilantibus prosunt.* — Nous colloquons le créancier de l'héritier pour le montant de sa créance, sauf au créancier négligent à recueillir le reliquat, s'il en existe un; il est en ce cas primé, non par son cocréancier, mais bien par le créancier de l'héritier ; ici s'applique purement et simplement l'art. 2113, etc.

118. Nous avons réservé, pour la traiter à part, la question de savoir si les art. 878 et 880 établissent des droits de préférence, non pas seulement à l'égard des créanciers de l'héritier, mais encore entre les créanciers de la succession, dans leurs rapports respectifs. Nous avons indiqué par avance notre solution négative (n° 100).

Un auteur célèbre, M. Blondeau, a donné à la théorie qui reconnaît au créancier héréditaire vigilant le droit de primer le négligent, des développements remarquables (p. 481 et suiv.).

Nous ne nous accorderons avec ce jurisconsulte que sur un point; c'est lorsque les créanciers héréditaires se seront tous inscrits, dans le délai de six mois, quoique à des dates différentes. Il pense alors que l'inscription prise dans les six mois ne détermine point une date en raison de laquelle on doive régler le *rang* du créancier; que les créanciers ont tous le même privilége, partant, qu'ils doivent venir par contribution, par application de l'art. 2097 : « Les créanciers privilégiés, qui sont dans le même *rang*, sont payés par concurrence. » C'est ce que la loi romaine exprimait en ces mots : « Et si ejusdem tituli fuerunt, concurrunt, licet diversitates temporis in his fuerint. » (L. 32, *de rebus. auct. judicis.*)

Ce n'est pas que cette manière de régler, par l'égalité de rang et le concours, la situation des créanciers, tous inscrits dans les six mois, ait absolument échappé à la critique. Ainsi l'on a argumenté, pour soutenir que la priorité s'établit même pendant les six mois, de l'art. 2106, qui porte qu'*entre les créanciers* les priviléges ne produisent d'effet à l'égard des immeubles qu'autant qu'ils sont rendus publics par l'inscription, et à compter de la date de cette inscription. On reconnaît qu'à la vérité ce texte a reçu des exceptions, parmi lesquelles il faut compter la rétroactivité de l'inscription requise par l'art. 2111 ; mais on objecte que cet art. 2111, cette exception à la règle de l'art. 2106, ne saurait être invoqué à propos du rang des créanciers héréditaires entre eux, puisqu'il n'est relatif qu'aux rapports desdits créanciers avec ceux de l'héritier ; qu'en conséquence, la règle générale de l'art. 2106 conserve tous ses effets, en ce qui concerne les créanciers du défunt entre eux.

La réponse à faire à cette objection est que l'article 2106, pris à la lettre, efface toute distinction entre les priviléges et les hypothèques ; que, dans ce texte, les priviléges sur les immeubles ne sont considérés que sous le caractère hypothécaire, et que ce n'est que dans les articles suivants qu'il faut chercher la détermination des effets qu'ils produisent, comme priviléges ou droits de préférence, et que l'argument tiré *a contrario* de l'art. 2111 n'est pas assez fort pour exclure les créanciers héréditaires de la règle posée dans les art. 2096 et 2097.

On peut faire aussi remarquer qu'en donnant effet, entre créanciers inscrits dans les six mois, à la priorité de l'inscription, on favoriserait les créanciers qui seraient plus rapprochés du lieu de l'ouverture de la succession, et l'éloignement, par contre, d'un créancier héréditaire, serait une source de préjudice pour lui ; l'acquisition du privilége deviendrait le prix de la course.

Jusqu'ici peu de difficulté : nous avons une situation qu'il est réellement impossible de ne pas résoudre par l'application de l'art. 2097, et sur laquelle il n'y a vraiment pas de contestation sérieuse.

119. Mais voici que les choses se compliquent, nous allons supposer un créancier inscrit dans les six mois en regard d'un cocréancier inscrit après ce délai ou pas du tout inscrit ; le créancier inscrit dans les six mois primera-t-il celui qui n'a rempli cette formalité que postérieurement aux six mois ou l'a omise complétement ?

La question est grave; elle est résolue dans le sens de l'affirmative par deux auteurs, MM. Fouët de Conflans et Blondeau, et un arrêt de Lyon de 1822, assez mal motivé.

Pourquoi, disent les partisans de l'affirmative, les créanciers héréditaires ne requerraient-ils pas de droit de préférence les uns contre les autres? Dans le système du Code la séparation des patrimoines constitue un privilége individuel, et non un privilége collectif, comme en droit romain; peut-être le régime collectif était-il dans la pensée de la loi quand les art. 878 et suivants ont été écrits, mais le système opposé se reflète dans les art. 2111 et 2113. Dans ce système qui maintient l'unité de patrimoine, le droit acquis par le créancier héréditaire qui a pris inscription est un droit *personnel, individuel* qui ne profite pas par conséquent à ceux qui n'ont pas rempli la même condition.

Si les créanciers ne pouvaient acquérir entre eux aucun droit de préférence sous le régime de la succession pure et simple, comprendrait-on que l'art. 2146 se fût borné à prononcer l'inefficacité des inscriptions prises par les créanciers au cas de succession bénéficiaire? Il y a donc un argument *a contrario* à tirer de l'art. 2146 pour le cas où la succession est acceptée purement et simplement.

Enfin, dans l'art. 2113, on voit que le privilége qui n'a pas été inscrit dans les délais légaux perd son effet rétroactif, pour ne prendre date à l'égard des *tiers* que de l'époque des inscriptions. Or si on suppose un créancier du défunt inscrit après les six mois, mais avant un de ses cocréanciers, ne le primera-t-il pas comme un *tiers* qui ne doit rien avoir de commun avec lui? Par le mot tiers ne faut-il pas entendre les créanciers ultérieurement inscrits, ou même non inscrits, et cela sans distinguer entre les créanciers du défunt ou ceux de l'héritier, car en ne s'inscrivant pas ces derniers sont devenus les créanciers de l'héritier ; suivant M. Blondeau, ils ont fait novation en ce sens qu'ils ont renoncé à leur droit de privilége, ils se sont confondus avec les créanciers personnels de l'héritier, sauf le droit d'acquérir hypothèque en vertu de l'art. 2113.

120. Nous ne pouvons adhérer à cette doctrine, quelque apparence de raison qu'elle présente. Nos textes la repoussent de toute leur force.

Nous ne voulons pas contester que notre séparation de patrimoines ait le caractère individuel ; nous ne trouvons rien dans le Code qui touche à l'organisation d'un privilége collectif, en dehors du bénéfice d'inventaire, et il est bien évident que les inscriptions dont parle l'art. 2111 ne ressemblent pas à l'*inscription* unique que prend le syndic au nom de la *masse* sur les immeubles du failli (art. 490, Com.).

De ce que chaque créancier peut prendre en son propre et privé nom une inscription sur les biens de l'hoirie et exercer par là un droit individuel dont il doit profiter seul, il ne suit pas que l'inscription lui profite contre ses cocréanciers.

La loi a expressément dit contre qui s'exerçait le privilége de séparation. Il n'est pas de texte plus positif à cet égard que les art. 878 et 2111. Sous l'empire de la première partie de la législation sur la matière (art. 878), il n'était douteux pour personne que les créanciers du défunt restaient *les uns vis-à-vis des autres* dans la position que leur assignaient leurs titres de créance. C'est ce qu'avait exprimé Domat en ces termes : « Tous les créanciers du défunt sont à l'égard de son héritier au même état où ils étaient à l'égard de leur débiteur, chacun *conservant* sur les biens du défunt, ou son hypothèque, ou son privilége, ou *sa simple créance telle* qu'il l'avait. »

L'art. 2111, plus spécialement révélateur du régime individuel, que tout autre texte, aurait-il modifié cette égalité des créanciers dans leurs rapports respectifs, égalité qui ne recevait d'atteinte que des droits de préférence acquis dès avant le décès ?

Comme nous l'avons déjà fait remarquer dans une autre partie de notre travail, l'art. 2111 ne peut pas avoir innové un droit opposé au principe résultant de l'art. 878, puisqu'il trace le mode de conservation du privilége des créanciers et légataires, conformément à l'art. 878. Il ne se peut donc pas que, contrairement à l'art. 878 auquel il renvoie, le texte de l'art. 2111 entende établir un droit de préférence en faveur du créancier héréditaire contre son cocréancier ; aussi notre art. 2111 dit bien que le privilége est conservé par les inscriptions, *à l'égard des créanciers des héritiers.*

Mais on a prêté à ces derniers mots une élasticité bien singulière ; on a voulu qu'ils comprissent les créanciers héréditaires qui ne se seraient pas inscrits dans les six mois.

Sans doute, nous l'avons déjà vu, par le fait de l'acceptation pure et simple l'héritier s'oblige *ultra vires* tant envers les créanciers du défunt qu'envers ses créanciers personnels. Mais ce point de vue n'est point celui qui doit nous occuper ici. Les partisans de la théorie que nous combattons se placent dans l'hypothèse d'une novation faite avec l'héritier, qui les rangerait de toute nécessité parmi les créanciers personnels de celui-ci ; mais comment peut-on faire intervenir la disposition de l'art. 879 dans cette situation toute négative et d'inaction, si nous osons ainsi parler?

Pour qu'il y ait novation, renonciation au privilége, il faut, avec la volonté de faire cette novation, un acte positif qui démontre qu'on entend définitivement s'en tenir à la créance contre l'héritier (art. 879), et c'est bien dans cet esprit que le jurisconsulte romain qui nous a légué l'art. 879 (1), posant la question de savoir si ceux qui n'avaient pas suivi la foi de l'héritier et avaient obtenu la séparation admettraient à concourir avec eux ceux qui avaient suivi cette foi, répondait : « Et putem nihil eis prodesse; hos enim cum creditoribus heredis numerandos; » solution, ou plutôt opinion juste en présence d'une novation comme celle dont Ulpien et après lui l'art. 879 ont parlé. Mais le créancier qui ne s'inscrit qu'après les six mois a si peu renoncé au bénéfice de la séparation des patrimoines, est si peu confondu et a si peu voulu se confondre avec les créanciers des héritiers qu'il peut encore prendre, aux termes de l'art. 2113, sur les immeubles de la succession (2) une inscription qui a perdu le caractère rétroactif, il est vrai, mais qui n'en est pas moins prise, en vertu de la *qualité* de créancier du défunt, cause génératrice du bénéfice de séparation de patrimoines, et non en vertu d'une convention passée avec l'héritier.

Enfin l'on argumente du mot *tiers* de l'art. 2113, pour en conclure que cette expression à la vérité générale peut comprendre toute personne autre que l'inscrivant, et qu'il n'y a par conséquent pas à distinguer entre des créanciers de l'héritier non inscrits ou posté-

(1) Comp. l. 1, p. 10, 15 et 16, *de separ.*
(2) Art. 2111.

rieurement inscrits et des créanciers héréditaires, placés dans la même situation. (Blondeau, p. 488, 489, 490 et la note.)

Mais c'est isoler l'art. 2113 de l'art. 2111, où nous avons vu que les tiers auxquels le privilége est opposable sont les créanciers personnels de l'héritier; il n'est pas admissible qu'il s'agisse aussi dans cet article 2111 de créanciers du défunt, non inscrits ou négligents, et si l'expression *tiers* a un caractère général, c'est qu'elle s'applique et s'étend aux différentes hypothèses prévues par les articles de la section IV, et qu'il n'était guère possible en effet qu'un texte, aussi compréhensif que l'art. 2113, reproduisît littéralement les mots d'un seul article, c'est-à-dire l'expression de l'art. 2111 : *à l'égard des créanciers de l'héritier.*

Quant à l'argument tiré de l'art. 2146, la portée qu'on lui attribue s'affaiblit si l'on songe que, d'après la jurisprudence, l'acceptation bénéficiaire a pour conséquence la séparation des patrimoines, que les effets de l'acceptation bénéficiaire sont, de par la loi, les mêmes pour les créanciers et légataires que ceux résultant de la séparation demandée — et que certainement aujourd'hui, avec la jurisprudence telle qu'elle existe, le texte qui paraissait, dans la pensée du Code, ne se référer qu'à la succession bénéficiaire, doit étendre son effet prohibitif à la séparation volontaire. (Art. 802, 878. Comp. Montvalon, t. Ier, p. 161. Barafort, p. 359.) Du reste, sans aller demander à cette assimilation de situation créée par nos arrêts, un argument pour éliminer l'art. 2146 du débat, ou, ce qui est plus juste, pour étendre l'inefficacité des inscriptions qu'il prononce à la séparation de l'art. 878, nous estimons qu'en limitant *aux créanciers de l'héritier* les effets du privilége, l'art. 2111 a assez formellement exprimé que cet effet ne s'étendait pas aux créanciers de l'hérédité entre eux. Il équivaut donc pour l'acceptation pure et simple à la disposition de l'art. 2146, relative au cas de succession bénéficiaire, et il annihile, par l'argument *a contrario* qu'on est fondé à déduire de son texte, celui que l'opinion adverse tire également *a contrario* des termes de l'art. 2146.

Si, pour les raisons positives de texte, précédemment développées, il est évident que le privilége de séparation de patrimoines ne peut améliorer la condition des créanciers héréditaires, dans leurs rapports entre eux, rien ne les empêche de rendre leur situation meilleure par des stipulations d'hypothèques avec l'héritier, ou des condamnations obtenues contre lui.

124. La doctrine que nous venons d'exposer, outre qu'elle rallie la majorité des auteurs, a été consacrée par un très-remarquable arrêt de Grenoble (21 juin 1841) et par la Cour de Bordeaux (26 avril 1864) (1). Nous reproduisons le texte de son arrêt relatif aux propositions que nous avons émises.

« Attendu que la séparation des patrimoines ne constitue un privilége au profit des créanciers et légataires du défunt que *contre les créanciers de l'héritier ;* que l'inscription n'est requise par l'art. 2111, C. N. que pour la conservation de ce privilége à l'*encontre de ces derniers*, et qu'aux termes de cet article, le défaut d'inscription ne profite qu'à ceux d'entre eux qui auraient fait inscrire eux-mêmes le privilége ou l'hypothèque sur les biens de l'hérédité;

« Mais qu'*entre les créanciers et les légataires du dé-*

<hr>

(1) Junge, Tribunal de la Seine (2ᵉ ch.), 1ᵉʳ février 1867 ; *Gaz. des Trib.* du 27 mars 1867.

funt (lorsqu'ils ne se trouvent pas en concours avec des créanciers hypothécaires de l'héritier), le bénéfice de la séparation des patrimoines ne constitue pas un privilége proprement dit; que sa conservation n'est pas subordonnée à la formalité de l'inscription, exigée par l'art. 2111 à l'égard *des créanciers de l'héritier* seulement; qu'ils peuvent toujours la demander conformément aux art. 879 et 880, tant qu'il n'y a pas novation, confusion ou prescription; que dans ce cas *l'inscription* dans les délais ne peut devenir une cause de préférence pour ceux qui l'ont requise, *contre ceux qui n'ont pas fait inscrire* et que leurs droits sur les biens de l'hérédité se règlent toujours entre eux d'après la nature de leurs titres respectifs (1). »

De ce que la séparation ne s'exerce qu'à l'encontre des créanciers de l'héritier, de ce qu'enfin, d'après les dernières expressions de l'arrêt, les droits des créanciers et légataires se règlent toujours *entre eux* par la nature de leurs titres, il faut conclure que le créancier du défunt porteur d'une hypothèque conventionnelle ou judiciaire, primera, l'ayant inscrite après le décès, les créanciers chirographaires qui auraient pris l'inscription de l'art. 2111 dans les six mois du décès.

On ne comprendrait pas que, pour avoir omis ou tardé de faire inscrire le droit de séparation des patrimoines, le créancier qui avait soit un privilége, soit une hypothèque à opposer à son cocréancier, l'eût soudainement perdu, et il serait dur, en ce cas, d'appliquer la règle du concours, entre les créanciers du défunt, inscrits ou non inscrits dans le délai légal, lorsque en dehors de la séparation qui n'opère que contre les créanciers de l'héritier, le créancier du défunt avait un

(1) Sirey, 1864, 2, 262.

titre de préférence, qui devait prévaloir sur une pure
créance cédulaire. (V. Domat, *loc. cit.*) (1). Attendu,
dit le tribunal de la Seine conformément à cette
doctrine, que Plagelat est créancier hypothécaire du *de
cujus ;*

« Attendu qu'en cette qualité il conteste les colloca-
tions par privilége faites antérieurement à lui dans le
règlement provisoire, en prétendant que l'inscription
de privilége, à fin de séparation de patrimoines, prise
au nom de S. et de C. en vertu de l'art. 2111 du Code
Nap., n'est opposable qu'aux créanciers des héritiers,
aux termes mêmes de la loi qui a voulu donner cette
préférence aux créanciers de la succession, mais ne peut
à aucun titre, à l'égard des créanciers de la succession
entre eux, changer leurs titres de créance et faire préférer une créance chirographaire à une créance hypothécaire régulièrement inscrite ;

« Qu'en conséquence Plagelat, créancier hypothécaire, doit donc être colloqué antérieurement à la veuve
S. et au sieur C., simples créanciers chirographaires,
n'ayant qu'une inscription de privilége de séparation
de patrimoines à opposer aux créanciers des héritiers
qui pourraient se présenter;

« Attendu qu'il résulte des pièces produites et notamment des énonciations contenues dans les inscriptions
du privilége de séparation de patrimoine, prises au
nom de la veuve S. et du sieur C., que ces derniers
sont des créanciers chirographaires (1er fév. 1867). »

— Bien entendu nous nous plaçons, pour raisonner
ainsi, dans le cas d'une succession acceptée purement et
simplement. S'il s'agissait d'une succession bénéficiaire,

(1) « Chacun conservant sur les biens du défunt ou son hypothèque ou son privilége, ou sa simple créance telle qu'il l'avait. »

il n'y aurait pas possibilité de s'inscrire valablement (art. 2146, C. N.) à compter de l'ouverture de la succession.

Les règles si nettement formulées dans l'arrêt de Bordeaux doivent s'appliquer aux rapports des légataires avec les créanciers ou des légataires entre eux.

Ainsi un légataire inscrit dans les six mois ne peut primer un créancier du défunt qui ne se serait inscrit que tardivement ou qui ne l'aurait pas fait du tout; et comme le créancier, qui a au moins demandé la séparation des patrimoines, doit être préféré au simple légataire, celui-ci, malgré son inscription, ne pourrait écarter le créancier sur les biens de l'hoirie, sous prétexte qu'il n'a pas pris l'inscription de l'art. 2111, ou qu'il ne s'est inscrit qu'après les six mois; dans ce cas le créancier n'avait pas à s'inscrire puisqu'il n'y avait pas de créancier de l'héritier. Encore une fois, comment la priorité d'inscription accorderait-elle un droit de préférence au légataire, sur le créancier tardif ou complétement négligent, puisque, aux termes de l'art. 2111, les légataires (mis sur la même ligne que les créanciers) ne peuvent conserver le privilége de séparation par l'inscription prise sur les biens de l'hoirie que *contre les créanciers de l'héritier* (sur ce point, voy. Demol., *succession*, v. n° 122. Aubry et Rau, v. p. 224. Bordeaux, 26 avril 1864).

Le légataire inscrit ne primera pas plus son colégataire non inscrit, que le créancier inscrit ne prime son cocréancier négligent. Il faut toujours en revenir à l'idée que l'art. 2111 n'accorde aux légataires de droit de préférence qu'à l'égard des créanciers de l'héritier; hors du cas où le testateur a dit expressément qu'il entendait que tel legs fût payé de *préférence* aux autres, il ne saurait y avoir de priorité entre colégataires (art. 927), le principe étant la réduction des legs au marc le franc (art. 926) sans qu'il y ait à distinguer entre les legs universels et les legs particuliers.

L'hypothèque des légataires, consacrée par l'article 1017, ne confère pas plus de droit de préférence entre les colégataires que l'inscription de séparation n'en a créé dans leurs rapports respectifs (1).

Elle ne peut pas davantage être opposée au créancier du défunt, sauf le cas de confusion et d'acceptation de l'héritier pour débiteur par le créancier du défunt. Car dans ce cas les créanciers et les légataires viennent en concours, ayant un débiteur commun qui les payera par contribution sur une masse commune, mais il sera toujours facile au créancier du défunt d'écarter l'hypothèque du légataire, qui s'exercerait sur les biens de la succession, en demandant la séparation de patrimoines, bien entendu, *rebus integris*. Nous avons vu en effet au début de notre travail (n° 9, *supra*) que, lorsqu'il y a acceptation pure et simple par l'héritier, les créanciers du défunt et les légataires devenant créanciers personnels de l'héritier, il ne peut y avoir préférence des premiers sur les seconds, qu'autant qu'ils auront demandé selon les formes et exercé dans les délais le privilége de séparation des patrimoines. De telle sorte qu'il peut arriver que la séparation soit demandée par le légataire et contre lui. (Paris, 14 no-

(1) V. Dalloz, *disp. test.*, t. II, n° 3898. C. de Paris, 12 mars 1806. « Attendu qu'un testament est un titre commun à tous les légataires ; qu'aucun d'eux ne peut, par inscription, ni par aucune autre voie étrangère au testament, obtenir au préjudice des autres une priorité de rang sur les biens du testateur..... Infirme. »

vembre 1838, aff. Patureaux. Cass., 9 déc. 1823, Sirey, 24. 1. 108, Bordeaux, arrêt précité.)

122. Nous avons jusqu'ici supposé un conflit s'engageant entre cocréanciers ou colégataires du défunt, sans l'interposition de créanciers personnels de l'héritier.

C'est ce nouvel élément qui doit à présent nous préoccuper.

Un créancier du défunt s'est inscrit dans les six mois (art. 2111); un autre créancier du défunt s'est inscrit après les six mois, mais avant lui un créancier hypothécaire de l'héritier a pris inscription sur l'immeuble héréditaire.

Prenons des chiffres, soit un immeuble héréditaire valant 30,000 fr. Paul, premier créancier du défunt, s'est inscrit pour 20,000 fr. dans les six mois; son cocréancier Pierre s'est inscrit pour égale somme après le délai de la loi, précédé par un créancier hypothécaire de l'héritier, inscrit encore pour 20,000 fr.

Comment allons-nous régler ce conflit?

Nous devons d'abord nous rappeler le principe fondamental de notre séparation, à savoir, qu'elle constitue, entre les mains de celui qui l'exerce, un droit individuel et personnel d'où suit que l'inscription ne profite qu'à l'inscrivant.

Ainsi, sur ce prix de 30,000 fr., Paul à nos yeux doit toucher l'intégralité de sa créance, c'est-à-dire 20,000 fr. Il a pris une inscription privilégiée dans ce but, il a rempli à cette fin toutes les formalités. Il est bien entendu que le créancier hypothécaire de l'héritier ne peut se plaindre ni s'étonner de ce résultat; c'est contre lui qu'est dirigé le privilége de l'art. 2111, et l'inscription prise à fin de conservation de ce privilége lui a appris qu'il ne pouvait compter que sur l'excédant de la somme mentionnée dans le bordereau du créancier héréditaire. Il n'a donc dû, le prix à distribuer étant de 30,000 fr., compter que sur 10,000 fr.

Maintenant on prévoit ce que devient le créancier héréditaire négligent. Il ne s'agit plus ici de déterminer le sort des créanciers entre eux d'après leur qualité et leurs titres respectifs. Il s'est interposé entre ces créanciers des droits nouveaux, lesquels brisent la règle d'égalité et de concours qui jusqu'ici nous avait guidés. Ces droits nouveaux sont acquis à des tiers vigilants qui les ont conservés dans les termes de l'art. 2113. C'est devant eux que le créancier retardataire s'incline et succombe. La priorité de l'inscription prise par le créancier de l'héritier produit son effet dans les termes de la loi. Encore une fois le créancier vigilant s'inscrit pour 20,000 fr. sur un immeuble de 30,000 fr., il touchera 20,000 fr., car son inscription doit profiter à lui seul ; en effet il n'est pas chargé de sauvegarder les droits de ses cocréanciers qui ne lui ont du reste pas donné mission pour cela. Il ne se trouve plus cette fois, sans intermédiaire, comme dans nos précédentes hypothèses, en regard de son seul cocréancier. Il ne s'agit plus de régler leurs droits respectifs par la communauté de privilége, entraînant un concours sur les biens de la succession ; il n'y a donc pas à feindre les résultats d'un système de contribution, là où la concurrence ne pouvait pas se produire, les priviléges n'étant pas dans le même rang, qu'on ne l'oublie pas : le créancier vigilant exerce purement et simplement son privilége au regard du créancier de l'héritier (art. 2095, 2111). Il n'y a là aucune violation de la règle que le privilége de séparation de patrimoines n'établit aucun droit de préférence entre les créanciers de l'hérédité.

Si le créancier du défunt qui a été négligent est réduit à rien, est-ce la faute de son cocréancier ? et celui-ci lui doit-il quelque dédommagement pour avoir usé légitimement de son droit avec diligence ? Il est bien manifeste que non, et si après avoir pris, sur 30,000 fr., le montant de son inscription, 20,000 fr., il allait, comme le veulent certains auteurs, lui remettre ce qui dépasserait son dividende au marc le franc, il est bien évident qu'il lui paierait ce qui ne lui serait pas dû, puisque ce serait par l'inscription du créancier de l'héritier et par sa propre faute que le créancier retardataire serait écarté.

Ce double fait ne peut nuire au créancier vigilant, il faut qu'il profite de son inscription, et on serait mal venu à prétendre qu'elle tourne contre le cocréancier négligent, puisque le droit de ce dernier succombe devant l'inscription prise par le créancier de l'héritier (1).

123. Tel est le système qui nous paraît appelé à triompher dans la jurisprudence (comp. Grenoble, 21 juin 1841. S., 1842. 2. 355. Bordeaux, 26 avril 1864. S. 64. 2. 262). Il nous paraît préférable à celui développé par MM. Aubry et Rau, etc., qui consiste à faire primer les créanciers de l'héritier par ceux de la succession, jusqu'à concurrence seulement de ce qu'aurait tiré le créancier du défunt d'une distribution au marc le franc entre créanciers héréditaires. D'après ce système

____

(1) M. Valette, à son cours, enseigne fort nettement que le créancier négligent du défunt, dans ses rapports avec le créancier hypothécaire de l'héritier, doit être traité comme un simple créancier hypothécaire, mais il soumet le créancier diligent à la remise de ce qui excède le dividende qu'il aurait touché, si le créancier retardataire se fût inscrit, comme lui, en temps utile.

le créancier hypothécaire de l'héritier est intégralement colloqué sur le surplus du prix ; le reliquat, s'il y en a, appartient aux créanciers négligents. Ce n'est pas ce dernier point qui nous choque, parce que nous pensons, et nous l'avons dit, que le créancier retardataire doit subir seul les inconvénients de sa négligence (voir Dufresne, n° 108). Mais n'est-il pas choquant que le créancier vigilant ne touche que le dividende qu'il aurait eu si le négligent se fût inscrit dans les six mois, c'est-à-dire eût concouru avec lui (art. 2097), de telle sorte que celui-ci, se fiant à la maxime : *jura vigilantibus prosunt*, aura fait des premiers inscrire son privilége, perdra la plus grande partie d'une créance dont il avait l'espoir, encouragé par la loi, d'assurer le payement intégral. Et le créancier hypothécaire de l'héritier recevra le payement intégral de sa créance, quand tout lui annonçait, et le texte de l'art. 2111 et l'inscription prise en vertu de ce texte, que le créancier privilégié se paierait avant lui de toute sa créance. M. Barafort l'a fait justement observer ; ce serait le renversement de l'article qui ne veut pas qu'une hypothèque puisse être établie du chef de l'héritier pendant les six mois au préjudice des créanciers demandeurs en séparation de patrimoines. Dans le système que nous combattons le créancier retardataire du *de cujus* ne viendrait uniquement que pour diminuer les droits de son co-créancier, en le réduisant à un dividende, et pour augmenter ceux du créancier de l'héritier. En réalité l'inscription prise par le créancier vigilant se trouve par cette théorie étrangement annulée ! — Au bénéfice de qui ? De celui contre lequel elle est dirigée (art. 2111, C. Nap.).

Terminons en disant que c'est avec raison qu'on a

fait valoir contre le système qui assimile injustement le créancier négligent au créancier soigneux de ses intérêts la considération suivante : « Les créanciers héréditaires ne se contenteront plus, a dit Mourlon (Ex. crit. I, p. 917), de s'inscrire sur un ou plusieurs immeubles suffisants pour assurer le payement de leur créance, à supposer que leurs inscriptions ne doivent profiter qu'à eux seuls ; ils la porteront au contraire sur *tous* les immeubles de la succession, afin de grossir le plus possible la valeur sur laquelle ils devront concourir avec les retardataires ; de là au préjudice de tout le monde des masses de biens retirés du commerce, des entraves au crédit. Que si, au contraire, l'inscription des créanciers diligents leur assurait un droit exclusif sur la valeur par eux conservée, ils n'auraient plus le même intérêt à étendre ainsi leurs garanties. »

CHAPITRE XVI

Des controverses qui se rattachent à la forme de l'inscription et d'une prétendue antinomie de l'art. 880 avec l'art. 2111.

§ I. *Forme de l'inscription.*

124. Faut-il que l'inscription requise par l'art. 2111 soit prise sur chacun des immeubles de la succession et qu'elle le désigne? Une seule inscription prise sur tous les immeubles en général, et sans désignation, sera-t-elle au contraire suffisante?

Il nous semble que le texte même de l'art. 2111 est rédigé de façon à exclure toute controverse sur ce point. Il parle en effet d'inscription prise sur *chacun* des biens de la succession, et quant à la désignation des biens, les bordereaux que représente le créancier au conservateur, pour opérer l'inscription, doivent, aux termes de l'art. 2148, 5°, contenir, entre autres énonciations, l'indication de l'espèce et de la situation des biens sur lesquels on entend conserver son privilége.

Nous ne connaissons pas dans la doctrine d'autre résistance que celle de Fouët de Conflans à la solution qui ressort de la rédaction même de notre art. 2111; il ne s'en est réellement produit que dans la jurisprudence. Par un arrêt du 19 février 1829, fort important parce qu'il s'explique sur trois graves questions de notre sujet, la Cour de Nîmes(1) décida qu'un créancier

(1) *Voy.* Sirey, 1829. 2. 214.

demandeur en séparation de patrimoines avait pu, sans contrevenir à la loi, faire porter ses inscriptions sur la *généralité* des biens du défunt (v. dern. al. de l'art. 2148), et les raisons données par l'arrêt sont les suivantes : 1° l'art. 2129 est le seul qui exige la spécialisation des immeubles hypothéqués ; 2° le créancier, qui a un gage général comme celui dont il est question, peut ne pas connaître tous les immeubles de son débiteur décédé. A cette double raison, il faut répondre : 1° qu'il est inexact de soutenir que l'art. 2129 exige seul ce qu'on appelle la spécialisation, et que les termes « chacun de ces biens » de notre art. 2111, les spécialisent suffisamment ; 2° que le créancier qui veut inscrire et maintenir son droit de séparation a six mois pour faire cette opération et s'entourer de tous renseignements ; qu'on n'imaginerait pas une demande en séparation dans laquelle on ne désignerait pas ce qu'on veut faire séparer ; qu'à moins d'exception formelle, l'art. 2148 et ses formalités essentielles s'ppliquent à tous les priviléges, quelle que soit leur nature, et qu'il n'y a nulle assimilation à faire entre le droit de séparation et les hypothèques légales ou judiciaires pour lesquelles, à défaut de convention, une seule inscription frappant sur tous les immeubles compris dans l'arrondissement du bureau est suffisante.

La doctrine de l'arrêt de Nîmes, abandonnée, nous l'avons dit, par la presque unanimité des auteurs, a été complétement et victorieusement réfutée par un jugement du tribunal de Saint-Étienne du 15 mars 1862, confirmé avec adoption de motifs par la Cour de Lyon. (Sirey, 1863, 2, 159.) Nonobstant cette jurisprudence qui ne peut qu'être approuvée des esprits juridiques, nous avons le regret de voir les excellents auteurs du

Formulaire de procéd. civ., MM. Chauveau et Glandaz, donner, p. 546 et 547, un modèle de bordereau d'inscription à fin de séparation des patrimoines, qui est conçu dans le sens opposé à la spécialisation, et en note, sans indiquer même si la question est controversée, les mêmes auteurs écrivent : « l'inscription n'a pas besoin de spécialiser les immeubles sur lesquels elle frappe ; elle est valablement prise sur tous les biens du défunt. » C'est une note de praticiens qui n'ont pas eu le temps de consulter la jurisprudence.

125. Toutes les autres énonciations exigées par l'art. 2148 devront se retrouver dans l'inscription requise par l'art. 2111. C'est par leur utilité que se révèle l'insuffisance de la transcription proposée en remplacement de l'inscription (v. *supra*, 88); l'inscription contiendra la date et la nature du titre, le montant du capital des créances exprimées par le titre ou évaluées par l'inscrivant pour certains droits conditionnels, indéterminés. La transcription dirait-elle tout cela aux tiers intéressés à le connaître ? Il ne leur suffit pas de savoir si le défunt a laissé des dettes, mais combien il en a laissé, sur quel gage on entend asseoir le privilége ; si l'on se contentera de tel et tel immeuble, si l'on entend au contraire frapper tout l'ensemble des biens de la succession. L'inscription seule peut satisfaire à cette légitime curiosité des tiers, objet de la prévoyante sollicitude du législateur.

126. L'inscription, mesure conservatoire, veut et doit être prise par les créanciers à terme ou sous condition, la Cour de Lyon l'a ainsi jugé par un arrêt sur lequel nous avons déjà insisté (24 juillet 1835). — L'art. 2148, 4° proclamerait cette faculté si elle ne résultait pas déjà de l'art. 1180, aux termes duquel le

créancier peut, *conditione pendente*, exercer tous les actes conservatoires de son droit.

§ II. *D'une prétendue antinomie de l'art. 880, avec l'art. 2111.*

127. Ce n'est presque plus une controverse que le point de savoir si les créanciers du défunt, à compter de la promulgation du titre des priviléges, sont astreints à former leur demande, dans le délai de six mois, de telle façon que cette demande qui, suivant l'art. 880, pouvait s'exercer tant que les biens existaient dans la main de l'héritier, ne serait plus recevable après les six mois écoulés.

C'est Merlin, esprit d'ordinaire si juste, qui a imaginé cette prétendue dérogation et il a trouvé des échos dans MM. Grenier, Chabot et Toullier. L'argument décisif aux yeux de Merlin se déduit de ce que les mots : « qui *demandent* la séparation des biens du défunt, conformément à l'art. 878, » ne se trouvaient pas dans le projet de l'art. 2111, tel qu'il avait été préparé par la section de législation, et qu'ils y ont été ajoutés par suite d'un amendement préparé dans le sein du conseil d'Etat même. D'après Merlin, cet amendement ne pouvait avoir d'autre but que celui de refuser la faculté de s'inscrire à ceux qui, dans les six mois du décès, n'auraient pas formé la demande en séparation des patrimoines.

La Cour de Nîmes, dans son arrêt du 19 février 1829, n'a rien laissé subsister de cette thèse. Eût-ce été suffisamment désigner les demandeurs en séparation de patrimoines, que de dire : « Les créanciers et légataires.... conservent leur privilége, » alors que le privilége, dont le nom apparaissait pour la première fois dans l'art. 2111, n'avait figuré ni dans la section destinée aux créanciers privilégiés sur les immeubles, ni dans le titre des successions qui avait réglé le droit de séparation de patrimoines? Il fallait donc, pour qu'on sût reconnaître ces créanciers égarés dans la section IV du titre des priviléges, ajouter ces mots : « qui demandent la séparation conformément à l'art. 878; » ce qui est synonyme de ces mots, qui veulent demander, ont l'intention de demander. Expressions, qui, l'arrêt le disait très-bien, ne peuvent constituer une disposition législative dérogatoire, laquelle doit toujours être conçue en termes impératifs. Et il est si peu vrai que cette dérogation supposée ait été dans l'esprit de l'amendement, il est si évident que l'addition a été faite dans une tout autre intention que celle de fixer un délai différent de celui prescrit par l'art. 880, que l'art. 2111 ne se réfère nullement à ce texte, dont il ne dit mot, mais seulement à celui de l'art. 878 qui pose le principe de la séparation et proclame le droit des créanciers du défunt, sans s'expliquer sur les conséquences et la durée de l'action.

Soyons donc moins prodigues de dérogations, lesquelles ne peuvent résulter que de dispositions positives ou tout au plus de la contrariété de deux dispositions législatives, et reconnaissons que, loin de s'annuler, nos deux textes (880 et 2111) se concilient entre eux, leur objet étant différent; l'un, l'art. 880, fixant la durée de l'action, l'autre, l'art. 2111, déterminant les conséquences du droit de préférence, accordé aux créanciers et légataires. Il faut donc tenir pour certain, que, lorsque le créancier a pris inscription dans le délai de six mois, son droit est garanti pour l'avenir, et qu'il n'est pas nécessaire que sa demande soit formée dans le même délai. (Comp. Demol., n°ˢ 200 et 141. Vazeille, art. 878, n° 18. Troplong, Hyp., 1, n° 325.)

M. Barafort l'a très-bien dit : « Le législateur, sans y prendre garde, aurait changé toute l'économie de ses dispositions. La prescription de l'action de trois ans, quant aux meubles, subsisterait telle quelle; et, quant aux immeubles, une prescription de six mois se trouverait substituée à une prescription de la plus longue durée. »

C'est l'idée qui se trouve implicitement renfermée dans un arrêt de Colmar (3 mai 1834) ; l'arrêt est tellement pénétré de ce qu'aurait de choquant et de contradictoire le résultat indiqué par le jurisconsulte lyonnais, qu'il dit : La loi n'a pas pu vouloir réduire les créanciers du défunt à un délai moindre de trois années pour exercer les poursuites sur le mobilier ! !

Car, pour qu'il y eût quelque vestige de logique dans cette doctrine, il faudrait que tout allât du même pas.

En consultant un arrêt de cassation de 1833 (1), sur une grave question relative au bénéfice d'inventaire, nous avons surpris dans cette sentence, d'ailleurs très-remarquable, la consécration de la doctrine de Merlin. Nous ne doutons pas qu'aujourd'hui elle n'aurait plus de crédit devant la Cour régulatrice.

(1) V. ch. civ., 18 juin 1833; S., 33, 1, 735.

CHAPITRE XVII

Examen de diverses situations juridiques dans lesquelles la jurisprudence fait remise aux créanciers et légataires du défunt de la formalité de l'inscription requise par l'art. 2111. — Créancier inscrit avant le décès du débiteur. — Acceptation bénéficiaire. — Succession vacante.

PREMIÈRE SECTION.

128. La formalité requise par l'art. 2111 est-elle nécessaire aux créanciers régulièrement inscrits avant le décès, pour faire produire à l'inscription préexistante les effets relatifs à la séparation des patrimoines tels qu'ils résultent de l'art. 2111, C. Nap.?

A l'énoncé de cette question, le lecteur comprend qu'il ne peut s'agir de l'espèce précédemment examinée d'un créancier hypothécaire du défunt, qui, inscrit avant le décès, primait, sans avoir besoin de la séparation des patrimoines, une hypothèque légale qui n'avait pu prendre effet qu'au moment où les biens avaient passé aux mains de l'héritier. Il n'était pas question alors de faire produire à l'inscription prise avant le décès du débiteur les effets de la séparation ; on s'en tenait à l'application pure et simple des principes hypothécaires : *Prior tempore, potior jure.* Dans cette espèce, l'antériorité de date marquait la priorité de rang (1). L'arrêt de Grenoble s'exprimait, en effet, en ces ter-

(1) Art. 2134, C. N., conf. Demol., n° 107.

mes : « Attendu que Vallet n'a pas besoin d'invoquer le privilége de séparation de patrimoines, puisque, ayant une hypothèque régulièrement inscrite sur les immeubles de Rostaing père, il a sur ces immeubles un droit réel qui en affecte le prix, et qui doit sortir son effet, *si la femme R.... n'a pas une hypothèque antérieure à la sienne.* » D'où suit que, dans l'esprit de l'arrêt, si la femme avait eu une hypothèque antérieure à celle du créancier, il aurait eu besoin pour la primer du bénéfice de la séparation. Nous avons dit (n° 13 *suprà*) que, dans ce cas même, il n'aurait pas été primé ; nous ne revenons pas sur les motifs donnés à l'appui de cette thèse, d'ailleurs controversée dans le droit nouveau comme elle l'était sous l'ancienne jurisprudence. (Comp. Lebrun, n° 11 *des dettes* ; Blondeau, p. 490, *Not.*, 1.)

129. C'est dans de tout autres termes que se pose le problème ci-dessus énoncé, et il ne peut rien y avoir de commun entre la situation dont nous venons de parler et celle indiquée dans notre question, si ce n'est que, dans l'une comme dans l'autre, les créanciers du défunt étaient inscrits avant son décès.

Ici le créancier a la prétention de revendiquer, en les faisant sortir de l'inscription antérieure au décès du débiteur, toutes les prérogatives de la séparation des patrimoines, sans s'astreindre à prendre l'inscription de l'art. 2111.

C'est un principe certain que, par le fait de la séparation des patrimoines, les créanciers du défunt acquièrent, au regard des créanciers de l'héritier, le droit d'être colloqués pour tous les intérêts à eux dus. L'art. 2151 est, en ce cas, inapplicable. Eh bien ! voici un créancier à qui l'inscription d'une hypothèque conventionnelle sur les immeubles du débiteur assurait aux termes de droit le capital de sa créance et trois années d'intérêts. Au décès de son débiteur, et faute de payement de sa créance, il poursuit l'expropriation du domaine hypothéqué contre les héritiers du débiteur ; un ordre s'ouvre pour la distribution du prix, et le créancier du défunt demande, en vertu d'un prétendu droit de séparation des patrimoines, à être colloqué par privilége et préférence aux créanciers personnels des héritiers : 1° pour le principal de sa créance, 2° pour tous les intérêts à lui dus.

Le tribunal de Lesparre, et sur l'appel la Cour de Bordeaux, admettent ces prétentions et décident que le créancier, ayant pris inscription dès avant le décès du défunt, les créanciers personnels des héritiers avaient été légalement avertis de l'existence de la dette héréditaire ; qu'après le décès du débiteur, l'inscription renouvelée avait conservé le droit de séparation de patrimoines, que la publicité *voulue par l'art.* 2111 étant acquise dès le principe, et ayant toujours subsisté, les biens du défunt étaient restés le gage spécial des créanciers, et devaient, par conséquent, servir à les payer entièrement, tant en principal qu'intérêts et frais ; que l'art. 2151 du Code était sans application dans la cause, *où le droit conféré par le gage écarte toute question de rang hypothécaire* (1).

Un créancier des héritiers se pourvut en cassation contre cette sentence : la question fut posée en ces termes très-nets par le rapporteur : « Toute la difficulté consiste à savoir si l'art. 2111 exige que le créancier du défunt dont la créance était inscrite avant le

____

(1) Proposition exacte, lorsqu'il y a vraiment et régulièrement séparation de patrimoines (art. 2111).

décès de son débiteur, soit *encore* obligé de prendre une inscription *spéciale*, dans les six mois du décès, pour pouvoir exercer *son* privilége. »

Après avoir posé la question sur ce terrain, le rapporteur conclut à l'inutilité de l'inscription spéciale de l'art. 2111, dans la situation sur laquelle la Cour suprême avait à statuer ; à peu de chose près, il s'appuya sur les motifs donnés par l'arrêt de Bordeaux, à savoir, que les tiers étaient suffisamment avertis que l'immeuble héréditaire *n'était plus leur gage!* Il y ajouta ces trois observations : 1° que l'art. 2111 ne disait pas qu'il fût nécessaire de requérir une inscription lorsqu'une première inscription existait ; 2° que la forme et les énonciations de l'inscription seraient les mêmes que celles de l'inscription préexistante, et 3° qu'enfin la loi ne disait pas que l'inscription prise dans les termes de l'art. 2111 dût énoncer la volonté chez l'inscrivant de former ultérieurement sa demande en séparation. La Cour rejeta le pourvoi sur les observations du rapporteur. (Sirey, 1848, 1, 17, arrêt 30 nov. 1847, rapport de M. Hardouin.)

130. Le système accueilli par la Cour revient à dire qu'il sera désormais possible de se prévaloir de la séparation, sans avoir même à la demander selon les formes prescrites ; la Cour, après le rapporteur, consacre cette singularité juridique, qu'une seule créance inscrite opérera, pour celles non inscrites, séparation des patrimoines ; et il y aura, dans l'espèce, cette bizarrerie excessive que la créance inscrite qui n'a pas besoin du privilége de la séparation des patrimoines, et se suffit comme droit réel assis sur l'immeuble, acquerra ce bénéfice pour son accessoire non inscrit qui en a besoin.

Le rapporteur, par l'énoncé ci-dessus rappelé de la question, suppose dans le droit préexistant du créancier le germe de ce qu'il appelle « son privilége. »

Eh bien, s'il est question de privilége, il faut, pour qu'il soit efficace, qu'il soit inscrit aux termes des art. 2106 et 2111, le principe général, appliqué par le dernier texte, étant qu'entre créanciers les priviléges ne produisent effet qu'autant qu'ils sont rendus publics par l'inscription.

Mais, dit-on, cette inscription existe, et celle de l'art. 2111 serait une superfétation. — De telle façon que dans ce système, l'inscription prise du vivant du débiteur aura garanti un privilége, avant que le droit à ce privilége soit ouvert, et il ne peut l'être que par le décès du débiteur. C'est pour le moins étrange! — On dit que les deux inscriptions ont un objet identique ; mais non : l'inscription, prise avant le décès, garantissait au même rang d'hypothèque que pour le capital deux années d'intérêts et l'année courante ; elle n'allait pas au delà et ne pouvait aller au delà ; l'inscription prise dans les six mois du décès eût garanti le reste de la créance non inscrite, tandis que la fin de l'art. 2151 demeure nécessairement applicable, en l'absence de la demande en séparation et de l'inscription qui s'y joint.

Sur l'avertissement donné aux tiers, il n'y a qu'une chose à répondre; c'est que cette publicité différera étrangement suivant que les tiers la puiseront dans une inscription du genre de celle prise par notre créancier, ou dans l'inscription qu'il aurait dû prendre, suivant l'art. 2111. Les tiers verront dans le premier cas, qu'un ou plusieurs immeubles sont grevés; ils sauraient dans le second qu'il s'agit d'un droit de

préférence pouvant s'étendre à tous les fonds héréditaires. (Art. 2111.)

Quant à la forme de l'inscription, il nous semble
qu'autre chose est la forme d'une inscription qui,
comme celle de l'art. 2111, doit spécialiser tous les
immeubles, d'après la jurisprudence la mieux établie;
autre chose la forme d'une inscription qui, soit spéciale,
soit générale, ne peut se confondre avec la première,
car si elle est spéciale, restreinte à un ou deux immeubles,
elle n'a rien d'analogue à celle qui porte sur chacun
des immeubles; si elle est générale, elle bénéficie de
l'exception contenue à l'art. 2148, *in fine*, et nous
avons vu que cette exception est étrangère à la séparation des patrimoines (V. C. Lyon, 24 déc. 1862).

Dans son rapport, M. Hardouin a présenté un argument tendant à dire que l'art. 2111 ne proclame pas la
nécessité d'une inscription, lorsqu'une première inscription existe déjà; que peut-on sérieusement inférer
de ce silence de la loi? l'art. 2111 n'avait pas à se préoccuper de cette hypothèse, et il ne s'en est pas expliqué
précisément parce que l'inscription hypothécaire qui
aura été prise du vivant du débiteur n'aura jamais les
effets étendus de celle que l'article prescrit, parce
qu'en un mot cette dernière inscription s'isole de toute
autre à raison de sa nature propre et de son objet spécial (V. Lyon, 24 juillet 1835).—Que devient du reste
la trop subtile observation du rapporteur, en présence
d'un texte comme celui de l'art. 2106, disposant que
les priviléges ne produisent d'effet entre les créanciers
qu'autant qu'ils *sont rendus publics* par l'inscription,
de la manière déterminée par la loi? la loi ne parle pas
au passé; elle ne dit pas, qu'autant qu'ils ont été
rendus publics, ce qui pourrait, dans une certaine

mesure, favoriser l'interprétation de la Cour; mais elle s'exprime au présent, indiquant bien par là que si l'on veut se prévaloir d'un privilége, il faudra s'assujettir à l'inscription qui le concerne, de la manière déterminée par la loi, c'est-à-dire, pour ce qui regarde la séparation, s'inscrire sur chacun des immeubles du défunt, dans les six mois de son décès (art. 2111).

Le rapporteur ajoutait : « La loi ne dit pas que l'inscription requise par l'art. 2111 doive énoncer la volonté de former une demande ultérieure en séparation. » Cela est vrai, et a été formellement jugé (1), mais qu'est-ce que cela prouve? qui voudrait nier que cette inscription est la manifestation, bien que tacite, la plus énergique possible de l'intention où est le créancier ou le légataire d'exercer le droit de séparation? Cette manifestation si essentielle ne ressortira pas au contraire d'une inscription souvent prise bien longtemps avant le fait générateur du privilége, c'est-à-dire avant le décès du débiteur; bien avisés ceux qui sauront l'y trouver; mais mieux inspirés encore ceux qui, dans notre matière toute de droit strict, s'en tiennent à la lettre de la loi, n'octroyant les bénéfices qu'elle renferme qu'à ceux qui remplissent les conditions formelles de leur obtention.

Cet arrêt de la Cour de cassation (30 nov. 1847) a été combattu par la généralité des auteurs; c'était justice : l'arrêt avait reproduit, dans leur partie défectueuse et erronée, les propositions émises par un arrêt de la Cour de Pau (30 juin 1830, S., 33, 2, 103), consistant à dire : « que les art. 878 et 2111 ne doivent s'appliquer qu'aux créanciers chirographaires du défunt

_____

(1) Paris, 30 novembre 1861. Affaire Pilatre-Jaquin.

et à ceux *qui ayant hypothèque ont négligé de l'inscrire.*»
D'où suit, par un argument *a contrario,* facile à déduire,
que dans la pensée de la Cour une hypothèque inscrite
antérieurement au décès remplacera, égalera parfaitement les effets de l'inscription de l'art. 2111. On
aperçoit tout ce qui se cache d'erreurs dans une pareille
proposition, surtout s'il s'agit d'une hypothèque conventionnelle et spéciale (art. 2129, C. N.) inscrite avant
le décès; comment la mettre sur la même ligne que
l'inscription de l'art. 2111? (Comp. Demol., n° 195.
Pont, *priviléges* et *hypothèques* sur l'art. 2106. Devilleneuve sur l'arrêt du 30 mars 1847, Sirey, 1848,
1, 17).

DEUXIÈME SECTION.

1° Les créanciers du défunt sont-ils tenus de prendre
l'inscription requise par l'art. 2111, au cas où la succession a été acceptée bénéficiairement?

2° Y a-t-il à distinguer, dans le cas de la négative,
entre l'acceptation bénéficiaire d'un majeur et celle
d'un mineur, faite par le tuteur, suivant l'art. 461?

3° La déchéance du bénéfice d'inventaire de la part
de l'héritier peut-elle enlever aux créanciers du défunt
les avantages de la séparation des patrimoines?

4° L'acceptation bénéficiaire par l'un des héritiers
emporte-t-elle, de plein droit, séparation de l'hérédité
d'avec les patrimoines de ceux mêmes qui l'ont acceptée purement et simplement?

5° Y a-t-il lieu, dans le cas précédent, de distinguer
entre l'époque antérieure au partage et celle qui l'a
suivi?

6° La vacance d'une succession emporte-t-elle séparation des patrimoines?

Première question.

131. C'est aujourd'hui une doctrine qui se rencontre en presque tous les arrêts, à savoir, que la séparation des patrimoines est une conséquence de l'acceptation bénéficiaire. D'où il suit que les créanciers et les légataires du défunt n'ont ni demande à former ni inscription à prendre, conformément à l'art. 2111.

Cette formule, devenue de nos jours une vérité peu discutée, a été cependant complétement niée par deux arrêts, l'un de la Cour de Rennes du 23 juillet 1819, l'autre de la Cour de Lyon (20 déc. 1855).

Deux jurisconsultes éminents, Marcadé, et surtout M. Demolombe, se sont refusés à accepter la formule précitée, dans sa généralité, avec son caractère absolu.

L'arrêt de la Cour de Rennes et celui de Lyon s'appuient sur ce double motif : le premier, qu'il résulte du texte de l'art. 2111, à n'en pas douter, que la conservation du privilége tient essentiellement à l'inscription sur les immeubles de la succession, qu'il n'y a de priviléges que ceux établis par une disposition expresse de la loi, que l'art. 2111 est le seul qui ait institué ce privilége de la séparation des patrimoines.

Le second motif, c'est que l'art. 2111, en employant le mot succession, ne fait aucune distinction entre les créanciers d'une succession bénéficiaire et ceux d'une succession pure et simple.

L'idée mère cachée au fond de cette solution des

deux arrêts, et dans la doctrine des auteurs qui repoussent la généralité de notre formule, est celle-ci : Le bénéfice d'inventaire a été créé en faveur de l'héritier, non au profit des créanciers de la succession. M. Demolombe ne balance pas à l'écrire (p. 202) : « Le bénéfice d'inventaire est une institution introduite dans le seul intérêt de l'héritier, pour son avantage, comme dit l'art. 802, non pas pour les créanciers de la succession, mais, tout au contraire, comme disait Pothier, *contre les créanciers de la succession.* »

La jurisprudence n'admet pas, ne peut pas admettre cette doctrine exagérée, et contredite par son auteur lui-même, nous le montrerons. On s'arme de l'article 802, et l'on triomphe parce qu'on y lit que l'effet du bénéfice d'inventaire est de *donner* à l'héritier l'*avantage* de ne pas confondre ses biens personnels avec ceux de la succession. Le Code avait à définir les effets de l'acceptation bénéficiaire, à montrer quels étaient les bienfaits de ce régime pour l'héritier. Cela prouve-t-il que la séparation des patrimoines soit refusée aux créanciers du défunt? qu'il le veuille ou non, l'héritier, en prenant la qualité de bénéficiaire, a communiqué aux créanciers de l'hoirie le bénéfice de *non-confusion* dont il profite lui-même. Cette séparation, opérée par la force des choses et la puissance de la loi, assure aux créanciers et aux légataires un gage complet sur la fortune du défunt, et, si ce bénéfice leur est assuré, il leur est donc bien inutile de demander la séparation des patrimoines, et de prendre une inscription que l'acceptation bénéficiaire a rendue sans effet. (Comp. ch. civ., 20 juin 1853.)

Peut-on bien dire, dès lors, comme M. Demolombe, que le bénéfice d'inventaire ne profite qu'à l'héritier, et tourne contre les créanciers du défunt ? Mais M. Demolombe est le premier à reconnaître que « le bénéfice d'inventaire produit *en leur faveur* l'un des effets de la séparation des patrimoines, par la préférence qu'il leur assure, à l'encontre des créanciers personnels de l'héritier, sur les biens de la succession. » Et, s'adressant à l'opinion des Cours de Rennes et de Lyon, il dit que « le tort de leur doctrine est de ne pas voir que la préférence des créanciers de la succession sur les créanciers personnels de l'héritier est, dans le cas d'acceptation bénéficiaire, une conséquence propre et nécessaire de cette acceptation elle-même. » Le savant auteur ne pouvait pas se contredire davantage. (Comp. chez M. Demol., p. 197 et 202.)

132. Si le Code semble avoir, par une rédaction un peu étroite, réservé pour l'héritier, dans l'art. 802, l'*avantage* du bénéfice d'inventaire, nous voyons tout de suite, après ce texte, une série d'articles qui démontrent jusqu'à l'évidence que l'héritier bénéficiaire est assujetti à des devoirs multiples *dans l'intérêt* des créanciers du *de cujus*. C'est, en première ligne, l'article 803, qui le constitue gérant des biens de la succession et comptable de cette gestion envers les créanciers et les légataires. Si bien que la Cour de cassation (ch. civ., 7 août 1860) n'a pas hésité à déclarer que « la séparation des patrimoines s'exerce par l'héritier bénéficiaire, *administrateur de l'hérédité dans l'intérêt des créanciers.* » L'art. 802 nous dit que l'héritier ne pourrait se décharger du payement des dettes qu'en faisant l'abandon de tous les biens de la succession aux créanciers et légataires; l'art. 807 nous apprend qu'il est tenu de fournir aux intéressés caution bonne et solvable de la valeur du mobilier compris dans l'inven-

taire et de la portion du prix des immeubles non déléguée aux créanciers hypothécaires. Nous savons la sanction du refus par l'héritier de fournir caution : le mobilier
est vendu, et le prix en est déposé, ainsi que la portion
non déléguée du prix des immeubles, pour être em-
ployés à l'*acquit des charges de la succession*. On le
voit, il ne peut se faire que les créanciers personnels
de l'héritier touchent à l'hérédité bénéficiaire, avant
que leur débiteur ait payé les créanciers et légataires de
cette hérédité (art. 808 et suiv.). Il faut donc répéter,
avec la Cour de cassation, que la séparation des patrimoines, conséquence forcée de l'acceptation bénéficiaire,
s'exerce, par le fait de l'héritier, *dans l'intérêt des
créanciers.*

133. Nous ne croyons pas devoir beaucoup insister sur
l'argument déduit, en faveur de la thèse que nous sou-
tenons, des termes de l'art. 2111, et qui se traduit ainsi :
l'inscription, n'étant exigée que « des créanciers qui
demandent la séparation du patrimoine du défunt, »
ne peut s'appliquer à ceux pour lesquels elle s'opère de
plein droit. Nous n'y insistons pas, parce que 1° cela
ne résout pas la difficulté, proposée par les arrêts
précités et qui consiste à savoir si, en dehors de
l'art. 2111, il existe un privilége de séparation ; 2° parce
que la phrase incidente, dont quelques partisans de
notre opinion s'autorisent et argumentent, a été destinée simplement à rattacher l'art. 2111 au titre des
successions qui avait réglementé depuis un an le droit
de séparation des patrimoines. C'est ce qui ressort manifestement des travaux préparatoires du Code.

134. Enfin, il nous faut répondre à une préoccupation
de certains auteurs qui voient dans la thèse à laquelle
nous nous rallions la création d'une sorte de privilége

occulte, ce qui leur paraît une grave atteinte portée aux garanties du système hypothécaire (1). Ils sont touchés de cette idée que l'héritier, quoique bénéficiaire, n'en est pas moins censé pour le public gérer ses propres biens, en sorte qu'après un long temps d'administration, les tiers qui contractent avec lui peuvent se persuader que les biens que l'héritier a sous la main sont libres de toute charge et de tout privilége. Ils se verront donc surpris par des créanciers dont ils ne soupçonnaient ni l'existence, ni le privilége, et qui, au bout de dix ans, vingt ans, viendront les primer à l'improviste.

Ces appréhensions seraient justes et fondées s'il était exact que la publicité fût absolument bannie du régime bénéficiaire, mais cette publicité existe ; les tiers peuvent consulter les registres du greffe où *doit* se trouver inscrite la déclaration de l'héritier, qu'il ne prend cette qualité que sous bénéfice d'inventaire (art. 793), — déclaration qui, on ne saurait trop le répéter, est une forme substantielle de l'acceptation bénéficiaire. Les registres une fois consultés, les tiers sauront comprendre que les biens héréditaires ont cessé d'être leur gage.

135. Nous nous résumons en disant que c'est aujourd'hui un point acquis définitivement en jurisprudence, que l'acceptation bénéficiaire opère de plein droit la séparation des patrimoines, sans que les créanciers soient tenus de s'inscrire conformément à l'art. 2111 ou de former une demande en séparation.

Nous renvoyons particulièrement le lecteur aux décisions suivantes : Paris, 8 avril 1826, S., 26, 2, 218 ; ch. civ., 18 juin 1833, S., 33, 1, 735 ; Nîmes, 21 juillet

______

(1) V. aussi Lyon, 20 décembre 1855. (Sirey, 1857, 2, 289.)

1852, S., 53, 1, 725; ch. civ., 7 août 1860, S., 61, 1, 257; *Id.*, 18 juin 1863, S., 63, 1, 379; Rej., 12 juin 1865, S. 65, 1, 298; tribun. de la Seine, 2ᵉ chambre, 13 janv. 1866 (le *Droit* du 10 mars 1866).

Deuxième question.

136. Y a-t-il lieu de distinguer, pour l'application du principe posé par la jurisprudence, entre une succession acceptée bénéficiairement par un majeur et une succession échue à un mineur, qui, s'il accepte, est forcément un héritier bénéficiaire ?

On est généralement d'accord qu'il n'y a pas à distinguer entre ces deux situations, et que la séparation des patrimoines qui ressort du bénéfice d'inventaire (art. 802) ne dépend pas de la spontanéité et de la liberté de l'acceptant. (V., *contra*, trib. Uzès 1852.)

Mais, tout en adhérant à cette solution, nous sommes fermement convaincu que la jurisprudence fait fausse route et méconnaît les vrais principes, lorsqu'elle consacre un état d'acceptation bénéficiaire en dehors des formes essentielles prescrites par les art. 461 et 776 au tuteur de l'héritier; lorsque, posant le principe vrai qu'une succession échue à un mineur est toujours bénéficiaire, elle ne tient aucun compte de l'omission des formes substantielles dans lesquelles, aux termes de l'art. 793, l'acceptation doit avoir lieu. C'est, à notre gré, interpréter divinatoirement l'art. 793, que d'affranchir le mineur, ou plutôt son tuteur, de la déclaration faite au greffe, sous le prétexte que l'état de minorité ne permet d'accepter un legs ou une succession que bénéficiairement : alors que le texte de l'art. 793 est général, absolu (1), ne fait pas de distinction expresse entre les majeurs et les mineurs (V., *contra*, art. 783).

Cette déclaration au greffe n'est pas du tout une formalité purement idéale, comme on a pu l'écrire, mais bien une formalité substantielle. (*Sic*, Demolombe, n° 132, t. III, *success.*)

C'est, qu'on le remarque bien, la seule publicité de notre matière. Si on en dérobe le bénéfice aux tiers, quelle situation leur fait-on ? Qu'on réfléchisse surtout à la jurisprudence qui pose en principe que dans le cas d'une succession acceptée bénéficiairement par l'un, purement et simplement par l'autre, les personnes contractant avec l'héritier pur et simple ne peuvent être censées ignorer que les immeubles héréditaires sont en ses mains, comme faisant partie d'une succession bénéficiaire, et cette jurisprudence ajoute : « L'état bénéficiaire peut n'avoir pour cause que l'acceptation d'un mineur. » — *Sic*, Cass., 3 août 1857. (Sirey, 58, 1, 287.) — Que les tiers aient au moins la possibilité de savoir qu'il y a un héritier sous bénéfice d'inventaire !

Bien plus, nous avons vu des arrêts ne tenir nul compte de l'inaccomplissement des formes prescrites par l'art. 461, et considérer néanmoins le mineur comme ayant accepté sous bénéfice d'inventaire. Certes, on ne prétendra plus que l'art. 461 ne s'applique qu'aux majeurs, comme on l'a soutenu pour l'art. 793 ; « le tuteur ne pourra répudier, ni *accepter* une succession échue au mineur *sans une autorisation préalable* du conseil de famille. L'acceptation n'aura lieu que sous

***

(1) Le tribunal de Metz, dans ses observations sur le projet de loi, avait demandé que les mineurs fussent dispensés de la déclaration au greffe : le législateur est resté sourd à cette demande.

bénéfice d'inventaire. » — Dans un jugement du tribunal de Charolles (aff. Chevallard et Vadon c. Perret) il s'agissait, à la vérité, d'un père administrateur légal qui avait accepté sans l'autorisation prescrite par l'art. 461 ; mais, en matière aussi grave que celle d'une acceptation de succession ou de legs (art. 463), n'est-il pas d'évidence que l'obligation impérieusement tracée au tuteur de se faire au préalable autoriser par le conseil de famille s'appliquait avec une égale force au père administrateur?

C'est du moins notre conviction que, si le père, comme administrateur, peut faire sans autorisation tous les actes dont le tuteur est à lui seul capable, sa capacité cesse pour tous les actes où ce dernier est astreint par la loi à prendre certains avis ou à recourir à l'homologation judiciaire. (Comp. Marseille, trib. civ., 12 déc. 1864. C. Paris, 4 juin 1865. Tr. Seine, 5 fév. 1867. *Contra*, Paris, 30 avril 1867. *Gazette des trib.* du 5 mai 1867.)

La Cour suprême a validé, nonobstant l'omission des formes de l'art. 461, l'état d'acceptation bénéficiaire. Or, n'est-ce pas lier le mineur, lui imprimer au mépris des garanties protectrices de la loi la qualité d'héritier, selon la maxime : *semel heres, semper heres* (1), au lieu de lui laisser la liberté, une fois majeur, d'accepter ou de répudier?

Soit donc que l'art. 793 ait été méconnu, soit surtout que le tuteur ou le père administrateur légal ait manqué aux formalités essentielles prescrites par l'article 461, sans lesquelles il n'y a pas d'acceptation, nous

(1) Paris, 3 avril 1826; Grenoble, 4 juin 1836 (S., 37, 2, 109); Cass., 25 mars 1840; Douai, 5 avril 1848; Demol., t. III, n° 208, *in fine.*

estimons que les créanciers de la succession ne peuvent se prévaloir de la jurisprudence constante des Cours d'appel et de la Cour suprême, d'après laquelle l'acceptation bénéficiaire emporte de plein droit séparation des patrimoines, *parce qu'encore une fois on ne peut dire qu'en dehors de ces formes, la succession ait été acceptée sous bénéfice d'inventaire.*

Nous croyons donc qu'ils seront forcés, s'ils veulent exercer le privilége de séparation des patrimoines, de recourir à l'inscription de l'art. 2111. (Comp. dans notre sens : trib. d'Uzès, 1852; Arliaud c. Dutour. Demol., t. III, n° 133, avec des réserves et n° 132 *in fine*). *Contra*, Barafort, n° 162 ; Rouen, 24 janvier 1845; Sirey, 46, 2, 659; Nîmes, 21 juillet 1852, infirmatif de la sentence d'Uzès; trib. de Charolles, 3 juin 1853; Cass., 11 déc. 1854. (Sirey, 1855, 1, 277.)

Troisième question.

137. La déchéance du bénéfice d'inventaire de la part de l'héritier, ou sa renonciation à ce bénéfice, peut-elle enlever aux créanciers du défunt les avantages de la séparation des patrimoines?

Cette troisième question est fort grave; elle met en jeu l'essence même du bénéfice d'inventaire.

Étant admis comme un point désormais acquis dans la pratique, que l'acceptation bénéficiaire emporte séparation des patrimoines, faudra-t-il consacrer ici la maxime : *cessante causa cessat effectus*, et déclarer que la séparation des patrimoines s'anéantira aussitôt que l'héritier aura fait acte d'héritier pur et simple, de telle sorte que, dans ce système, il serait indispensable aux créanciers de la succession de prendre l'inscription prescrite par l'art. 2111, pour conserver leur privilége au regard des créanciers de l'héritier? (*Sic*, Rouen, 5 déc. 1826; S., 27, 2, 296.)

Faudra-t-il, au contraire, dire que, l'acceptation bénéficiaire ayant entraîné de plein droit la séparation des patrimoines du défunt et de l'héritier bénéficiaire, il n'est plus au pouvoir de celui-ci, ni de ses créanciers propres, d'enlever aux créanciers de la succession des droits qui leur sont irrévocablement acquis; qu'alors ces derniers exercent seuls leurs droits tels qu'ils sont, chirographaires ou hypothécaires, sur les biens de l'hérédité, qui est leur gage spécial; que, de plus, s'ils ne sont pas satisfaits, ils ont le droit de venir sur les biens de l'héritier devenu pur et simple avec ses créanciers, lesquels ne pourront, par contre, agir sur les biens de la succession qu'après entier payement des créanciers héréditaires, s'il reste quelque chose (1)?

Pour nous, nous pensons que la maxime : *cessante causa cessat effectus*, perd son empire en présence des droits acquis, et il nous paraît impossible de méconnaitre que l'acceptation bénéficiaire, en empêchant la confusion des biens du défunt d'avec ceux de l'héritier (article 802, 2°), ait constitué un droit acquis irrévocablement aux créanciers héréditaires. L'inventaire a fixé leur situation, en même temps qu'il a arrêté celle de l'héritier; ce serait tomber dans des redites que de faire remarquer qu'un héritier qui gère l'hérédité dans l'intérêt des créanciers (art. 803), leur doit rendre des comptes, n'use pas seulement du bénéfice d'inventaire

____

(1) Sed si illis qui separationem impetraverunt satisfactum fuerit, *quod superest* tribuetur propriis heredis creditoribus. (Paul, l. 5 *de separ.;* comp. l. 3, § 2, *in fine.*)

dans son propre intérêt, mais que cette situation, créée par l'acceptation, profite nécessairement aux créanciers et légataires de la succession (art. 804). Le système adverse veut rétablir la confusion des deux masses, à l'aide de la maxime : *cessante causa cessat effectus.* Qu'on songe à la gravité des conséquences que cette maxime renferme : si un acte d'héritier (art. 800) équivaut, à l'égard des tiers, à l'acceptation pure et simple, et l'art. 778 ne laisse pas de doute sur ce point, il arrivera, dans le système de la confusion, que la séparation des patrimoines ne sera jamais le résultat de la succession bénéficiaire, l'art. 777 faisant remonter l'effet de l'acceptation pure et simple au jour de l'ouverture de cette succession. Et, qu'on le remarque bien, l'inscription de séparation des patrimoines, à laquelle on veut assujettir les créanciers, sera le plus souvent illusoire pour ces créanciers, parce qu'ils ne seront plus à temps de s'inscrire, ayant laissé écouler le délai de six mois sur la foi de l'acceptation bénéficiaire. (V. Malpel, *Traité des succ. ab intestat*, nº 240.) Et c'est ainsi que les créanciers seront dépouillés dans l'ombre par un acte qu'ils auront le plus souvent ignoré (art. 778 *in fine*), par une faute d'administration, un recélé, une omission dans l'inventaire d'effets de la succession; de telle sorte qu'au quasi-contrat qui avait lié les héritiers et les créanciers, tout en mettant une barrière entre leurs intérêts, à ce quasi-contrat, qui résultait soit de l'acceptation (1), soit d'une sorte de *negotiorum gestio*, viendra se substituer un délit ou quasi-délit qui privera les créanciers des droits qu'ils avaient acquis. — Ce résultat est inique.

(1) Heres quoque legatorum nomine non proprie ex contractu obligatus intelligitur (Institutes, tit. XXVIII, lib. III). V. art. 1370, C. N.

C'est ce que la Cour de cassation a bien mis en relief (18 juin 1833), dans ces trois considérants, que nous plaçons sous les yeux du lecteur :

« Considérant que la séparation des patrimoines opérée par l'*acceptation* sous bénéfice d'inventaire, par l'*acte authentique* passé au greffe et par l'*inventaire* qui en est la condition essentielle (1), ne peut par rapport aux créanciers de la succession disparaître et cesser d'avoir effet par la suite, et moins encore plusieurs années après (2), par le fait de l'héritier ;

« Considérant que la *peine* d'être en ce cas considéré comme héritier pur et simple, est établie en faveur des créanciers du défunt et ne peut par conséquent tourner contre eux et les priver de leur gage *exclusif* (3) ; qu'eux seuls pourraient invoquer cette déchéance, puisqu'elle n'existe que pour eux, que ni l'héritier bénéficiaire, ni les créanciers ne peuvent se créer un droit par un fait personnel de cet héritier *administrateur comptable* ;

« Considérant qu'une doctrine contraire ouvrirait carrière à des fraudes qu'il serait impossible de constater, puisque l'héritier pourrait, par un fait même secret, à l'insu des créanciers de la succession, leur enlever leur gage et l'attribuer à ses propres créanciers ; que l'héritier pourrait aussi en faisant acte d'héritier, postérieurement au délai de six mois de rigueur, prescrit par

---

(1) Art. 793, 794, 800.

(2) Dans l'espèce de l'arrêt, l'héritier bénéficiaire avait vendu sans aucune formalité un immeuble de la succession, *sept ans* après l'acceptation bénéficiaire. A quoi servirait alors l'inscription de l'article 2111 ?

(3) Art. 988, C. pr., à *peine* contre l'héritier bénéficiaire d'être réputé héritier pur et simple. V. art. 987, C. pr. ; 792, 801, C. N.

l'art. 2111, enlever aux créanciers de la succession le droit de prendre la voie de la demande en séparation de patrimoines. » — Casse. (V. même sens, 29 juin 1853, Cass. — S., 53, 1, 736.)

Cette théorie si nette de la Cour suprême nous paraît la vérité même.

On l'a contestée dans la doctrine ; M. Demolombe, qui est un de ses adversaires, a nié, nous l'avons vu, que le bénéfice d'inventaire emportât la séparation de patrimoines, *dans l'intérêt des créanciers*, tout en reconnaissant que ce bénéfice d'inventaire leur assurait un droit de préférence et de gage exclusif sur les biens du défunt. Car, disait-il, oh! sans doute si l'on admet ce point de départ que le bénéfice d'inventaire entraîne la séparation des patrimoines dans l'intérêt des créanciers, la conséquence en serait que ce droit, leur étant une fois acquis, ne pourrait plus leur être enlevé. Il ne veut pas entendre parler de ce résultat. Nous croyons avoir, sur l'examen de la première question, démontré l'inconséquence de sa solution.

Était-il donc admissible de réduire les créanciers de la succession à un simple recours sur les biens personnels de l'héritier? ce recours ne pouvait-il pas être illusoire? quelle est donc la situation, et que présente-t-elle de si étrange? M. Mourlon est fort choqué de ce que les créanciers de la succession pourraient tenir à l'héritier, devenu pur et simple, ce langage : « Notre droit exclusif sur le patrimoine du défunt subsiste. L'obligation qui vous était imposée de ne procéder à la vente des biens que sous certaines formalités prescrites pour notre sûreté reste entière. » Que se passe-t-il lorsque les créanciers demandent principalement la séparation? Ils sont privilégiés sur la masse des biens de l'hérédité, créanciers de droit commun sur la partie des biens qui appartient à l'héritier. Ils puisent ce dernier droit dans l'obligation que l'héritier par le fait de la saisine a contractée de payer toutes les dettes de la succession : ici, ils n'ont pas le même moyen à invoquer pour justifier leur poursuite sur le terrain de l'héritier, réputé pur et simple, mais ils ont, dans cet héritier, un débiteur qui s'est obligé sans contrat, vis-à-vis d'eux, par suite de l'inaccomplissement de ses devoirs d'administrateur comptable. Peu importe la source de l'obligation. (Comp. art. 2092, 803 *in fine*, 804.) Il est certain qu'elle existe, et qu'ainsi s'explique cette prétendue incompatibilité, dont s'étonne M. Mourlon, entre le titre d'héritier pur et simple et celui d'héritier bénéficiaire. (Comp. (art. 2111), p. 951, Ex. crit., tome II.)

138. Par suite des principes ci-devant exposés, il a été jugé que la cession d'une créance héréditaire, consentie par l'héritier bénéficiaire, ne peut être opposée aux légataires particuliers de cette créance, alors surtout que l'héritier bénéficiaire les connaissait et qu'antérieurement à la cession ceux-ci avaient formé opposition, pour la conservation de leurs droits, entre les mains du débiteur de la créance cédée (8 juin 1863, ch. civ.); cet acte d'héritier pur et simple a été considéré comme ne pouvant être opposé au droit de préférence, résultant de l'acceptation bénéficiaire. (*Droit*, 8 juin 1863.)

Il y a, nous pouvons le noter, dans cette décision, une légère dérogation au principe que la vente ou cession des effets de la succession bénéficiaire par l'héritier n'est pas nulle au regard des tiers acquéreurs, ce que nous aurons occasion de voir un peu plus loin. Mais il y avait cette particularité dans l'espèce que l'héritier bénéficiaire, institué dans le même testament que les légataires particuliers, les connaissait nécessairement, et que ceux-ci, avant toute signification du transport de la créance cédée, avaient fait acte protestatif contre cette cession. — On trouvera une doctrine identique dans un arrêt de la Cour de Metz (25 juillet 1865). D. P., 1865, 2, 157.

139. Il est un cas cependant où la séparation des patrimoines résultant de l'acceptation bénéficiaire ne serait point opposable à certains droits consentis par l'héritier bénéficiaire. Que l'on suppose une hypothèque consentie par ce dernier, en tant qu'administrateur de la succession à la conservation de laquelle il doit veiller; qu'on suppose en outre, ce qui s'est présenté dans la jurisprudence, l'emprunt hypothécaire sanctionné par la justice : pourra-t-on dire que des créanciers purement chirographaires de l'hérédité bénéficiaire devront primer sur le prix des immeubles le créancier hypothécaire? se prévaudra-t-on à bon droit de la violation des principes sur la séparation des patrimoines, alors qu'il est évident que le créancier que l'on veut primer, en le tenant pour un créancier personnel de l'héritier bénéficiaire, est bien en réalité un vrai créancier de la succession, dont il a par son prêt assuré la conservation? Non certes, ici il n'y a pas d'un côté des créanciers de l'héritier, de l'autre des créanciers de la succession; il n'y a que des créanciers de la succession, et dès lors la situation se règle entre eux par la nature du titre; il va de soi que la dette hypothécaire, valablement contractée dans l'intérêt de l'hoirie, passera avant les dettes purement chirographaires. (Cass., 12 juin 1865. Sirey, 1865, 1, 298.)

140. M. Demolombe, comme nous l'avons dit, n'admet pas cette formule absolue, que l'acceptation bénéficiaire produise en faveur des créanciers de la succession la séparation des patrimoines, tout en reconnaissant que cette acceptation affecte au payement de leurs créances les biens héréditaires à l'exclusion des créanciers personnels de l'héritier. (V. n° 157.) Mais ce n'est là à ses yeux que la séparation des patrimoines mutilée, et l'intérêt de l'inscription sur les immeubles héréditaires se fait sentir, d'après lui, non-seulement quand l'acceptation a pris fin, pour conserver celui des effets de la séparation des patrimoines qui était une conséquence du bénéfice d'inventaire, mais, même pendant la durée de ce bénéfice, afin d'obtenir ceux des effets de la séparation des patrimoines que l'acceptation ne produit pas. Nous ne revenons pas sur ce que l'opinion du savant auteur nous paraît avoir de contraire à la loi, en ce qui touche la perte du droit de préférence des créanciers du défunt, par suite de la déchéance ou de la renonciation de l'héritier au bénéfice d'inventaire. Quant à la nécessité de s'inscrire, aux termes de l'art. 2111, pour avoir le droit de suite et de surenchère contre les tiers acquéreurs d'immeubles de la succession, nous croyons que, dût ce droit s'attacher à l'inscription prescrite par l'art. 2111 (ce qui est on ne peut plus contestable), le bénéfice d'inventaire reçoit, et dans le Code civil, et dans le Code de procédure, une organisation complète et spéciale qui ne saurait ouvrir aux créanciers de la succession le droit de suite d'une façon générale, et sans distinction entre leurs titres.

De deux choses l'une : ou l'héritier bénéficiaire aura vendu les immeubles en se conformant aux prescriptions des lois sur la procédure (v. art. 987), qui sont au nombre de deux principalement : 1° l'autorisation de la vente par jugement du tribunal; 2° l'observation des formalités prescrites pour la vente des biens de mineurs; alors le prix de vente sera distribué suivant l'ordre des priviléges et hypothèques, et l'adjudicataire qui verserait son prix entre les mains de l'héritier bénéficiaire, au préjudice des créanciers privilégiés ou hypothécaires, ne serait pas libéré vis-à-vis d'eux.

Ou les ventes d'immeubles auront été faites au mépris des formalités de justice, et alors l'héritier sera réputé héritier pur et simple; mais quant à obtenir la nullité des ventes consenties par lui sans les formes prescrites, il ne faut pas que les créanciers y songent. C'est à tort que M. Dufresne l'a écrit (n° 77), en disant que les créanciers pourront, à leur gré et suivant leur intérêt, faire annuler les ventes en conservant à l'héritier sa qualité bénéficiaire (1) ou les maintenir en l'en faisant déchoir.

Cette alternative ne saurait être admise; la validité des aliénations, au regard des tiers, n'est pas contestable; il résulte des paroles du tribun Siméon, lors de la discussion de l'art. 989, que la vente faite *sans* autorisation et *sans* formalités, par l'héritier bénéficiaire, sera valable toujours, et que l'on a trouvé une garantie suffisante pour les *créanciers* dans la déchéance du bénéfice d'inventaire. Il est donc bien certain que la nullité des ventes ne pourra être poursuivie avec succès; il ne s'agit pas là d'une aliénation faite *a non domino*, puisque l'héritier bénéficiaire est propriétaire des biens

---

(1) V., *contra*, Cour de Caen, 16 juillet 1834.

de la succession, comme l'héritier pur et simple; et la jurisprudence va même jusqu'à décider que si la vente n'a pas porté préjudice aux créanciers, s'il est démontré que la vente aux enchères n'eût pas produit un prix plus élévé que celui obtenu par l'héritier, la PEINE de déchéance du bénéfice d'inventaire ne doit pas atteindre l'héritier. (Sirey, 30, 2, 127. Rouen, 30 août 1828. S., 21, 1, 185. Zachariæ, Massé et Vergé. *Junge*, Dalloz, t. XLI, n° 857. Req. 23 juillet 1850.)

Ainsi donc, voilà, d'après nous, le système organisé par la loi, nul autre ne doit pouvoir s'y substituer.

Au cas de vente régulière des immeubles, le droit de suite ne sera ouvert que dans le cas où l'adjudicataire aura payé à l'héritier son prix au préjudice de créanciers ayant des hypothèques ou priviléges inscrits sur le bien vendu; il ne serait pas ouvert à de simples créanciers chirographaires, prissent-ils l'inscription à fin de séparation des patrimoines. — Le prix des immeubles hypothéqués sera distribué d'après le rang de l'ordre des créanciers privilégiés ou hypothécaires (art. 991); l'héritier qui en général a le droit de toucher les sommes appartenant à la succession, ne peut pas toucher le prix des immeubles grevés de priviléges. (Art. 806.)

Au cas de vente irrégulière (art. 988, C. pr.), la vente est valable au regard des tiers acquéreurs (1). Le privilége, résultant de l'acceptation bénéficiaire sur les biens du défunt, au profit des créanciers, survit à la déchéance du bénéfice d'inventaire, puis il y a concours des créanciers héréditaires avec ceux de l'héritier sur

____

(1) V. cependant Ch. civ., 29 juin 1853; S., 53, 1, 725.

ses biens personnels, sauf le cas où il serait décidé, par les tribunaux, que la vente n'a causé aucun dommage aux intéressés, n'a pas été exclusive de toute bonne foi, et qu'il n'y a pas lieu de prononcer la peine de la déchéance.

M. Blondeau vient à l'appui de ce que nous avons développé, en disant, page 506, n° 1 : « Nous ferons remarquer que les art. 2111 et 2113, n'étant pas applicables au cas d'acceptation sous bénéfice d'inventaire, il faut, dans l'art. 806, entendre par créanciers *hypothécaires* ceux qui avaient déjà hypothèque contre le défunt. » En dehors de cette classe de créanciers, il n'en est donc pas qui aient le droit de suite.

Quatrième et cinquième question.

141. L'acceptation bénéficiaire par l'un des héritiers emporte-t-elle séparation de l'hérédité dans les patrimoines de ceux-là mêmes qui l'ont acceptée purement et simplement, et, en cas d'affirmative, y a-t-il lieu de distinguer entre la période d'indivision et celle qui suit le partage?

Nous avons vu la jurisprudence de la Cour suprême et celle des Cours maintenir unanimement la séparation des patrimoines au profit des créanciers et légataires du défunt, malgré la déchéance encourue par l'héritier bénéficiaire. Nous nous sommes rallié à cette doctrine.

Supposons maintenant une succession appréhendée par des héritiers, dont l'un prend la qualité d'héritier sous bénéfice d'inventaire, dont l'autre accepte purement et simplement.

L'acceptation bénéficiaire de l'un va-t-elle permettre aux créanciers de la succession, non-seulement d'exercer un droit de préférence, à l'égard des créanciers de l'héritier qui a accepté bénéficiairement, mais encore à l'égard de ceux de l'héritier pur et simple?

Pour arriver à consacrer ce résultat, des arrêts ont procédé par la création d'une prétendue indivisibilité du bénéfice d'inventaire, et ils ont dit : « On ne concevrait pas une succession administrée bénéficiairement par l'un des héritiers et appréhendée purement et simplement par l'autre (1). »

142. De ce système résulterait la ruine de tous les principes. L'acceptation bénéficaire est accordée séparément et individuellement à chacun des héritiers ; il en est ainsi de l'acceptation pure et simple (art. 774). Chaque héritier, par la mort de son auteur, est saisi divisément (v. l'art. 1220, 2°) de sa part virile, et à son gré, sans subir les chaînes d'une solidarité quelconque avec ses cohéritiers ; il soumet cette part, dont il est saisi, soit au régime bénéficiaire, soit à l'acceptation pure et simple. L'acceptation bénéficiaire de l'un n'entraîne pas, pour l'héritier pur et simple, un changement de régime en celui de son cohéritier. Il n'y a pas un état bénéficiaire forcé, par exemple, comme dans l'hypothèse spéciale de l'art. 782, où deux héritiers recueillant, dans la succession de leur auteur, une autre succession, qui n'a été ni acceptée ni répudiée, le Code tranche leur désaccord sur le parti de l'accep-

<hr>

(1) La Cour de Caen n'a pas hésité à poser cette formule : « peu importe que l'acceptation bénéficiaire n'ait eu lieu que de la part d'un seul, puisque le *régime du bénéfice d'inventaire est indivisible*» (21 nov. 1855).

tation pure et simple, ou celui de la répudiation, en leur imposant le régime bénéficiaire. — Cette solution est spéciale; elle ne saurait s'étendre hors du cas très-exceptionnel qu'elle régit.

La Cour de cassation n'a pas, comme la Cour de Caen, formulé l'indivisibilité du régime bénéficiaire; elle reconnaît très-bien (ce qui, du reste, est l'évidence) que la même succession, dévolue à plusieurs héritiers, peut être acceptée bénéficiairement par les uns, purement et simplement par les autres; mais, en réalité, par sa théorie sur l'indivision, « *qui empêche la confusion des parts revenant aux héritiers purs et simples avec leur patrimoine* », elle consacre, sans le vouloir, une indivisibilité restreinte. Tant que l'indivision dure, l'héritier pur et simple est lié au régime bénéficiaire, assujetti à ses entraves, tenu des garanties qu'il exige; n'est-ce pas là de l'indivisibilité? (V. Cass., 25 août 1858. Sirey, 1859, 1, 65.) Jusqu'au partage, l'héritier pur et simple est paralysé dans ses droits sur les valeurs de la succession dont la mort de son auteur l'avait saisi (art. 1220), et cependant, dans notre droit, le partage n'est pas attributif de propriété. Aussi, le tribunal de la Seine, consacrant la doctrine de la Cour de cassation (jugement du 13 janv. 1866, *Droit*, 10 mars 1866), est obligé de dire : Le partage, *bien que déclaratif* de propriété, fait seul connaître les biens dont l'héritier pur et simple a pu disposer.

143. On prétend, en outre, que, par le fait de l'inventaire, la consistance entière du patrimoine héréditaire est fixée de manière que la confusion n'est plus possible avec les biens de l'héritier (Cour de Dijon, 6 février 1854).

Mais on ne fait pas assez attention que ce n'est pas

l'existence seule de l'inventaire qui produit la séparation des patrimoines; que c'est surtout l'acceptation sous bénéfice d'inventaire faite au greffe (art. 793). Ainsi, dans le système de la jurisprudence, la déclaration faite par un héritier, qu'il prend la qualité de bénéficiaire, vaudra pour tous et s'étendra à ceux mêmes qui ont fait des actes d'héritier pur et simple, ou ont accepté purement et simplement de la façon la plus expresse et la plus clairement exclusive du régime bénéficiaire! Ce résultat est par trop choquant pour la raison (1).

Quant à nous, rejetant de la manière la plus absolue l'extension de l'acceptation d'un cohéritier à un autre héritier pur et simple, nous ne distinguons pas entre le cas d'indivision et celui du partage.

Sur la part afférente au bénéficiaire, les créanciers de la succession exerceront leur droit de préférence à l'exclusion de ses créanciers (art. 802, 2°); sur la part afférente à l'héritier pur et simple, les créanciers de cette même succession, qui par l'adition d'hérédité pure et simple sont devenus les créanciers de l'héritier, ne pourront réclamer sur ces biens qu'un droit de concurrence.

144. Quant à la thèse qui se rapproche de notre opinion, après le partage opéré, elle va soutenant (2) « que les biens attribués à l'héritier se confondent désormais avec son patrimoine *légalement et de fait.* »

---

(1) Combien est-il plus déplorable encore, lorsqu'il s'agit d'un mineur, tenu quitte par la jurisprudence de la déclaration au greffe. Ce régime *occulte* de la succession bénéficiaire devient alors un vrai piège pour les héritiers purs et simples et leurs créanciers. (Voy. *suprà,* n° 136. Demol., t. III, *succ.,* n° 133 et 174.)

(2) V. Ch. civ., 25 août 1858. Sirey, 59, 1, 65.

Comme si l'acceptation pure et simple n'avait pas produit ce résultat *ab initio*, au moins légalement. — Mais qu'on note ceci : « ces biens se détachent de l'hérédité bénéficiaire ; l'héritier peut *les aliéner* sans formalités, il n'en doit plus compte. » — Ainsi dans le système de l'indivision ou *plutôt de l'indivisibilité* (1), l'héritier pur et simple était astreint aux formalités de la vente des biens de mineurs (art. 988, C. Pr.), astreint à fournir caution pour la valeur de meubles compris dans un inventaire auquel il a été étranger, etc... M. Demolombe ne croyait pas que la logique pût aller si loin : car il dit, p. 211, t. III, *succ* : « Mais si ce régime était indivisible, ceux des héritiers qui auraient accepté purement et simplement devraient être aussi traités comme des héritiers bénéficiaires ; ils devraient en conséquence fournir caution et observer toutes les autres conditions du régime bénéficiaire ; *or, il est impossible d'aller jusque-là !* donc on est forcé de reconnaître qu'ils ne sont pas traités comme des héritiers bénéficiaires.... » La Cour suprême n'a pas cependant reculé devant cette extrémité, que le savant auteur regardait comme un trop audacieux défi aux règles du droit.

145. En conséquence de nos précédents développements, nous dirons que les créanciers héréditaires ne pourront opposer aucun droit de préférence exclusif aux créanciers de l'héritier pur et simple, s'ils n'exercent l'action en séparation des patrimoines et ne la conservent conformément aux art. 878 et 2111. (Conf. Demol., n° 173. Lyon, 20 déc. 1855, 1re partie de l'arrêt.)

(1) Que les mots ne nous abusent pas !

Sixième question.

146. La séparation des patrimoines a-t-elle lieu de droit dans le cas de vacance, comme dans celui de bénéfice d'inventaire?

Par cela même qu'il n'y a pas d'héritier connu, ou que les héritiers connus ont renoncé, que nul enfin ne se présente pour réclamer la succession (art. 811), il est bien évident qu'il n'existe qu'une masse de biens, celle précisément que l'on ne réclame pas; cette masse, en l'absence d'héritiers et de leurs créanciers personnels, demeure, par la force des choses, le gage exclusif des créanciers et légataires du défunt.

La séparation a lieu de droit; le curateur à la vacance ne touche rien, ne peut profiter de rien, et n'administre que pour les intéressés, à la requête desquels il est presque toujours nommé. Il n'y a pas d'inscription à prendre aux termes de l'art. 2111, puisque le privilége de séparation ne s'exerce qu'à l'égard des *créanciers* des héritiers ou représentants du défunt. Il ne serait pas davantage permis aux créanciers du défunt de se faire donner individuellement des sûretés réelles, et de les inscrire, puisque la vacance constituant à l'exemple de l'acceptation bénéficiaire un régime d'égalité, ils se heurteraient contre la disposition de l'art. 2146. (Comp. Blondeau, p. 503, 504. V. art. 2258, C. N.)

Ce droit acquis par la vacance aux créanciers et légataires du défunt d'exercer un droit privilégié sur la succession, nous croyons, comme nous l'avons dit à propos du bénéfice d'inventaire, qu'il ne saurait être

enlevé aux créanciers par l'apparition tardive d'un héritier, escorté de ses créanciers personnels, qui enten-
drait les soumettre tous à l'acceptation pure et simple.
Ira-t-on conseiller aux créanciers du défunt de prendre
des inscriptions au moment où l'héritier arrivera? Il
y aura la plupart du temps un long intervalle écoulé
depuis l'ouverture de la succession! le délai de
l'art. 2111 sera bientôt expiré!

Quant à prendre des inscriptions à valoir, à l'encontre
des héritiers et créanciers à venir, cela n'est guère dans
l'esprit de nos lois, et c'est encore moins conforme à
leur lettre. L'inscription doit contenir à peine de nullité
le nom du débiteur et il n'est pas connu : n'est-ce pas
là une de ces formalités substantielles qui met pour la procédure un obstacle au remède conseillé par certains
auteurs? Quant au fond du droit, nous croyons non pas
que l'art. 2146 y serait un nouvel obstacle parce qu'il
ne s'agit pas de s'inscrire *entre* créanciers, mais que
l'art. 2111 n'est fait que pour le cas, sinon de créanciers connus de l'héritier, au moment où l'inscription
est prise, du moins de *représentants* du défunt existant et apparus à la même époque.

Il nous semble qu'au besoin l'on peut, au profit
de nos créanciers et légataires, tirer un argument
de l'art. 790, C. Nap.(1); ce texte suppose qu'un
héritier qui avait renoncé se ravise; il faut dire que
le droit d'acceptation n'est pas prescrit contre lui, et
que la succession n'a pas été appréhendée par d'autres héritiers. — Eh bien! ce renonçant qui se rétracte

______

(1) L'art. 462, C. Nap., contenait déjà une disposition semblable;
mais l'art. 790 étend à tous les successeurs, sans distinction, une
faculté qui semblait n'avoir été créée que pour les mineurs.

ne peut reconquérir sa saisine sans maintenir intacts les droits des tiers, sans respecter tous les droits qui ont été valablement acquis par l'effet de la renonciation, au cours de la vacance. Par le respect imposé des droits acquis à cette réaction de l'héritier renonçant, se trouve modifiée la règle de l'art. 777 que nous avons trouvée plusieurs fois sous nos pas, et qui fait rétroagir l'acceptation au jour du décès. L'héritier, en apparaissant, prendra la succession dans l'état où elle se trouvera, et si le gage a été épuisé par les créanciers, il n'aura que l'émolument de son titre. Si le gage héréditaire a suffi à désintéresser les créanciers de la succession, et qu'il 'y ait eu même de l'excédant, il va de soi qu'il le recueillera. (V. S., 1853, 2, 417 ; Cass., 21 janvier 1853.)

Pour les hypothèses où la vacance cesserait d'une autre façon que celle prévue par l'art. 790, C. N., nous nous référons à ce que nous avons dit plus haut, et nous pensons que l'état de séparation de patrimoines créé par l'inventaire (art. 811, 813) et la vacance en un mot, subsisteraient sans toutefois que l'adition de l'héritier survenant ouvrît un droit aux créanciers de la succession sur ses biens personnels, car ici ce n'est plus une peine dans l'intérêt des créanciers, comme au cas de l'art. 988, C. proc.

Un arrêt d'Amiens (11 juin 1853) prononce qu'au cas de succession vacante, la séparation des patrimoines s'opère par la force de la loi, et qu'il est en conséquence superflu de la demander. Ce droit était opposé dans l'espèce visée par l'arrêt à une prétention soulevée par l'enregistrement d'avoir privilège sur les biens meubles de la succession, pour payement de droits de mutation par décès. Nous avons vu quelle était aujourd'hui la jurisprudence de la Cour de cassation; le jugement et l'arrêt d'Amiens avaient devancé cette jurisprudence, car au moment où l'arrêt était rendu, la Cour de cassation tenait encore pour le privilége du fisc (arrêt 28 juill. 1851.)

CHAPITRE XVIII

De la séparation des patrimoines en présence de la faillite de l'héritier. — Les art. 2146, 448, com., n'empêchent pas, en cas de faillite de l'héritier, les créanciers de la succession de s'inscrire sur les immeubles de la succession. C. Paris, 1824; Trib. Seine, 12 juillet 1859. — L'inscription prise par les syndics, au nom de la masse (art. 490, com.) confère à la masse des droits hypothécaires qui priment les créanciers du défunt dans le cas où ils ont laissé passer le délai de six mois sans s'inscrire. — Telle est la jurisprudence actuelle. — Arrêt de cassation, 29 décembre 1858. — Paris, 30 novembre 1861.

147. S'il est une situation pour laquelle le droit de séparation semble fait plus que pour toute autre, c'est bien le cas où l'héritier est en faillite ; jamais l'insolvabilité ne sera mieux démontrée et l'occasion de demander la distinction des patrimoines plus opportune.

Voici pour le droit en principe : mais lorsqu'il s'agira d'inscrire le privilége, ne trouvera-t-on pas des difficultés ?

L'art. 2146 dit, en termes formels, que les inscriptions ne produisent aucun effet, si elles sont prises dans le délai pendant lequel les actes faits avant l'ouverture des faillites sont déclarés nuls.

Cet article met-il obstacle à l'inscription, en cas de faillite de l'héritier, sur les biens héréditaires par lui recueillis et frappés d'une demande en séparation ?

L'art. 2146, qu'on le remarque bien, n'a pas d'autre

but que de maintenir, dans un commun désastre, la loi d'égalité entre les créanciers du failli, et la prohibition qu'il édicte, au sujet de la prise des inscriptions, ne regarde absolument que les créanciers du failli ; or il s'agit ici de créanciers et de légataires qui ne tiennent pas leur droit du failli, n'ont pas contracté avec lui personnellement, et demandent à rester ce qu'ils sont, créanciers du défunt, sans faire novation dans leur créance (art. 879). Et qu'on le remarque bien, l'inscription ne sera pas prise sur les biens du failli, mais bien sur les immeubles de la succession (art. 2111.)

C'est ce que la Cour de Paris a jugé en 1824 (S., 1824, 2, 330.), sous l'empire de l'ancien art. 443, C. com., calqué sur l'art. 2146, et ainsi conçu : Nul ne peut acquérir privilége et hypothèque sur les *biens du failli* dans les dix jours qui précèdent l'ouverture de la faillite.

Le tribunal de la Seine avait dit :

« Attendu que vainement le syndic provisoire de la faillite oppose que le sieur Denou, qui avait pris une première inscription contre les sieur et dame Montigny père et mère, a négligé de la renouveler et n'en a pris une nouvelle que le 11 novembre 1821, *plusieurs mois après l'ouverture de la faillite de Montigny fils,* et soutient que cette inscription prise sur un failli est *nulle,* car cette inscription a été prise non sur le failli, *mais sur la succession* du sieur Montigny père, en vertu du contrat de rente constitué par lui, et la seule conséquence qui puisse résulter, au préjudice de Denou, du retard par lui apporté à prendre cette nouvelle inscription dans les six mois de la succession du sieur Montigny père, c'est qu'il ne peut s'en prévaloir contre les créanciers personnels et hypothécaires de Montigny fils, inscrits avant lui. »

148. Sous l'empire de l'art. 448, C. com., qui s'exprime ainsi : « les droits d'hypothèque et de privilége valablement acquis pourront être inscrits jusqu'au jour du jugement déclaratif de faillite, » la solution ne doit pas varier, et l'on serait, pensons-nous, mal fondé à soutenir que, si dans le cours des six mois du décès le jugement déclaratif était rendu, l'inscription à fin de séparation des patrimoines ne serait plus recevable. Il s'agit dans l'art. 448, comme dans l'art. 443, comme dans l'art. 2146, C. N., de créanciers personnels du failli, qui ont *acquis* de ce failli des droits hypothécaires ou privilégiés, et qui, dans un intérêt d'égalité et de conservation des droits de la masse, ne peuvent plus s'inscrire à partir du jugement déclaratif de la faillite (art. 443 actuel); tandis que les tiers qui n'ont pas contracté avec l'héritier failli, n'ont acquis de lui ni priviléges, ni hypothèques, mais les tiennent et de leur débiteur décédé et de la loi qui les garantit, ne peuvent se voir opposer par les créanciers du failli la défense, portée en l'art. 448, de prendre inscription après le jugement déclaratif.

Le tribunal de la Seine (12 juillet 1859) l'a ainsi décidé :

« Attendu qu'on ne peut soutenir avec une apparence de raison que la faillite de l'héritier puisse empêcher l'exercice des droits que les art. 878 et 880 accordent aux créanciers du défunt, tant sur ses meubles que ses immeubles. »

« Attendu que ces droits deviendraient illusoires, si ces créanciers ne pouvaient, malgré cette faillite, prendre inscription sur les biens de la succession, conf. à l'art. 2111 ; que cette inscription n'est pas requise en ce cas contre le failli personnellement, qu'elle n'est prise que contre la succession débitrice ;

« Qu'on ne saurait dès lors invoquer les dispositions de l'art. 448, com., qui ne peuvent être applicables qu'au cas où les biens qu'on voudrait frapper d'une inscription sont et doivent rester confondus avec les biens propres du failli ;

« Que s'il en pouvait être autrement, il faudrait décider que la faillite de l'héritier, survenue même avant l'ouverture de la succession ou dans les six mois, suffirait pour enlever aux créanciers du défunt le droit qui leur est accordé par les art. 878 et 2111, ce qui est inadmissible. »

149. Nous avons vu en citant un arrêt de Paris (1824) que l'inscription en séparation des patrimoines, prise par le créancier du défunt, pourrait être primée par des créanciers personnels de l'héritier qui se seraient fait inscrire antérieurement; c'est l'application pure et simple des principes déposés dans l'art. 2111 et 2113 (1).

Mais si nous supposons, au lieu d'inscriptions prises individuellement par des créanciers personnels de l'héritier, l'inscription unique et collective prise par le syndic au nom de la masse (art. 490), sur les immeubles du failli, antérieurement à l'inscription des créanciers du défunt, ces derniers devront-ils subir le droit de préférence des créanciers de la faillite ?

Cette question est subordonnée à la solution de celle-ci : l'inscription prise par le syndic, au nom de la masse, a-t-elle conféré à cette masse un droit hypothé-

(1) V. jugement précité.

caire ? n'est-elle au contraire qu'une mesure de publicité pour notifier aux tiers l'état de faillite ?

Dans le sens de la première opinion, on invoque un texte de la loi du 28 mai 1838 qui a déterminé la nature et la portée de l'*inscription* prise en vertu de l'art. 490. C'est l'art. 517 qui s'exprime ainsi : « L'homologation du concordat conservera à chacun des créanciers, sur les immeubles du failli, *l'hypothèque inscrite* en vertu du troisième § de l'art. 490. A cet effet les syndics feront inscrire aux hypothèques le jugement d'homologation. » Le lien qu'établit en termes positifs l'art. 517 avec l'inscription de l'art. 490 lève donc les doutes que pouvait laisser l'ancien art. 524 où il était bien dit que l'homologation du concordat conserverait l'hypothèque à chacun des créanciers sur les immeubles du failli, mais sans que cette hypothèque, qui apparaissait inexpliquée, se rattachât à l'inscription prise au nom de la masse, aux termes de l'ancien art. 500 remplacé par l'art. 490.

150. Nous comprenons très-bien que jusqu'à la loi nouvelle l'inscription du syndic n'ait paru devoir conférer aux créanciers aucun droit d'hypothèque et n'avoir d'autre effet que d'élargir la publicité de la faillite (V. Bourges, 20 août 1832). Nous ne sommes pas de ceux, nous l'avons prouvé, qui attribuent à l'inscription isolée des effets privilégiés et hypothécaires. Nous comprenons très-bien que sous l'empire des anciens art. 500 et 524, la chambre des requêtes ait dit, que « si l'art. 500, com., enjoint aux syndics du failli de prendre inscription, rien ne prouve que cet article ait nécessairement attaché à cette inscription la vertu non de *conserver* une hypothèque qui n'existait pas, mais de la créer hors des cas qui dans le droit commun peuvent la

faire acquérir. » (Rej. 22 juin 1841.) Mais il est évident que l'addition significative de l'art. 517 a eu pour objet de faire disparaître les doutes qu'un texte imparfaitement rédigé (ancien 524) pouvait faire naître, et protéger la masse de la faillite contre les tiers qui, sans avoir traité directement avec l'héritier, peuvent cependant exercer des droits de préférence sur ses biens, même après le jugement déclaratif, l'art. 448 n'étant pas fait pour eux.

Quant à la qualification que doit recevoir cette hypothèque de l'art. 490 complété par l'art. 517, on a voulu trouver là une source de difficulté, et l'on a dit que cette hypothèque ne rentrait dans aucune des classifications du Code (art. 2116), qu'elle n'était pas judiciaire, puisque le jugement déclaratif ne prononçait aucune condamnation (art. 443, com.), qu'elle n'était pas conventionnelle, le failli étant en vertu dudit jugement dessaisi de l'administration de ses biens et incapable de consentir hypothèque, qu'enfin elle n'était pas légale, puisqu'elle ne figurait pas dans l'énumération de l'art. 2121, C. N.

Nous reconnaissons parfaitement qu'il ne peut s'agir d'hypothèque conventionnelle ou judiciaire, mais nous disons qu'il y a là une hypothèque créée par la volonté de la loi, et peu importe que l'art. 2121 ne la mentionne pas : si on réfléchit que l'art. 2121 est de l'an 1804, tandis que l'hypothèque inscrite en vertu de l'art. 490 (art. 517) a été créée le 28 mai 1838, on n'en concevra nulle surprise ; d'ailleurs, n'y a-t-il d'hypothèques légales que celles que l'art. 2121 énumère ? Celle des légataires (art. 1017) n'y paraît pas , et cependant on est d'accord que c'est bien une hypothèque créée par la loi, puisqu'elle ne peut avoir d'autre source ; on peut citer, en outre, celle des créanciers privilégiés qui ne se sont pas inscrits dans les délais légaux (art. 2113). On a donc eu tort de prétendre, comme certains auteurs l'ont fait, que notre hypothèque de l'art. 517 ne pouvait être légale.

151. Concluons de ce qui précède que l'inscription prise dans les six mois primera celle de la masse, mais que, si le créancier du défunt manque à conserver son privilége dans les délais prescrits (art. 2111), il ne pourra opposer une inscription tardive aux droits hypothécaires des créanciers de la faillite légalement conservés. On peut voir, parmi les arrêts qui se rangent expressément à cette doctrine, l'arrêt de cassation Vedic c. Loisel du 29 déc. 1858 (D. P., 1859, 1, 103) et la Cour de Paris, 30 novembre 1861 ; parmi les auteurs, Renouard, *des faillites*, 1, 497 (2ᵉ éd.) ; *id.*, Esnault, tom. II, nº 350 ; Goujet et Merger, *Dict. de droit comm.*, vº faillite, nº 323 ; Alauzet (t. IV, nº 1752) ; Barafort, nº 156 et suiv.

La thèse adverse compte, parmi ses partisans, Pardessus, D. com., nᵒˢ 1168 et 1248 ; Bédarride, *des faillites*, 1, nº 416 ; Caen, 29 février 1844 ; Paris, 22 juin 1850. (S., 1851, 2, 542.)

CHAPITRE XIX

Projet de réformes à introduire dans la matière de la séparation
des patrimoines.

152. Nous avons jusqu'ici interprété notre sujet conformément à la lettre de la loi, et, nous le croyons du moins, selon son esprit. Au cours de notre travail, nous avons presque toujours renoncé à l'esprit de critique. Mais il s'en faut que nous regardions comme parfaite l'œuvre du législateur : sous plus d'un rapport, elle appelle des réformes. Elle pèche par un excès de laconisme, des obscurités et des lacunes regrettables ; c'est ainsi qu'elle a laissé sans les résoudre, sans paraître même y toucher, des controverses qui, à l'avénement du Code, étaient vieilles de plusieurs siècles.

Nous allons indiquer, sous chacun des articles consacrés à notre matière, les amendements qu'il nous semblerait opportun d'y introduire.

Art. 878. Ils peuvent demander, dans tous les cas, et contre tout créancier, la séparation du patrimoine du défunt d'avec le patrimoine de l'héritier (C. N.).

153. La rédaction de ce texte nous suggère les observations suivantes :

1° Nous désirerions voir, au début de l'art. 878, rappeler les mots « les créanciers du défunt, » pour que l'on ne croie pas, à raison du lien grammatical de l'article avec le précédent, qu'il ne s'agit que de créanciers munis de titres exécutoires. (V. art. 877.)

2° Au mot : « dans tous les cas, » qui peut manquer d'exactitude, nous substituerions celui-ci : « *tous les créanciers.* » Ainsi disparaîtrait l'ancienne controverse soulevée par Pothier, ravivée par quelques arrêts, sur le droit et l'intérêt des créanciers hypothécaires à demander la séparation des patrimoines.

3° Nous ferions apparaître le mot *privilége* dans ce texte remanié.

4° A ces mots : « *contre tout créancier,* » qui expriment une idée d'ailleurs exacte, puisqu'en réalité la séparation est bien dirigée contre les créanciers de l'héritier, nous substituerions les expressions suivantes : « contre tout créancier de l'héritier et contre lui-même, » afin d'ajouter à la pensée du Code que l'héritier, représentant légal de la succession, peut être assigné ès noms en séparation de patrimoines, le droit d'intervention étant d'ailleurs réservé à ses créanciers.

5° Nous mentionnerions les légataires à côté des créanciers du défunt.

---

154. Immédiatement après le texte de l'art. 878, ainsi modifié, nous arriverions à dire dans quels cas la séparation a lieu de plein droit au profit des créanciers du défunt. — Soit au cas de bénéfice d'inventaire et de vacance de succession. Il importerait de se servir de cette formule : « La séparation de patrimoines s'opère de plein droit au cas d'acceptation bénéficiaire et de vacance, *dans l'intérêt des créanciers* du défunt. » Nous

avons vu la Cour de cassation s'approprier cette formule. Elle aurait l'avantage de couper court aux controverses que nous avons examinées (ch. XVII, 2° sect.), en ce qu'elle laisserait entendre implicitement que la séparation continue de subsister, lors même que l'héritier bénéficiaire devient plus tard héritier pur et simple, par quelque cause que ce soit.

155. Quant à l'art. 879, ainsi conçu : « Ce droit ne peut cependant plus être exercé lorsqu'il y a novation dans la créance contre le défunt par l'acceptation de l'héritier pour débiteur. »

Il peut donner lieu à divers amendements. Et tout d'abord, avant d'entrer dans le corps de ce texte, il faudrait, par un article qui le précéderait, faire voir que le Code entend abandonner, en matière de séparation des patrimoines, le rigorisme de la tradition romaine.

Il faudrait, en conséquence, bien expliquer que la séparation des patrimoines, sous le droit moderne, telle que le Code l'a prise de Pothier et de Lebrun, ne détruit pas la saisine et les conséquences qui en dérivent au profit des créanciers du *de cujus.*

Car la proposition de l'art. 879 paraît appeler, comme sa parallèle, cette autre proposition, à savoir : que celui qui s'en tient aux biens du défunt ne peut plus recourir contre l'héritier, ce que traduisait Ulpien en ces termes : « Separatio enim quam ipsi petierunt eos ab istis bonis separavit. » Théorie rigoureuse du droit romain, qui envisage la séparation des patrimoines comme la rupture de tout lien et de toute relation de droit entre l'héritier et le défunt.

Il y aurait donc, avant de passer à l'art. 879, à en rédiger un autre à peu près en ces termes :

« La séparation des patrimoines n'empêche pas les créanciers du défunt insuffisamment payés de recourir sur les biens de l'héritier qu'aux termes de l'art. 724, ils conservent comme débiteur. »

Et c'est ici que, pour répondre à une critique de M. Mourlon (*Examen critique*, t. II, p. 902), nous arriverions à modifier le contexte de l'art. 879.

Voici la critique de M. Mourlon : « Si, malgré la séparation, les créanciers qui la demandent conservent l'héritier pour débiteur, comment peut-il se faire que la circonstance *qu'ils l'ont accepté avec cette qualité* soit incompatible avec le droit de séparation ? » L'auteur trouve ces deux idées contradictoires, mais la contradiction qu'il relève, comme nous l'avons déjà montré au cours de notre travail, est plus apparente que réelle : il est manifeste, en effet, qu'accepter l'héritier pour débiteur, dans le sens de l'art. 879, n'a nulle analogie avec ce qui ressort du fait involontaire de la saisine. Seulement, le mot prêtant à l'équivoque doit être réformé; cette expression : « accepter l'héritier pour débiteur, » a quelque chose de trop vague; nous voudrions qu'il ressortît du texte modificatif que ce n'est que par des actes très-positifs que l'héritier entend renoncer au privilége de la séparation. Nous proposerions cette rédaction :

« La séparation des patrimoines ne peut plus être exercée lorsque le créancier du défunt, en limitant son action aux biens personnels de l'héritier, a, par des actes positifs, entendu renoncer à son privilége. »

On voit que, dans ce projet de texte, nous faisons disparaître les mots *novation dans la créance contre le défunt.* Ils donnent lieu, en général, à des difficultés qui tiennent à ce que cette novation a un sens mal déterminé, car tantôt elle fait des emprunts à la novation du titre des contrats, tantôt elle paraît s'en éloigner complétement.

156. Sur l'art. 880, dont le premier paragraphe, relatif aux meubles, s'exprime ainsi : « Il se prescrit relativement aux meubles par le laps de trois ans, » il y aurait plusieurs amendements à proposer. Ainsi, l'article actuel est muet sur les garanties dont les créanciers peuvent s'entourer pour empêcher leur gage mobilier de leur échapper. Nous nous référons, d'aileurs, à tout ce que nous avons dit à ce sujet dans notre travail, soit quant aux créanciers purs et simples, soit quant aux créanciers à terme ou sous condition, parce qu'en réalité le silence du Code nous a fait dire alors ce qu'il y aurait à faire, pratiquement parlant.

Nous aurions soin de dire que la prescription de l'action relative aux meubles court du jour de l'ouverture de la succession, afin de faire cesser toute espèce de controverse sur le point de départ de cette déchéance.

Nous nous associons en outre au vœu de M. Barafort en ce qui touche la réduction à un an de la prescription triennale du Code. Comme aujourd'hui les valeurs industrielles et les actions au porteur se négocient avec une très-grande facilité, il faut, dans l'intérêt même des créanciers, qu'ils sachent qu'un délai fort court leur est imparti pour exercer leur droit, ce qui les fera se hâter de prendre des mesures conservatoires, ou même de se faire payer sur les valeurs mobilières, si leur créance est exigible.

157. Nous arrivons enfin à l'art. 880, § 2, qui s'exprime ainsi : A l'égard des immeubles, l'action peut être exercée tant qu'ils existent dans la main de l'héritier. »

En interprète docile de la pensée et de la lettre du Code, nous avons déduit de cet art. 880 la négation du droit de suite, en faveur des créanciers chirographaires de la succession.

Nous n'avons pas pu trouver, dans l'art. 2111, le fameux droit de surenchère que l'arrêt d'Orléans, du 11 août 1840, est allée y puiser.

Dans le cours de notre travail, nous avons, pour le cas où l'inscription serait prise par les créanciers du défunt, et où la vente, par l'héritier, présenterait quelques apparences de mauvaise foi, proposé l'application, à cet état de choses, de l'art. 1242, C. N., tout en regardant ce moyen comme bien inférieur au droit hypothécaire, qui peut permettre d'anéantir, par la surenchère, le contrat primitif.

Le projet de réforme hypothécaire (1850-1851) pour combler la lacune de l'art. 2111, en ce qui touche les aliénations émanées de l'héritier, avait un article (l'art. 2116) qui disposait « qu'avant l'expiration du délai de six mois, aucune aliénation ne pourrait être utilement consentie par les héritiers ou représentants du défunt, au préjudice des créanciers ou légataires. »

Serait-il à propos d'adopter cette rédaction dans un travail de révision de la loi ?

Généralement, on interprète le texte précité du projet de 1850 en ce sens que, pendant le délai de six mois, l'héritier serait frappé d'une incapacité d'aliéner les biens de la succession (ce qui est la formule de M. Blondeau); mais nous croyons que les auteurs du projet de loi n'ont pas prétendu attacher une telle portée à leurs expressions. Lorsqu'on dit (art. 2111) que l'hypothèque ne peut être établie avec effet au préjudice des créanciers ou légataires, on n'entend pas nier chez l'héritier la faculté d'hypothéquer, on se borne à dire que les créanciers de l'héritier subiront le droit de préférence, résultant du privilége de la séparation des patrimoines. (V. Demol., p. 243, t. V.) Le projet emploie précisément, en ce qui touche l'hypothèque, les termes mêmes de l'art 2111. Comment douter qu'en ce qui touche l'aliénation, il ait en vue autre chose que l'exercice du droit de suite ? Telle est du moins notre pensée.

Mais, puisque l'opinion générale est contraire à cette interprétation, nous verrions un inconvénient au maintien d'une rédaction qui laisserait croire à la négation du droit de propriété chez l'héritier, et dès lors nous demanderions que le droit de suite fût littéralement octroyé aux créanciers et légataires, sauf à eux à subir les conséquences de la loi du 23 mars 1855, au cas de non-inscription avant la transcription de la vente. — Nous voudrions en revanche que le droit de préférence sur le prix non payé leur fût réservé nonobstant vente et transcription, pourvu qu'ils fussent dans le délai de six mois. Il faudrait à cet égard une disposition bien formelle, puisque la survivance du droit de préférence au droit de suite ne constitue pas, dans notre législation, une théorie de droit commun.

158. Quant à l'art. 881, qui reproduit trop littéralement le texte de Pothier et la doctrine d'Ulpien, il faudrait peut-être, par un changement de formule, mettre davantage en relief le renfort qu'il apporte à la thèse du concours des créanciers du défunt sur les biens de l'héritier avec les créanciers de celui-ci. Il y aurait lieu de le rapprocher du texte qui serait consacré à poser le principe du recours sur les biens de l'héritier.

159. Telles sont, bien sommairement exposées, les

quelques réformes que nous serions heureux de voir apporter dans notre sujet. Elles nous paraîtraient concilier deux tendances qui, dans l'ordre de la pensée juridique, comme dans l'ordre religieux, semblent vouloir s'exclure, tandis qu'elles sont appelées à se corriger et à se compléter, nous voulons parler de la tradition et de la science, autrement dit, du progrès. Le tort du Code, en notre matière, a été de s'attacher, un peu trop à la tradition, d'une façon étroite et routinière, et de s'enfermer dans l'immobilité de formules vieillies, sans chercher à y répandre la lueur des principes modernes. Ces principes, le législateur les possédait, nous n'en voulons pas douter, il en avait certainement la vive notion, mais sa rédaction paraît plutôt empruntée au langage du droit romain qu'à celui même de Pothier ou de Lebrun. L'esprit de progrès a donc une revanche à prendre sur la tradition. Il nous faut souhaiter ardemment une de ces réformes législatives, qui tiennent compte de besoins auxquels le Code pur n'a pas satisfait, et combinent ainsi une sage amélioration avec le respect des principes essentiels et fondamentaux de notre matière.

FIN.

TABLE DES MATIÈRES

CHAPITRE VIII (TROIS SECTIONS).

DEUXIÈME PARTIE.

CHAPITRE IX.

CHAPITRE X.

CHAPITRE XI.

CHAPITRE XII.

CHAPITRE XIII.

CHAPITRE XIV.

CHAPITRE XV.

CHAPITRE XVI.

CHAPITRE XVII (DEUX SECTIONS).

CHAPITRE XVIII.

CHAPITRE XIX.